Mülheimer Fatzerbücher 1
Kommando Johann Fatzer

Ringlokschuppen Mülheim an der Ruhr
Mülheimer Fatzerbücher

1
Kommando Johann Fatzer

2
Räume, Orte, Kollektive

3
In Gemeinschaft und als Einzelne_r

Mülheimer Fatzerbücher 1

Kommando Johann Fatzer

Herausgegeben von
Alexander Karschnia
Michael Wehren

unter Mitarbeit von
Melanie Albrecht

Neofelis Verlag

Die *Mülheimer Fatzerbücher* werden herausgegeben von
Kultur im Ringlokschuppen e. V.

RINGLOKSCHUPPEN
Mülheim an der Ruhr

www.ringlokschuppen.de

Veröffentlicht mit freundlicher Unterstützung der Kunststiftung NRW

KUNSTSTIFTUNG NRW

Bibliografische Information der Deutschen Nationalbibliothek
Die Deutsche Nationalbibliothek verzeichnet diese Publikation in der Deutschen Nationalbibliografie; detaillierte bibliografische Daten sind im Internet über http://dnb.d-nb.de abrufbar.

www.neofelis-verlag.de

Umschlaggestaltung: Marija Skara
Satz: Neofelis Verlag
Druck: PRESSEL Digitaler Produktionsdruck, Remshalden
Gedruckt auf FSC-zertifiziertem Papier.
ISBN: 978-3-943414-04-2

Inhalt

Fatzer in der Theaterstadt

Holger Bergmann / Matthias Frense

Die Beziehung der Stadt Mülheim an der Ruhr zum Theater ist so jung wie leidenschaftlich. Mit der ersten Ausgabe der Stücke im Jahr 1976 beginnt eine imposante lokale Theatergeschichte, welche in Kommunen vergleichbarer Größenordnung ihresgleichen sucht. Als einer der heute bedeutendsten Wettbewerbe für neue deutschsprachige Dramatik waren die Mülheimer Theatertage die erste einer ganzen Reihe innovativer Veranstaltungs- und Produktionsformen für zeitgenössisches Theater, die das kulturelle Leben dieser kleinen Großstadt innerhalb kürzester Zeit hervorgebracht hat.
Der zweite Coup folgte schon wenige Jahre später: Bei der Gründung des Theater an der Ruhr 1980 standen neue Produktionsbedingungen im Vordergrund, die sich an den künstlerischen Anforderungen des Regisseurs Roberto Ciulli und seines Ensembles orientieren sollten und nicht an seinerzeit schon überkommenen Stadttheaterstrukturen. Für den Mut der Stadt, die sich auf das Modellprojekt eingelassen hatte, bedankte sich das Theater mit bundesweit gefeierten Inszenierungen, die auf zahlreiche Gastspielreisen im In- und Ausland gingen. Zu den vielen unterschiedlichen Theatersprachen, die das Haus in den über dreißig Jahren seines Bestehens aus aller Welt in die Stadthalle und in den Raffelberg einlud, gehörte unter anderem das Roma Theater Pralipe, das in der Zeit von 1991 bis 2001 am Theater an der Ruhr eine feste Residenz hatte.
Mülheim gehörte 1990 auch zu den Gründungsstädten des Festivals Impulse, das die herausragenden Theaterproduktionen der freien Szene aus Deutschland, Österreich und der Schweiz zeigt und prämiert. Unter der künstlerischen Leitung von Tom Stromberg und Matthias von Hartz ist das „alternative Theatertreffen" zu internationalem Ansehen gelangt. René Pollesch trat in Mülheim während der Impulse 2000 zum ersten Mal mit seinem Stück *Heidi Ho arbeitet nicht mehr* auf den Plan. In den Jahren 2001, 2005 und 2009 wurde er Preisträger der Stücke und inszenierte 2008, 2009 und 2010 die *Ruhrtrilogie* im Rahmen des Mülheimer Stadtjubiläums und der Kulturhauptstadt Ruhr.2010. René Polleschs Karriere als Dramatiker

und Regisseur gehört zu den interessantesten Künstlerlaufbahnen, auf deren Strecke immer wieder die Stadt Mülheim liegt.
Zu zwei bundesweit operierenden Festivals und einem international reisenden Ensembletheater kommt 1995 das soziokulturelle Zentrum Ringlokschuppen hinzu. Während der ersten Ruhrtriennale unter Gerard Mortier 2002 bis 2004 realisiert das Haus im Rahmen der Reihe *Raum.Pfad* vier ortsspezifische Tanz- und Theaterprojekte in Bochum, Essen und Mülheim. Dem Aufbau eines regelmäßigen Gastspiel- und (Ko-)Produktionsbetriebs ab 2006 folgen etliche Zusammenarbeiten mit Produktionshäusern der freien Szene sowie mit Stadttheatern. Neben der Entwicklung eines Profils im Bereich „postdramatische Theaterformen" bilden sich „partizipative Kunstprojekte im Stadtraum" als weiterer Schwerpunkt heraus. 2012 wird der Ringlokschuppen Mitglied eines von der Europäischen Union geförderten Netzwerks von Theaterhäusern aus Deutschland, Frankreich, Niederlande, Polen und der Schweiz, das gemeinsam Stadtraumprojekte in sogenannten ‚2nd Cities' produziert.
2011 initiiert der Ringlokschuppen zum ersten Mal die Mülheimer Fatzer Tage, ein jährlich stattfindendes öffentliches Laboratorium, das Bertolt Brechts umfangreiches Textfragment *Fatzer* unter wechselnden Fragestellungen sowohl szenisch als auch wissenschaftlich untersucht. Das Stück beginnt mit einer Geburt. Auf dem Schlachtfeld des Ersten Weltkriegs entsteigen vier junge Soldaten einem Panzer und treffen eine Entscheidung, die weitreichende Konsequenzen hat. Ihr Anführer Fatzer sagt: „Ich / Mache keinen Krieg mehr / Es ist gut, daß ich / Hier her gekommen bin zu einer / Stelle der Welt, wo ich / Nachdenken konnte drei Minuten lang".
Dem Gedanken eines neuen Festspielformats waren eine Reihe von Projekten mit Jugendgruppen vorausgegangen, die sich mit verschiedenen Themenfeldern aus dem *Fatzer* beschäftigten und immer wieder die hohe Aktualität des Stoffes unter Beweis stellten. Dabei bedeutete die von Bertolt Brecht vorgenommene Verortung des *Fatzer*-Materials in Mülheim an der Ruhr für die Jugendlichen durchaus eine zusätzliche Motivation. Den *Rundgang des Fatzer durch die Stadt Mülheim* nahmen Jugendgruppen und Studenten immer wieder zum Anlass, Textstudium und Stadterkundung assoziativ miteinander zu verbinden.
2008 gründete der Theaterregisseur Martin Kreidt in Zusammenarbeit mit der Theaterpädagogik des Ringlokschuppen den Jugendclub Junge Performer Mülheim und realisierte die ersten beiden

Ausgaben der Reihe *play:FATZER*. Während im ersten Jahr das Thema „Solidarität" im Zentrum des Interesses stand, ging es 2009 um den Beginn eines modernen Menschenbilds, wie Brecht es im Begriff des „Massemenschen" zu fassen versuchte. In Zusammenarbeit mit Künstlern aus der Region initiierte Kreidt darüber hinaus drei Jugendbegegnungen im Rahmen des TWINS-Programms der Kulturhauptstadt Europas Ruhr.2012. In den Sommermonaten der Jahre 2008, 2009 und 2010 trafen sich durchschnittlich 50 Heranwachsende aus Mülheim und den Partnerstädten Darlington (England), Istanbul-Beykoz (Türkei), Kuvola (Finnland), Oppole (Polen) und Tours (Frankreich) im Ringlokschuppen, um sich anhand von Ausschnitten des *Fatzer*-Materials in performativen Workshops über die Zusammenhänge von Gesellschaftsutopien, Kriegen und Revolutionen auseinanderzusetzen

Im Jahr der Kulturhauptstadt Europas Ruhr.2010 standen gleich fünf unterschiedliche Angänge an das *Fatzer*-Material auf dem Programm: Neben dem genannten TWINS-Projekt untersuchten andcompany&Co. gemeinsam mit dem Künstler Jan Brokof in ihrem *WARLAB* Fragen nach Desertion, revolutionärem Defätismus und Guerillakampf, welche durch den brasilianischen Kontext, in dem die Koproduktion *FatzerBraz* im weiteren Verlauf des Jahres entstand, neu aufgeladen wurden. In einem *Fatzer-Workout* präsentierten Studenten des Theaterwissenschaftlichen Instituts der Ruhruniversität Bochum im Rahmen des Seminars von Ulrike Haß ihren ganz eigenen „Spaziergang durch die Fragmente". Schließlich entwickelte das kainkollektiv (Fabian Lettow und Miriam Schmuck) mit den Jungen Performern Mülheim *play:Fatzer_vol.3*, eine Arbeit, die um das von Giorgio Agamben beschriebene Verhältnis von Kindheit und Geschichte kreiste.

Die vielfältigen Texte und Textsorten des *Fatzer*-Fragments, die von der Hoffnung auf eine neue Gesellschaftsordnung und ihrem konsequenten Scheitern handeln, bieten eine solche Vielzahl von Anknüpfungspunkten sowohl für Theatermacher, -pädagogen und -wissenschaftler als auch für Performer und bildende Künstler, dass sich die Einführung eines regelmäßig stattfindenden Forums für Künstler und Wissenschaftler aufdrängte. Wir gehen davon aus, dass sich die Beschäftigung mit dem Ausnahmewerk in den kommenden Jahren intensivieren wird. Eine englische Übersetzung der veröffentlichten Texte ist in Arbeit und wird das Stückfragment erstmalig einem internationalen Sprachraum zugänglich machen.

Mit Eigenproduktionen, Gastspielen und thematisch wechselnden Symposien ergänzen die Mülheimer Fatzer Tage das reiche Spektrum der in Mülheim ansässigen Theaterarbeit mit einem Spezialthema. Sie bieten eine neue Schnittstelle für inhaltlich gebundene szenische Forschung, die unabhängig davon, ob sie im Rahmen von Festivals, Stadttheatern, Produktionshäusern, Studentenprojekten oder Jugendclubs entsteht, gleichermaßen relevant sein kann.

Mit der Reihe der *Mülheimer Fatzerbücher* unternimmt der Ringlokschuppen gemeinsam mit wechselnden Herausgebern den Versuch, die Forschungsergebnisse der am Festival und Symposium beteiligten Künstler und Wissenschaftler in den jeweiligen Jahrgängen aufzuzeichnen und zu dokumentieren.

Ausdrücklich bedanken möchten wir uns bei unseren Förderern und Unterstützern, die das Projekt der Mülheimer Fatzer Tage mit uns auf den Weg gebracht haben: Land NRW, Kunststiftung NRW, Kulturhauptstadt Europas Ruhr.2010, Stadt Mülheim an der Ruhr, Leonhard Stinnes Stiftung, Verein zur Förderung der Städtepartnerschaften der Stadt Mülheim an der Ruhr, Fonds Darstellende Künste, Theaterwissenschaftliches Institut der Ruhruniversität Bochum. Sie und hinzukommende Partner tragen dazu bei, dass das Festival sich zu einem Ort entwickelt, an dem man „drei Minuten lang nachdenken“ und neue Wege gehen kann.

Kommando Johann Fatzer

Alexander Karschnia / Michael Wehren

I. Exodus…

„Nur wenn man sich schuldig fühlt, ist Flucht etwas Negatives“[1], meinte Heiner Müller. In den politischen Theorien von Toni Negri & Michael Hardt, Paolo Virno oder Giorgio Agamben werden Flucht, Desertion, Exodus zur revolutionären Strategie: Es geht nicht länger darum, die Macht im Staat zu ergreifen, sondern sich ihr zu entziehen.[2] Wie im Massenexodus aus dem real-existierenden Sozialismus, der im Herbst 1989 die Mauer zum Einsturz brachte. Doch längst ist dem Kalten Krieg ein heißer, ein ‚Vierter Weltkrieg‘ gefolgt: EMPIRE (Negri & Hardt). Die Unterscheidbarkeit von Krieg und Frieden ist suspendiert,[3] der Krieg wird von einer „souveränen Polizei“[4] geführt. Gegen diesen „Ausnahmezustand, der zur Regel geworden ist“ den „wirklichen Ausnahmezustand“ herbeizuführen, darin besteht laut Walter Benjamins VIII. Geschichtsphilosophischer These das Ziel jeder authentischen Revolution.[5] Vielleicht beginnt eine solche Revolution immer mit der Entscheidung zur Desertion: „Ich mache / Keinen Krieg mehr […] ich scheiße / Auf die Ordnung der Welt. Ich bin / Verloren.“[6]

Oftmals markieren Meutereien, Befehlsverweigerungen, Ungehorsam den Beginn von Aufständen, die zu radikalen Umwälzungen führen. *Kommando Johann Fatzer* erinnert an die Praxis

1 Heiner Müller im Gespräch mit Gisela Kayser, Michael Schwelling, Eberhard Sens (4.8.1986): Atlantis Extra. In: *Ästhetik & Kommunikation* 64 (1986), S. 18–22.

2 Eine dezidierte Gegenposition vertritt Chantal Mouffe: *Exodus und Stellungskrieg. Die Zukunft radikaler Politik*. Wien: Turia+Kant 2005.

3 Vgl. Alexander Karschnia: Zum Zeitvertreib zwischen Krieg und Frieden. In: Ders. / Oliver Kohns / Stefanie Kreuzer / Christian Spieß (Hrsg.): *Zum Zeitvertreib. Strategien, Institutionen, Lektüren*, Bilder. Bielefeld: Aisthesis 2005, S. 33–46.

4 Giorgio Agamben: Souveräne Polizei. In: Ders.: *Mittel ohne Zweck. Noten zur Politik*. Freiburg / Berlin: Diaphanes 2001, S. 99–102.

5 Benjamin: Über den Begriff der Geschichte. In: Ders.: *Gesammelte Schriften* I.2, hrsg. v. Rolf Tiedemann / Hermann Schweppenhäuser. Frankfurt am Main: Suhrkamp 1991, S. 691–704, hier S. 697.

6 Bertolt Brecht: Fatzer. In: *Werke. Große kommentierte Berliner und Frankfurter Ausgabe*, Bd. 10.1. Berlin / Frankfurt am Main: Aufbau / Suhrkamp 1997, S. 387–529, hier S. 394.

militanter Gruppen, im Namen gefallener Kameraden zur Aktion überzugehen. Nur ist im Falle Fatzers der Gefallene zum Opfer seiner eigenen Kameraden geworden. Zugleich bezeichnet ein Kommando nicht nur eine aktive Einheit, sondern auch einen Appell, Befehl, Aufruf zur Tat. Doch wozu fordert Fatzer auf, außer dazu, keinem Befehl mehr zu gehorchen, nicht länger mitzumachen, auszusteigen, aufzuhören, abzuhauen? *Kommando Johann Fatzer* möchte diese Widersprüche produktiv machen, um die ‚Große Diskussion' herbeizuführen, zu der Brecht nach dem Aufstand vom 17. Juni 1953 die Regierung aufforderte (oder sich ein neues Volk zu wählen). Doch wie sieht es damit aus nach den jüngsten Aufständen? Nachdem sich am 17. Dezember 2010 Mohamed Bouazizi in Tunesien aus Protest selbst verbrannte, folgte eine Welle massenhafter Erhebungen, die als ‚Arabischer Frühling' oder ‚*arabellion*' bekannt geworden sind. Als im Winter 2010 die Planung zu den Fatzer Tagen begann, konnten wir von diesen unmittelbar bevorstehenden Ereignissen noch nichts wissen, nur erahnen: „In einer Zeit, in der eine anonym verfasste politische Kampfschrift über den ‚*kommenden Aufstand*' zum Beststeller wird", hieß es in der Einladung, „wird es Zeit, sich auf die Geschichte vergangener Aufstände, gescheiterter Revolutionen zu besinnen." In Frankreich war diese Schrift 2007 als Reaktion auf den ‚Brand der Banlieues' erschienen: Nach dem Tod zweier Jugendlichen war es in den Pariser Vororten im November 2005 zu schweren Unruhen gekommen: „Diese ersten Freudenfeuer sind die Taufe eines Jahrzehnts voller Versprechungen"[7], schrieb das ‚Unsichtbare Komitee'. Als am 15. Dezember 2008, ein Jahr nach dem Erscheinen der Schrift, ein Fünfzehnjähriger in Athen von der Polizei erschossen wurde, wiederholte sich das Pariser Szenario. Kurz zuvor, am 11. November, hatte ein massives Polizeiaufgebot neun junge Bauern in der Ortschaft Tarnac festgenommen, denen vorgeworfen wurde, jene Schrift verfasst und Anschläge auf den Schnellzug TGV mit Hakenkrallen ausgeführt zu haben. Diese Umstände mögen dazu geführt haben, dass die Übersetzung in Deutschland auf ein ungewöhnliches Interesse traf: Als sie im Herbst 2010 in den Handel kam, wurde sie in Feuilletons von der *FAZ* bis zur *taz* besprochen, der *Spiegel* druckte Auszüge ab. Liegt es daran, dass sich alle einig sind, dass es knallen wird: „Hinter den beruhigenden Worten hört man immer klarer das Geräusch der Vorbereitungen eines offenen

7 Unsichtbares Komitee: *Der kommende Aufstand*. Hamburg: Nautilus 2010, S. 6.

Krieges."[8] Ein Krieg gegen die, die auf die Ordnung der Welt scheißen?

II. … movement of the people!

Am 1. Mai 2011 endeten die Ersten Fatzer Tage in Mülheim. Exakt zwei Wochen später sprang der Funken der *‚arabellion'* in den Norden über: Am 15. Mai gingen in Spanien mehr als eine Millionen Menschen mit dem Slogan *¡Democracia Real Ya!* (*Echte Demokratie jetzt sofort!*) und *No nos representan* (*Sie repräsentieren uns nicht*) auf die Straße, in Madrid wurde die zentrale Plaça del Sol besetzt. Als Anfang August ein junger Schwarzer, Mark Duggan, durch eine Polizeikugel starb, kam es in Großbritannien zu den schwersten Ausschreitungen seit dem Ende des Zweiten Weltkrieges. Ob friedliche Platzbesetzung oder Plünderung, was die verschiedenen Protestformen verbindet, ist das Fehlen von (Wort)Führern und konkreten Forderungen. Es handelt sich bei den Aufständen in gewissem Sinne um „*Aufstände gegen die Politik*"[9]. Für die Theaterwissenschaftlerin Tina Turnheim stellen sie eine „performative Wende auf der Bühne politischer Protestformen"[10] dar, die sie zugleich *zeigen* und vollziehen. Auch Hans-Thies Lehmann stellt eine Verschiebung von einer „Ästhetik des Widerstands" zu einer „Ästhetik des Aufstands" fest.[11] Vom ‚Arab Spring' über den ‚English Summer' zum ‚American Fall': Am 17. September folgte eine ‚kritische Masse' dem von dem kanadischen *Adbusters*-Magazin ausgegebenen Slogan *Occupy Wall Street.*[12] Am 15. Oktober kam es weltweit zu Demonstrationen und Platzbesetzungen, besonders gern mit der aus dem Film *V for Vendetta* der Wachowski-Geschwister beliebten Maske.[13] Kurze Zeit

8 Ebd., S. 113.

9 Moritz Altenried: *Aufstände, Rassismus und die Krise des Kapitalismus. England im Ausnahmezustand.* Münster: edition assemblage 2012, S. 12.

10 Tina Turnheim: *Sous les pavès la rage – unter den Pflastersteinen die Wut. Eine Auseinandersetzung mit der Revolte in den französischen Banlieues im November 2005.* Masterarbeit am Institut für Theaterwissenschaft, FU Berlin 2011, unveröffentlichtes Manuskript, S. IV.

11 Hans-Thies Lehmann: Ästhetik des Aufstands? Grenzgänge zwischen Politik und Kunst in den neuen sozialen Bewegungen. Vortrag im Rahmen des Festivals foreign affairs (Berliner Festspiele), in Zusammenarbeit mit der Heinrich Böll Stiftung, 10.10.2012. http://www.youtube.com/watch?v=X2KeX-Jp0Ug (Zugriff am 06.12.2012).

12 David Graeber: *Inside Occupy.* Frankfurt am Main / New York: Campus 2012, S. 8–50.

13 Vgl. Alexander Karschnia: V for what? In: http://alextext.wordpress.com/2012/11/22/158/ (Zugriff am 23.11.2012).

später wurde das New Yorker Zeltlager geräumt, eine Wiederbesetzung zur Neujahrsnacht wusste die Polizei ebenso zu verhindern wie am 1. Mai 2012. In der Zwischenzeit sind auch fast alle anderen Zeltlager aufgelöst worden. Während in der Öffentlichkeit gern historische Parallelen zwischen dem ‚Arabischen Frühling' und dem Herbst 1989 gezogen wurden, scheint eine andere Parallele näher zu liegen, jene zu 1917/19. Nach der Oktoberrevolution drohte der revolutionäre Funken sich auch in Westeuropa auszubreiten und konnte in Deutschland nur durch die Ermordung der Führer des Spartakusbundes, Karl Liebknecht & Rosa Luxemburg, verhindert werden. Die Rote Ruhr-Armee hatte den Kapp-Putsch verhindert und war anschließend entwaffnet worden, bevor sie eine Räterepublik hätte ausrufen können. Brechts *Fatzer* reagiert auf jene Geschehnisse, die erst 1923 wirklich zu Ende gingen. Für Heiner Müller begann damit die Tragödie des 20. Jahrhunderts, das Scheitern des Kommunismus durch das Ausbleiben der deutschen Revolution. Unbequem klingen Fatzers Worte auch heute noch:

> Und von jetzt ab und eine ganze Zeit über
> Wird es keinen Sieger mehr geben
> Auf eurer Welt, sondern nur mehr
> Besiegte.[14]

III. Differenz(en) erproben – Die Mülheimer Fatzer Tage

Vor dem Hintergrund einer Chronik der Aufstände und Revolten wirkte der Ringlokschuppen in Mülheim an der Ruhr während der Ersten Mülheimer Fatzer Tage wie „eine Stelle der Welt […] wo wir fünf Minuten überlegen konnten".[15] Die Fatzer Tage begannen am 27. April mit der Aufführung von kainkollektiv, wurden am nächsten Tag fortgesetzt mit der Aufführung des Spinnwerk Leipzig, gefolgt von der lecture performance *Tropicalypse Now!*[16] von andcompany&Co. über die Arbeit an *FatzerBraz* in Brasilien und abgeschlossen mit der ersten und einzigen Aufführung von *Fatzer für Kinder*, dem Ergebnis eines zweiwöchigen Workshops von andcompany&Co. mit Kindern aus Mülheim und Umgebung.

14 Brecht: Fatzer, S. 427.

15 Ebd., S. 388f.

16 Eine erste lecture performance mit diesem Titel wurde mit den brasilianischen Gruppenmitgliedern in Berlin am 22.10.2010 im Rahmen des Symposiums *Mobile Textkulturen* im ICI aufgeführt: http://berlinergazette.de/mobile-textkulturen-tropicalypse-now/ (Zugriff am 05.12.2012). Die zweite lecture performance in Mülheim fand unter der virtuellen Beteiligung der Brasilianer via Skype statt.

Am 30. April fand das nun dem vorliegenden Band seinen Titel leihende Symposium *Kommando Johann Fatzer* statt, mit Vorträgen von Thomas Atzert, Alexander Karschnia, Jürgen Link, Matthias Naumann und Michael Wehren. Zum Abschluss las der Literaturwissenschaftler und Schriftsteller Jürgen Link aus seinem Roman *Bangemachen gilt nicht auf der Suche nach der Roten Ruhr-Armee*[17]. Am 1. Mai endeten die Fatzer Tage mit einer Matinee unter Leitung von Kathrin Tiedemann, der Intendantin des FFT (Forum Freies Theater, Düsseldorf), an dem Fabian Lettow (kainkollektiv), Alexander Karschnia (andcompany&Co.), Claudia Bosse (theaterkombinat) und Michael Wehren (Spinnwerk Leipzig/friendly fire) teilnahmen. Nicht um Klassikeraktualisierung ging es, sondern um die Vermessung und die Befragung der Differenz(en) zu und in Brechts „Jahrhunderttext"[18]. Das Besondere der Situation war offenkundig: Neben einem Mülheimer Publikum, das seit 2008 regelmäßig *Fatzer*-Produktionen sehen konnte, stand eine nicht unerhebliche Zahl von Gästen, die selbst mit dem Material gearbeitet hatten – so kamen allein aus dem Kontext des Spinnwerk Leipzig 16 TeilnehmerInnen, die Jungen Performer Mülheim zählten 12 Teilnehmende. Vor und auf der „Bühne" waren also stets Brechtsche Fachleute präsent. Dabei stellte sich auf unterschiedlichste Weise und in unterschiedlichsten Formaten immer wieder die Frage: Was bedeutet es, ZeitgenossInnen dieses Textes zu sein? Was heißt es, sich auf die Probe der Zeitgenossenschaft mit dem *Fatzer*-Material einzulassen – als ZuschauerIn, als DarstellerIn, als LeserIn oder als TheatermacherIn? Und was könnte das sein: Zeitgenossenschaft?

Laut Giorgio Agamben ist Zeitgenossenschaft von einer Zäsur und Unterbrechung, nicht zuletzt der eigenen Gegenwart, gezeichnet, welche zugleich die Grundlage von neuen Verbindungen und Transformationen ist – „der Zeitgenosse [ist] derjenige [...], der seiner Zeit das Rückgrat bricht (oder besser deren Riss und Bruchstelle wahrnimmt), doch er macht aus diesem Bruch den Treffpunkt und Begegnungsort der Zeiten und Generationen."[19] Agamben spürt der Zeitgenossenschaft nicht zuletzt im Phänomen der Mode nach und bestimmt ihre Zeitlichkeit als Zwischenraum von „noch nicht"

17 Jürgen Link: *Bangemachen gilt nicht auf der Suche nach der Roten Ruhr-Armee*. Oberhausen: Assoverlag 2008.

18 Heiner Müller: *Krieg ohne Schlacht. Leben in zwei Diktaturen*. Köln: Kiepenheuer & Witsch 1999, S. 309.

19 Giorgio Agamben: Was ist Zeitgenossenschaft? In: Ders.: *Nacktheiten*. Frankfurt am Main: Fischer 2010, S. 21–36, hier S. 34.

und „nicht mehr".[20] Eine solche Erfahrung von Zeitlichkeit wird in *Fatzer* programmatisch. Sie kennzeichnet die Perspektive seines ‚Protagonisten', welche die Gegenwart in ein gespenstisches Licht rückt und beschreibt eine Situation, in der die Geister der Vergangenheit und Zukunft umgehen:

> Mich lähmt das Morgen und
> Dies unverbindliche Heut! So sitzend
> Zwischen noch nicht und schon nicht mehr
> Glaub ich nicht, was ich denk!
> [...]
> Wenn ich euch essen
> Seh, seh ich hinter euch andre verdauen
> Euch unähnlich; aber mich seh ich nicht essen. Ich hör eure Stimmen nicht vor dem Geräusch vieler
> Schritte, solcher, die ich nicht kenn.
> Aus vielen runden Mäulern fallen
> Große viereckige Worte, woher sind sie?
> Mir scheint, ich bin vorläufig
> Aber was / läuft nach?[21]

Die Frage nach einer möglichen Zeitgenossenschaft mit Brechts *Fatzer*-Fragment ist mit einer Reihe von Fragen verbunden, welche die Logik der Klassiker durcheinander bringen. Was kann uns Brechts Text heute über die gegenwärtige theatrale oder politische Situation und Praxis sagen? Wie verfremdet *Fatzer* die Gegenwart, wie verfremdet der Blick des *Fatzer*-Materials die eigenen Arbeitsweisen und Produktionszusammenhänge? Und nicht zuletzt: Welche Aspekte von Brechts Arbeit zeigen sich erst durch die Perspektiven der Gegenwart, heutige Kontexte und Auseinandersetzungen? Die Produktivität dieser gegenseitigen Verfremdung manifestierte sich in den einzelnen Arbeiten: Während kainkollektiv als Referenz ihrer Herangehensweise u. a. den Film *Night at the Museum* (USA 2006) nannten (was sich auch im Bühnenbild ausdrückte, das von Schnüren durchzogen war, an denen verschiedene „gebrauchte" Gegenstände hingen), hatte die Gruppe des Spinnwerk Leipzig ein begehbares installatives Environment geschaffen, in dem die ZuschauerInnen die Szenenreihenfolge bestimmen konnten. andcompany&Co. hatte es in *FatzerBraz* auf eine „Tropikalisierung" des Materials angelegt, auf die gegenseitige Verfremdung von São Paulo und Ruhrgebiet, Erstem Weltkrieg

20 Agamben: Was ist Zeitgenossenschaft?, S. 30.
21 Brecht: Fatzer, S. 440.

und Stadtguerilla, revolutionärer Bewegung und Reformregierung. *Fatzer für Kinder* erprobte den Gebrauchswert des Materials für Sechs- bis Zwölfjährige.

Die Arbeit an *Fatzer*, als eine Erprobung der Differenzen zum und im Material, zur und in der Gegenwart, trägt eine Differenz in den Alltag des theatralen Betriebs ein. Alle Arbeiten verdanken sich dementsprechend ebenso spezifischen Möglichkeitsräumen und institutionellen Freiräumen wie sie diese zugleich auch behaupten und aktualisieren. Da wäre die neun Monate dauernde Arbeit der Gruppe kainkollektiv in den Räumen des Ringlokschuppens oder die Arbeit der Gruppe andcompany&Co. mit Kindern, die ihre ganz eigene Osterferien-Zeitlichkeit hatte. Oder auch ein Ort wie das zum Schauspiel Leipzig gehörende Spinnwerk Leipzig, erst im Jahr 2009 entstanden, welcher es erlaubte, von den Rahmungen des theaterpädagogischen Betriebs abzusehen und den Textraum des Materials ohne vordergründigen Aktualisierungsimperativ zu entfalten. Will man mit *Fatzer* nicht nur den Betrieb bedienen, dann braucht es Assoziationsräume im emphatischen Sinne, Produktionsorte und -zeiten jenseits der Normierungen (auch des Kinder- oder Jugendtheaters): Räume und Orte wie den Ringlokschuppen in Mülheim oder das Spinnwerk Leipzig. Die *Fatzer*-Inszenierungen der Ersten Mülheimer Fatzer Tage verdanken sich einerseits solchen Räumen, andererseits befragen und testen sie diese. Sie bauen ein „Fatzerarium", „Pädagogien", „Modellräume", „provisorische Bühnen". Für eine Untersuchung, Erprobung und Artikulation solcher Räume liefert das zersplitterte *Fatzer*-Material viele Produktionsmittel. Denn *Fatzer* ist nicht zuletzt ein theatrales Versuchslabor, eine Versuchsanordnung des Theatralischen, in welcher die Institution Theater selbst erprobt und erkundet wird. Zu einem Zeitpunkt, an dem das Politische im Theater, d. h. insbesondere seiner Produktions- und Darstellungsformen, wieder vermehrt diskutiert wird[22] und sich u. a. neue Risse im Gefüge von Stadttheater und Freiem Theater zeigen, treten in der Arbeit mit *Fatzer* die Bruchstellen des Theaters damals und heute wieder in Konstellation. Darin liegt auch eine mögliche Antwort auf die Frage: Wieso gerade *Fatzer*? Die Fatzer Tage wären in diesem Sinne auch ein erneutes Stolpern über Zeilen wie die folgenden:

22 Vgl. dazu u. a. Jan Deck / Angelika Sieburg (Hrsg.): *Politisch Theater machen*. Bielefeld: Transcript 2011; sowie Nikolaus Müller-Schöll: Die Gesetze des gemeinsamen Erscheinens. In: *Theater Heute* 08–09/2012, S. 38–41.

Wenn einer am Abend eine Rede zu halten hat, geht er am Morgen in das Pädagogium und redet die drei Reden des Johann Fatzer. Dadurch ordnet er seine Bewegungen, seine Gedanken und seine Wünsche. Weiter: wenn einer am Morgen einen Verrat ausüben will, dann geht er am Morgen in das Pädagogium und spielt die Szene durch, in der ein Verrat ausgeübt wird. Wenn einer abends essen will, dann geht er abends in das Pädagogium und spielt die Szene durch, in der gegessen wird.[23]

VI. Werkzeugkasten, Gebrauchswert

Die wenigen Szenen und Texte aus *Fatzer*, welche Brecht zu Lebzeiten veröffentlichte, erschienen in der 1930 begonnen Reihe der *Versuche*.[24] Im ersten Heft der neuen Reihe sind die Szenen RUNDGANG DES FATZER DURCH DIE STADT MÜHLHEIM, FATZERS ZWEITE ABWEICHUNG sowie der Text FATZER, KOMM zu finden. Eine Anmerkung Brechts bezeichnet *Fatzer* als dritten Versuch und stellt in Aussicht, Abschnitt 1 und 2 würden „später in diesen Heften erscheinen."[25] Zwar erschienen die angekündigten Abschnitte nicht in den späteren Heften der *Versuche*, nur eine Fußnote weist im zweiten Heft, mitten im *Badener Lehrstück vom Einverständnis*, auf „Fatzerkommentar, Sterbekapitel"[26] hin. Doch stellte Brecht durch die zumindest partielle Einbettung des *Fatzer*-Materials in das Publikationsprojekt der *Versuche* das Fragment deutlich lesbar in den Kontext einer radikalen Befragung der Institution Theater:

> Die Publikation der „Versuche" erfolgt zu einem Zeitpunkt, wo gewisse Arbeiten nicht so sehr individuelle Erlebnisse sein (Werkcharakter haben) sollen, sondern mehr auf die Benutzung (Umgestaltung) bestimmter Institute und Institutionen gerichtet sind (Experimentcharakter haben), und zu dem Zweck, die einzelnen sehr verzweigten Unternehmungen kontinuierlich aus ihrem Zusammenhang zu erklären.[27]

Für uns als Herausgeber des ersten Bandes der *Mülheimer Fatzerbücher* waren die *Versuche* nicht nur wegen der direkten Verbindungen zu *Fatzer* interessant, hinzu trat die mit ihnen verbundene Praxis der Dokumentation der Aufführungsversuche und ihrer Bedingungen.

23 Brecht: Fatzer, S. 517.

24 Bertolt Brecht: Fatzer, 3 sowie Fatzer, komm. In: Ders.: *Versuche 1–12, Heft 1–4*. Berlin: Aufbau 1963, S. 29–41.

25 Ebd., S. 6.

26 Bertolt Brecht: Das Badener Lehrstück vom Einverständnis. In: Ders.: *Werke. Große kommentierte Berliner und Frankfurter Ausgabe*, Bd. 3. Berlin / Frankfurt am Main: Aufbau / Suhrkamp 1988, S. 25–46, hier S. 37; sowie Brecht: *Versuche 1–12*, S. 129.

27 Brecht: *Versuche 1–12*, S. 6.

Gerade die ersten vier Hefte der *Versuche* ver- oder zersammeln die Elemente solcher Versuche und Versuchsanordnungen. Sie gingen den ‚berühmt-berüchtigten' Modellbüchern Brechts voraus und ergänzten die veröffentlichten Stücktexte mit Erläuterungen, Anmerkungen, Photographien und weiteren Materialien – eine Art der Dokumentation, welche geradezu zum Lesen und Ergänzen zwischen den Elementen herausfordert.
In diesem Sinne soll die Reihe der *Mülheimer Fatzerbücher* in den Augen der Herausgeber als nachhaltige Dokumentation von spezifischen Arbeitsweisen, Zugängen zum Material sowie Konstellationen zwischen heutigen Produktionszusammenhängen und dem *Fatzer*-Fragment fungieren. Dabei geht es weniger um autorative Ausdeutung als, mit Michel Foucault gesprochen, um den Versuch, eine Werkzeugkiste[28] zur Verfügung zu stellen. Eine Werkzeugkiste, in der sich Modelle und Materialien finden lassen – anregend zur Weiterführung, zum Widerspruch, zur Abänderung und Übersetzung. Anders gesagt: Das Buch und seine Beiträge haben ihren Zweck dann erfüllt, wenn sie selbst wiederum Produktionsmittel geworden sind.
Der erste Teil des vorliegenden Bandes versammelt Beiträge des von Alexander Karschnia organisierten Symposions *Kommando Johann Fatzer*, in denen die Autoren den Linien und Fragen der Veranstaltung weiter nachgehen. Während Karschnia in seinem Beitrag gegenwärtige Theorien versammelt, die „Desertion gutheißen"[29], um mit einer „Theorie des Piraten" zu enden, verweist Jürgen Link auf die extreme Denormalisierung, die der Erste Weltkrieg für Europa bedeutete und folgt der Spur der *Katabasis*, des Herabsteigens, in Brechts Werk. Matthias Naumann rekonstruiert den Kriegsdiskurs und fragt vor diesem Hintergrund nach den verschiedenen Entwürfen der Gemeinschaft, des nationalen Kriegskollektivs als auch der Deserteure. Diesen Auseinandersetzungen folgt ein zweiter Teil, in welchem wir uns auf Produktionen konzentrieren, die entweder bei den Fatzer Tagen gezeigt wurden oder eng mit ihrem Schauplatz verbunden waren. Ziel war es, nicht ein Modell der Dokumentation für jede Produktion zu verwenden, sondern

28 Michel Foucault: Von den Martern zu den Zellen. Ein Gespräch mit Roger-Pol Droit. In: Ders.: *Mikrophysik der Macht. Über Strafjustiz, Psychiatrie und Medizin.* Berlin: Merve 1976, S. 48–53, hier S. 53.

29 Brecht: Fatzer, S. 469.

jeder Produktion diejenigen Mittel an die Hand zu geben, die ihr Aufbau und ihre Arbeitsweise forderten.

V. Revolutionsmaschinen

Unser Dank gilt all denjenigen, ohne die das vorliegende Buch nicht möglich gewesen wäre: den BeiträgerInnen, dem Ringlokschuppen-Team wie auch den MitarbeiterInnen des Neofelis Verlages. Nicht zuletzt gilt unser Dank Melanie Albrecht für ihre Mitarbeit an der Publikation.

> Ein Buch existiert nur durch das und in dem, was ihm äußerlich ist. Wenn das Buch selber also eine kleine Maschine ist, in welchem messbaren Verhältnis steht dann diese literarische Maschine zu einer Kriegsmaschine, einer Liebesmaschine, einer Revolutionsmaschine […]?[30]

30 Gilles Deleuze / Félix Guattari: *Tausend Plateaus. Kapitalismus und Schizophrenie.* Berlin: Merve 1997, S. 13. Zum Zitat: „Getippt mit einem Finger, die Tochter auf dem Arm.“ (Alexander Karschnia)

Kommando Johann Fatzer

BEHEMOTH vs. LEVIATHAN

Anleitungen zum Bürgerkrieg

Alexander Karschnia

I. EXODUS: *Lob der Desertion*

Vier Männer, Besatzung eines Tanks, verschwinden vom ‚Theater des Krieges' und tauchen heimlich in Mülheim auf, bzw. unter. Sie beschließen, zusammenzubleiben, „da ihre einzige Aussicht darin bestand, daß ein allgemeiner Aufstand des Volkes den sinnlosen Krieg beende und Desertion gutheiße."[1] Genau das werde ich nun tun: „Desertion gutheißen", einstimmen in den Chor der Vielen, jener ‚vile multitude' („schofle Menge")[2], die – wie Toni Negri, Michael Hardt, Paolo Virno u. a. verkündet haben – heute wieder auf der politischen Bühne auftaucht, nachdem sie vor vierhundert Jahren verdrängt worden ist vom Volk, der Nation, dem Staat. In der Sprache des Theaters: *exit Volk, reenter multitude.*[3] Dieser Wiederkehr der Menge geht die Erfahrung eines zweifachen Scheiterns voraus: das Scheitern des ersten und des zweiten „roten Jahrzehnts" des letzten Jahrhunderts, den 1920er und den 1970er Jahren.[4] Das ist der Zeitraum, in dem *Fatzer* entstanden ist: 1926–1931 arbeitete Brecht an dem Stück, ohne es zu beenden. 1978 fertigte Heiner Müller eine erste Spielfassung an. Die Ausgangslage: Das „Warten auf die Revolution"[5] hat sich nicht gelohnt, die revolutionäre Disziplin nicht zum Ziel geführt, stattdessen herrscht ein zwölfjähriger

1 Bertolt Brecht: Fatzer. In: Ders.: *Werke. Große kommentierte Berliner und Frankfurter Ausgabe*, Bd. 10.1. Berlin / Frankfurt am Main: Aufbau / Suhrkamp 1997, S. 387–529, hier S. 469.

2 Karl Marx: *Der Bürgerkrieg in Frankreich*. Berlin (Ost): Dietz 1963, S. 68.

3 Der Begriff der *multitude* (Menge) entstammt der politischen Philosophie Spinozas. Antonio Negri & Michael Hardt haben ihn als positiven Gegenbegriff zum Empire im gleichnamigen Buch popularisiert. Ihr zweites Buch beschäftigt sich maßgeblich mit diesem Konzept: Michael Hardt / Antonio Negri: *Multitude. Krieg und Demokratie im Empire*. München: Campus 2004. Vgl. auch Paolo Virno: *Grammatik der Multitude. Öffentlichkeit, Intellekt und Arbeit als Lebensform*. Wien: Turia + Kant 2005, bes. S. 25–34.

4 Vgl. Gerd Koenen: *Das rote Jahrzehnt. Unsre kleine deutsche Kulturrevolution 1967–77*. Köln: Kiepenheuer & Witsch 2001.

5 Hakim Bey: Warten auf die Revolution. In: Ders.: *TAZ. Die Temporäre Autonome Zone*. Berlin/Amsterdam: ID-Verlag 1994, S. 111–114.

Ausnahmezustand (das sog. ‚Dritte Reich'). Erst auf dessen Trümmern entsteht der ‚neue Staat' *auferstanden aus Ruinen*… Im Ostblock führt die weltweite Erhebung 1968 zum ‚Prager Frühling', doch dem Tauwetter folgte nach der sowjetischen Invasion eine neue Eiszeit, die langen Jahre der Stagnation (Breshnew-Ära). Im Westen entstehen aus dem Zerfall der Studentenbewegung zahlreiche Politsekten und bewaffnete Gruppen, die „deutsche Kulturrevolution" endet 1977 mit der Todesnacht in Stammheim. Statt des Sieges der Revolution bricht die Revolte aus als spontane Insurrektion, ‚temporäre autonome Zone': 1977 wird Italien durch wilde Streiks und militante Ausschreitungen jenseits der Kontrolle der Kommunistischen Partei oder der Gewerkschaften erschüttert.[6] In den ‚bleiernen Jahren' der staatlichen Repression gehen Militante wie Negri und Virno ins Gefängnis oder ins Exil. Die Entdeckung der *multitude* ist das Produkt dieser Erfahrung. Müsste ein „allgemeiner Aufstand" heute also etwas anderes sein als ein „Aufstand des Volkes"[7]? Ein Aufstand des Volkes gegen das Volk?[8] Gegen jenes Volk, das beansprucht, souverän zu sein, *einen* Willen zu besitzen und *einen* Körper, ein „sterblicher Gott": der *Leviathan* des Thomas Hobbes, ein biblisches Seeungeheuer.[9] Doch *Der kommende Aufstand* (Unsichtbares Komitee) geht von heterogenen Vielheiten aus, vom „freien Spiel der Lebensformen" – dem Bürgerkrieg.[10] Dessen Symbol ist Behemoth, der Gegenspieler Leviathans, ein ungeheures Landtier, das versucht, den Leviathan aufzuspießen, während dieser ihm die Nüstern mit den Flossen verschließt. Nach Hobbes bedeutet Bürgerkrieg die Rückkehr zum Krieg jeder gegen jeden: Die uneinheitliche Menge, *multitude*, wird zurückgestoßen in den „Kriegszustand", in welchem sie „von jedem Beliebigen vernichtet

6 Vgl. Primo Moroni / Nanni Balestrini: Die 77er Bewegung. In: Dies.: *Die Goldene Horde. Arbeiterautonomie, Jugendrevolte und bewaffneter Kampf in Italien*. Berlin: Verlag der Buchläden Schwarze Risse Berlin & Rote Strasse Göttingen 1994, S. 329–383.

7 Brecht: Fatzer, S. 469.

8 Der Begriff des Volkes ist in vielen modernen europäischen Sprachen von einer fundamentalen Zweideutigkeit gezeichnet: einerseits steht es für die Armen und Entrechteten, andrerseits ist es der Name für die integrierte Gestalt des Souveräns. Vgl. Giorgio Agamben: Was ist ein Volk? In: Ders.: *Mittel ohne Zweck. Noten zur Politik*. Freiburg/Berlin: diaphanes 2001, S. 35–40.

9 Thomas Hobbes: *Leviathan oder Stoff, Form und Gewalt eines kirchlichen und bürgerlichen Staates*, hrsg. u. eingel. v. Iring Fetscher. Frankfurt am Main: Suhrkamp 1989.

10 Tiqqun: *Anleitung zum Bürgerkrieg*. Berlin: Laika 2012, S. 16. Die Gruppe wird auch hinter dem Unsichtbaren Komitee vermutet. Seit der spektakulären Verhaftung einer Gruppe junger Bauern in dem Ort Tarnac am 11.11.2008 wird sie auch als ‚Tarnac 9' bezeichnet: http://tarnac9.noblogs.org/ (Zugriff am 25.07.2012).

werden kann, ohne daß dies eine Ungerechtigkeit wäre“[11]. Diese Figur des Vogelfreien kannte schon das Römische Recht als *homo sacer.*[12] In diesem Zustand befanden sich die vier *Abwesenden ohne Erlaubnis*, nachdem sie das Schlachtfeld verlassen hatten: reduziert auf *bloßes Leben.* Die ‚Ethik des Bürgerkrieges‘ propagiert den Aufstand der „Lebensformen“ gegen die Reduzierung auf *bloßes Leben.* Es ist ein Krieg gegen den Bürger, den „Massemenschen“[13]: den *Bloom*, der seit der Totalen Mobilmachung 1914 hegemonial gewordene (nach)geschichtliche Typus, ein ‚Mann ohne Eigenschaften‘, ‚Letzter Mensch‘, Monsieur Teste oder Herr Keuner. Von ihm, ahnte Walter Benjamin, drohten seinem Schöpfer die größten Gefahren: die *Bloomifizierung*[14]. Der Bloom steht für die „*endgültig asozial* gewordene Gesellschaft“[15]. Von ihr gilt es abzuhauen, sie gilt es abzuschaffen: eine „permanente und abolitionistische Desertion“[16]. Dafür bedarf es keiner ‚neuen Moral‘, sondern einer ‚Ethik des Bürgerkrieges‘: „Lebensformen“, die sich weigern, ihr Recht auf Gewaltanwendung auf einen Souverän zu übertragen.

> Der Kern des Problems ist, dass man Töten denken kann. Wenn man es für notwendig hält, hat man nicht das Recht, es selbst nicht zu tun: es nur zu delegieren wäre unmoralisch.[17]

Die Verknüpfung zwischen Moralismus und Terrorismus, die Verbindung von Demut und Töten in Kochs (Keuners) Schlussrede, erinnerte Müller an die RAF: „Seid nicht hochfahrend Brüder, sondern unmenschlich und schlagt es tot. Nicht hochfahrend, sondern: unmenschlich.“[18] Doch Koch ist auch „eine Leninfigur“[19]: Lenin – ein Bloom?

11 Hobbes: *Leviathan*, S. 138.

12 Giorgio Agamben: *Homo Sacer. Die souveräne Macht und das nackte Leben.* Frankfurt am Main: Suhrkamp 2002.

13 Brecht: Fatzer, S. 465.

14 Tiqqun: *Theorie vom Bloom.* Zürich / Berlin: diaphanes 2003, S. 15.

15 Ebd., S. 53.

16 Vgl. zum Begriff der Desertion Avery Gordons Beitrag in: Multitude e.V. / Unfriendly Takeover (Hrsg.): *Wörterbuch des Krieges.* Berlin: Merve 2008, S. 96–109, hier S. 105.

17 Heiner Müller: Fatzer-Material 1978. In: Bertolt Brecht: *Der Untergang des Egoisten Johann Fatzer. Bühnenfassung von Heiner Müller.* Frankfurt am Main: Suhrkamp 1994, S. 7–12, hier S. 10.

18 Brecht: Fatzer, S. 450.

19 Müller: Fatzer-Material 1978, S. 8.

II. LENIN: Staat ± Revolution

Im dritten Kriegsjahr kommt Fatzer zu demselben Schluss wie Lenin: „Wir hören [den Krieg] auf!“[20] Laut Slavoj Žižek hielt die Mehrheit der Bolschewiki Lenin zuerst für wahnsinnig, als er in seinen Aprilthesen darauf drängte, die Februarrevolution fortzuführen bzw. zu *wiederholen*, um den Staat zu zerstören und alle Macht den Räten zu übertragen. Derselbe Lenin, der in seiner Schrift *Was tun?* davon ausgegangen war, der Arbeiterklasse könne Klassenbewusstsein nur *von außen* durch eine Avantgarde vermittelt werden, bewies ein gutes Gespür für die „revolutionäre Mikropolitik“[21], die überall im Land entstehenden Basiskomitees. Diese Gegenüberstellung von Lenin vs. Lenin ist aufschlussreich für das Verhältnis Brecht vs. Brecht, das Müller auf die Formel *Fatzer ± Keuner* gebracht hat: Was zunächst als Konflikt zwischen Spontaneität und Disziplin erscheint, zwischen Individualismus (Anarchismus) und Kollektivismus (Kommunismus), könnte auch als Konflikt zwischen Revolution und Aufstand beschrieben werden bzw. zwischen Revolution und Bürgerkrieg. Während Marx & Engels 1848 im *Kommunistischen Manifest* noch von einem „versteckten Bürgerkrieg innerhalb der bestehenden Gesellschaft“ ausgingen „bis zu dem Punkt, wo er in eine offene Revolution ausbricht“[22], dreht sich diese Reihenfolge in den folgenden Erhebungen um: 1871 folgt in Paris der Bürgerkrieg der Revolution, ebenso 1917 in Russland. Koch spricht wie Lenin, als er von seinen Kameraden verlangt, „den Krieg in einen Bürgerkrieg“ zu verwandeln, „[w]elches eure Aufgabe ist in jedem Krieg / Der sein wird von jetzt bis zum / Ende aller Kriege“[23]. Schon kurz nach Kriegsausbruch hatte Lenin die Losung ausgegeben, „die Epoche der imperialistischen Kriege zum Beginn einer Epoche von Bürgerkriegen zu machen.“[24] Im Frühjahr 1917 erinnerte er an die Lehre, die Marx aus dem Bürgerkrieg in Frankreich gezogen hatte: „[D]ie Arbeiterklasse kann nicht die fertige Staatsmaschinerie einfach in Besitz nehmen und

20 Brecht: Fatzer, S. 468.

21 Slavoj Žižek: *Die Revolution steht bevor. Dreizehn Versuche über Lenin.* Frankfurt am Main: Suhrkamp 2002, S. 11.

22 Karl Marx / Friedrich Engels: *Manifest der kommunistischen Partei.* Berlin (Ost): Dietz 1989, S. 58.

23 Brecht: Fatzer, S. 475f.

24 Wladimir Iljitsch Lenin: Sozialismus und Krieg (Die Stellung der SDAPR zum Krieg). In: Ders.: *Sozialismus und Krieg. Sechs Arbeiten von 1915/16.* Berlin (Ost): Dietz 1988, S. 107–190, hier S. 149.

diese für ihre eigenen Zwecke in Bewegung setzen", denn es ist „eine Maschine der Klassenherrschaft"[25]. D. h. der Staat ist nicht neutral, eine höchste, über der Gesellschaft schwebende (transzendente) Instanz, sondern selbst *Partei.* Dass der Leninismus daraus den Umkehrschluss zog, die Partei müsse selbst zum Staat werden, ist die Tragödie des Kommunismus im 20. Jahrhundert. Es gilt, zu jenem Moment zurückzukehren, an dem Lenin zu dessen Zerstörung aufruft, im August, September 1917, unmittelbar vor dem Sturm auf den Winterpalast, in der Schrift *Staat und Revolution.* Darin wendet er sich gegen die Vertreter der II. Internationalen, die ein friedliches Hinüberwachsen in den Sozialismus propagieren und sich dabei auf Engels' Wort vom „Absterben des Staates" beriefen. Durch philologische Rekonstruktion kann Lenin zeigen, dass Engels vom Absterben des *proletarischen* Staates gesprochen hatte, der jedoch nur auf den Trümmern des bürgerlichen errichtet werden könne. Lenin wirft Kautsky & Konsorten daher Verrat vor,[26] doch das Muster wiederholt sich. Von einer symptomatischen Verdrängung der Rolle der Gewalt könnte mit Benjamin gesprochen werden: „Alle Gewalt ist als Mittel entweder rechtssetzend oder rechtserhaltend. Schwindet das Bewußtsein von der latenten Anwesenheit der Gewalt in einem Rechtsinstitut, so verfällt es."[27] Während in der Sowjetunion das Absterben des Staates auf sich warten ließ, erging es den meisten kommunistischen Parteien außerhalb der SU wie der alten Sozialdemokratie: 1933 waren weder KPD noch SPD in der Lage, das Signal zum bewaffneten Aufstand zu geben und auf die Machtübertragung auf die NSDAP mit einem Bürgerkrieg zu reagieren. Doch wer hätte ein solches Signal geben können? Dreißig Jahre später stellt sich an einem anderen Ort dieselbe Frage. Dieses Mal wird sie beantwortet. In der Sprache Kochs: „Zu schwach uns zu verteidigen, gehen wir zum Angriff über."[28]

25 Marx: *Bürgerkrieg in Frankreich*, S. 66f.

26 Von größtem Interesse in diesem Zusammenhang ist die Debatte, die sich nach der Revolution zwischen Kautsky, Lenin und Trotzki über die ‚Diktatur des Proletariats' entspann, in der Kautsky auf fast schon unheimliche Weise vorhersah, was kommen würde. Vgl. Bini Adamczak: Nuancen. In: jour fixe initiative Berlin (Hrsg.): *Souveränitäten. Von Staatsmenschen und Staatsmaschinen.* Münster: Unrast 2010, S. 54–84.

27 Walter Benjamin: Zur Kritik der Gewalt. In: Ders.: *Gesammelte Schriften* Bd. II.1, hrsg. v. Rolf Tiedemann / Hermann Schweppenhäuser. Frankfurt am Main: Suhrkamp 1991, S. 179–203, hier S. 190.

28 Brecht: Fatzer, S. 428.

III. *Das Konzept Stadtguerilla*

> Stadtguerilla geht davon aus, dass es die preußische Marschordnung nicht geben wird, in der viele sog. Revolutionäre das Volk in den revolutionären Kampf führen möchten. Geht davon aus, dass dann, wenn die Situation reif sein wird für den bewaffneten Kampf, es zu spät sein wird, ihn erst vorzubereiten.[29]

Eine Rhetorik des *drängenden Augenblicks*, der Verweigerung des Aufschubs, prägt den Text der RAF vom April 1971 ebenso wie die Aprilthesen Lenins 1917. In der Sprache der RAF: „Das Konzept Stadtguerilla stammt aus Lateinamerika. Es ist dort, was es auch hier nur sein kann: Die revolutionäre Interventionsmethode von insgesamt schwachen revolutionären Kräften."[30] Theorie und Praxis stammen von dem Abgeordneten Carlos Marighella, der nach dem Militärputsch 1964 mit der Kommunistischen Partei Brasiliens (PCB) brach. Sie hoffte weiterhin auf bürgerliche Bündnispartner, einen breiten, legalen Widerstand: Das Exekutivkomitee „möchte die Diktatur sanft umstoßen, ohne die Diktatoren anzugreifen, Griechen und Troer versöhnen!"[31] höhnte Marighella und berief sich auf Lenin, der 1905 in *Zwei Taktiken der Sozialdemokratie in der demokratischen Revolution* geschrieben hatte, dass „die großen Lebensprobleme des Volkes nur durch Gewalt zu lösen sind."[32] In C 18 im *Fatzerkommentar* heißt es entsprechend:

> M Wir haben gehört, daß es ohne Gewalt geht
> L Wer hat euch gesagt, daß es ohne Gewalt geht
> M Die / herrschende Art / hat uns gesagt, daß es / ohne Gewalt geht
> L Woran also erkennt man die herrschende Art?
> M Daran erkennt man die herrschende Art, daß sie sagt, daß es ohne Gewalt geht
> L Wer aber weiß, daß es nur mit Gewalt geht
> M Wir, die große unteilbare unzerstörbare Masse[33]

29 Martin Hoffmann: Das Konzept Stadtguerilla. In: *Rote Armee Fraktion. Texte und Materialien zur Geschichte der RAF*. Berlin: ID-Verlag 1997, S. 27–48, hier S. 41.

30 Hoffmann: Das Konzept Stadtguerilla, S. 190.

31 Carlos Marighella: Brief an das Exekutivkomitee der Kommunistischen Partei Brasiliens. In: Márcio M. Alves / Conrad Detrez / Carlos Marighella: *Zerschlagt die Wohlstandsinseln der Dritten Welt. Mit dem Handbuch der Guerilleros von São Paulo*. Reinbek: Rowohlt 1971, S. 86–93, hier S. 89. Das Buch erschien zunächst in Frankreich und wurde nach einem Zensur-Gesetz aus dem Jahre 1939 zur ‚nationalen Sicherheit' verboten. Daraufhin schlossen sich 23 Verleger zusammen, um es unter Berufung auf Artikel 11 der Menschenrechte wieder zu veröffentlichen. In Deutschland erschien das Buch in der Reihe rororo aktuell, hrsg. v. Freimut Duve.

32 Wladimir I. Lenin: *Zwei Taktiken der Sozialdemokratie in der demokratischen Revolution*, zit. nach Marighella: Brief an das Exekutivkomitee, S. 89.

33 Brecht: Fatzer, S. 522.

Ohne Gewalt geht es nicht, auch das Bestehende besteht nur deswegen fort, weil es sich auf eine *erhaltende* Gewalt stützen kann, die jede andere, etwas Neues *setzende* Gewalt unterdrückt – damit jedoch ihren eignen Ursprung verleugnen muss, die Kräfte also, denen sie die eigne Existenz verdankt. Lenin hatte in *Was tun?* noch explizit davor gewarnt, sich „am Terror zu berauschen“[34]: Statt zum Sturmangriff überzugehen riet er zur Belagerung der feindlichen Festung. Zwei Jahre später, der Winterpalast war nun sturmreif, verteidigte Lenin auf einmal den Partisanenkrieg als „unvermeidliche Kampfform in einer Zeit, wo die Massenbewegung in der Praxis schon an den Aufstand heranreicht und mehr oder minder große Pausen zwischen den ‚großen Schlachten‘ des Bürgerkriegs eintreten.“[35]
Darauf beriefen sich 1970 auch die „Leninisten mit Knarre“[36], die RAF, denen Marighellas *Mini-Handbuch des Stadtguerilleros* als Handlungsanweisung diente: „kleine autonome Aktionsgruppen von vier bis fünf Mann“ (wie Fatzers Truppe), sog. „Feuer-“ oder „Initialgruppen“, die „bewußt fragmentarisch“ auf eigne Initiative handeln, zugleich jedoch einem „allgemeinen Kommando“ unterstehen, das zu strategischen Ausführungen auf sie zurückgreifen kann.[37] Sie betreiben „bewaffnete Propaganda“ durch militärische Interventionen: Angriffe auf Repräsentanten des Staates oder der Repressionsorgane, Entführungen zur Freipressung gefangener Genossen, „Enteignungen“ von Banken, Besetzungen von Rundfunkstationen, Bombenanschläge – aber auch Exekutionen von Verrätern und Spionen. Sie agieren dabei im buchstäblichen, militärischen Sinne als „Avantgarde des Volkes“ in einem kommenden Bürgerkrieg. Zugleich agieren sie wie eine Nachhut jener legendären *cangaçeiros* im Nordosten Brasiliens: „Sozialbanditen“ (Hobsbawm) wie der Lampião (1898–1938), den die Kommunisten in der Zeit des Aufstands zum Anführer machen wollten.[38] Diese Nähe zum Milieu der mythisierten Räuber gilt auch für Brechts *Fatzer*,

34 Lenin: *Was tun? Brennende Fragen unsrer Bewegung.* Berlin (Ost): Dietz 1988, S. 91.

35 Lenin: *Der Partisanenkampf*, zit. nach http://www.mlwerke.de/le/le11/le11_202.htm (Zugriff am 07.07.2012).

36 Vgl. Redaktionskollektiv der Untergrundzeitschrift 883 Nr. 86 vom 6.12.1971: Rote Armee Fraktion: Leninisten mit Knarre. http://www.oocities.org/sozialebefreiung/raf.html (Zugriff am 07.07.2012).

37 Carlos Marighella: Handbuch des Stadtguerillero. In: Alves / Detrez / Marighella: *Zerschlagt die Wohlstandsinseln*, S. 39–84, hier S. 50f..

38 Eric Hobsbawm: *Die Banditen. Räuber als Sozialrebellen.* München: Hanser 2007, S. 177f.

der mit den Sagen um den Räuberhauptmann *Fetzer* (1778–1803) in Verbindung gebracht worden ist, der in den Zeiten der Wirren nach den sog. Befreiungskriegen im selben Gebiet sein Unwesen getrieben hat wie Johann Fatzer.[39] Die Bewunderung der Bevölkerung für die Figur des Großen Verbrechers hat Benjamin als „Sympathie der Menge gegen das Recht“[40] gedeutet, die den potenziell *rechtssetzenden* Charakter des Verbrechens zu erkennen vermag. Aus demselben Grund lassen sich Verbrecher allzu leicht in die bestehende Ordnung integrieren: So ließ sich Lampião kurzzeitig von der Regierung zum Kampf gegen die Kommunisten einspannen.[41] Die Guerilla musste sich zweifach abgrenzen, einmal von Banditen, das andere Mal von Anarchisten, den sog. „individuellen Terroristen“ wie die „narodniki“ im Rußland der 1860–70er Jahre. Es war der RAF in den ersten Verlautbarungen wichtig, ihre Leser darüber zu belehren, dass Lenin am „individuellen Terror“ nicht etwa den Terror gegen einzelne Repräsentanten des „Schweinesystems“ abgelehnt hatte, sondern nur den Terror von individuellen, d. h. desorganisierten Anarchisten. *Das Konzept Stadtguerilla* setzte zwar auf individuelle Initiative, folgte aber einem „allgemeinen Kommando“ – einer „Verbindung von Disziplin und Terror“[42]. So löst sich der Widerspruch Lenin vs. Lenin dialektisch auf: Fatzer ist jenes „‚wahnsinnige‘ Element“, das Gudrun Ensslin zufolge „dem europ. Kampf um d. Sozialismus seit 100 J. fehlt.“[43] Koch / Keuner dagegen „die Rechenmaschine der Revolution“[44]. Ihre Synthese wäre die Revolution als Aufhebung beider Positionen in einer Strategie der „Machtergreifung“[45]. Doch „die *Militarisierung* des Bürgerkriegs

39 Judith Wilke: *Brechts „Fatzer“-Fragment. Lektüren zum Verhältnis von Dokument und Kommentar*. Bielefeld: Aisthesis 1998, S. 163ff.

40 Benjamin: Zur Kritik der Gewalt, S. 183.

41 Hobsbawm: *Banditen*, S. 115.

42 Müller: Fatzer-Material 1978, S. 8.

43 Gudrun Ensslin / Bernward Vesper: *„Notstandsgesetzt von Deiner Hand“. Briefe 1968/69*, hrsg. v. Caroline Harmsen / Ulrike Seyer / Johannes Ullmaier. Mit einer Nachbemerkung von Felix Ensslin. Frankfurt am Main: Suhrkamp 2009, S.131.

44 Heiner Müller: Fatzer ± Keuner. In: Ders.: *Werke* 8: *Schriften*, hrsg. v. Frank Hörnigk. Frankfurt am Main: Suhrkamp 2005, S. 223–231, hier 230.

45 Dieses Wort, das die Nazis in verfälschender Weise für die Übertragung der Macht auf sie durch Hindenburg benutzt haben, taucht mehrfach in den von der ehemaligen DDR autorisierten Übersetzungen von Lenins Schriften auf: Das bestätigt die Einschätzung eines ‚Überläufers‘ wie Ernst Niekisch von „Hitler als ‚Anti-Lenin‘“ (Ernst Niekisch: *Das Reich der niederen Dämonen*. Hamburg: Rowohlt 1953, S. 263).

ist das Scheitern des Aufstands"[46] wie es in *Der kommende Aufstand* heißt: „Die Roten können 1921 noch triumphieren, die Russische Revolution ist schon verloren."[47] Was an die Stelle des bürgerlichen Staates trat, war erstaunlicherweise ein Staat, der noch intensiver staatlich war als das autokratische Regime, das jener ersetzt hatte. Dieses Paradox beschäftigte Brecht & Benjamin im Svendborger Exil ebenso wie den ‚Kronjuristen des Dritten Reichs' Carl Schmitt.[48] Benjamin verglich die sowjetische ‚Arbeitermonarchie' mit den „grotesken Naturspielen, die in Gestalt eines gehörnten Fisches oder andrer Ungeheuer aus der Tiefsee zu Tage befördert werden"[49]: ein neuer Leviathan! Dieses Ungeheuer nahm schon während des Bürgerkriegs Gestalt an: Lenins Verstaatlichung der spontanen Gewalt in Form des ‚roten Terrors' entlarvt ihn trotz aller markiger Sprüche von der physischen Vernichtung der Feinde in einem „Vernichtungskrieg" nicht als Gewaltfetischisten,[50] sondern als „Pragmatiker, der das Mögliche versucht"[51]. Für ihn ist die Gewalt Mittel zum Zweck, ebenso der Staat, die organisierte Form der Gewalt: Der Zweck heiligt das Mittel – und das Leben. Wie Agamben in Anschluss an Benjamins Kritik der Gewalt und Foucaults Konzept der Biopolitik zeigen konnte, entsteht die Figur des

46 Unsichtbares Komitee: *Der kommende Aufstand.* Hamburg: Nautilus 2010, S. 106.

47 Ebd.

48 Vgl. Nikolaus Müller-Schöll: *Das Theater des „konstruktiven Defaitismus". Lektüren zur Theorie eines Theaters der A-Identität bei Walter Benjamin, Bertolt Brecht und Heiner Müller.* Frankfurt am Main/Basel: Stroemfeld 2002, S. 385–407. Brecht hat Schmitt mehrfach parodiert, auch in *Fatzer* taucht ein Schmitt auf: zunächst steigt er mit ihm aus dem Panzer und weigert sich zu würfeln, später als ein Vorgesetzter, vor dem sich die Deserteure bei ihrer Entscheidung zur Flucht fürchten: „Schmitt / Der erschießt Dich." (Brecht: Fatzer, S. 453.) Carl Schmitt war während des Krieges beim Generalkommando des Bayrischen Armeekorps für Zensur und Überwachung der Friedensbewegung zuständig, was sich auch in „operativen Maßnahmen gegen bekannte pazifistische Schriftsteller niederschlug." (Nachwort von Gerd Giesler zu Carl Schmitt: *Gespräch über die Macht und den Zugang zum Machthaber.* Stuttgart: Klett-Cotta 2008, S. 67–95, hier S. 68.) Der des Antisemitismus selbst nicht unverdächtige Ernst Niekisch hat Schmitts Haß auf die jüdischen Räuberbanden hervorgehoben, die in den Wirren der sog. Befreiungskriege im Rheinland ihr Unwesen trieben wie Hauptmann Fetzer, besonders der berüchtigte Anführer „Baal Massematte" (Niekisch: *Reich der niederen Dämonen*, S. 198–202, hier S. 201).

49 Brecht und Benjamin im Gespräch in Svendborg: Walter Benjamin: *Gesammelte Schriften* Bd. VI, hrsg. v. Rolf Tiedemann / Hermann Schweppenhäuser. Frankfurt am Main: Suhrkamp 1991, S. 532–539, hier S. 539.

50 Hendrik Wallat: *Staat oder Revolution. Aspekte und Probleme linker Bolschewismuskritik.* Münster: Edition Assemblage 2012, S. 17–78.

51 Müller: Fatzer-Material 1978, S. 8.

„heiligen Lebens“ erst mit der staatlichen Verfügung über Leben und Tod seiner Untertanen. Die „künftige Politik“ ist daher *„nicht mehr Kampf um die Eroberung oder Kontrolle des Staates [...], sondern Kampf zwischen dem Staat und dem Nicht-Staat (der Menschheit)*“[52]. Der „Bürgerkrieg“ in der Anleitung von Tiqqun, dient nicht dem Zweck, die Revolution auszulösen, sondern ist als „Mittel ohne Zweck“ eine Antwort auf Müllers Frage: „[W]ie kann man absehen von Zwecksetzungen?“[53]

IV. *Die Maßnahme*

Die entscheidende Frage bleibt die Frage des *Dezisionismus*, die Frage nach der Entscheidung: Hier stehen sich revolutionärer und gegenrevolutionärer Diskurs Auge in Auge gegenüber.[54] Im deutschen Wort „Entscheidungsgewalt“ steckt sowohl die souveräne Macht der letzten Instanz als auch der Akt der Gewalt, den jede Setzung, jede Gründung beinhaltet. Für Schmitt besteht die dezisionistische Kraft des Staates darin, *Rechte* in *Gesetze* zu verwandeln – alles andere seien bloße *Maßnahmen*. Eine solche hat Brechts berüchtigstem Lehrstück den Titel verliehen, in dem es – wie in *Fatzer* – um die Tötung eines Genossen geht: Der Unterschied zwischen Gesetz und Maßnahme ist der Unterschied ums Ganze: Benjamin hatte in der Todesstrafe, jener „höchsten Gewalt über Leben und Tod“, den „Ursprung des Rechts“ gesehen.[55] Dagegen gilt: „Die Tötung eines Verbrechers kann sittlich sein – niemals ihre Legitimierung.“[56] Anders gesagt: In dem Moment, in dem die vier Agitatoren aus *Die Maßnahme* eine Rechtfertigung ihrer Taten vorbringen, verwandelt sich ihre Maßnahme in die Gewalt des Rechts bzw. werden Gewalt und Recht ununterscheidbar. Benjamin hat daher eine weitere Unterscheidung eingeführt: mythische vs. göttliche Gewalt. Die erste setzt Macht, die zweite vernichtet Recht wie

52 Agamben: Marginalien zu den Kommentaren zur Gesellschaft des Spektakels. In: Ders.: *Mittel ohne Zweck*, S. 73–87, hier S. 86.

53 Müller: Fatzer-Material 1978, S. 12.

54 Vgl. Wolfgang Kraushaar: Entschlossenheit: Dezisionismus als Denkfigur. Von der antiautoritären Bewegung zum bewaffneten Kampf. In: Ders. (Hrsg.): *Die RAF und der linke Terrorismus*. Bd. 1. Hamburg: Hamburger Edition 2006, S. 140–156.

55 Benjamin: Zur Kritik der Gewalt, S. 188.

56 Benjamin: Einbahnstraße. In: Ders.: *Gesammelte Schriften* Bd. IV.1, hrsg. v. Rolf Tiedemann / Hermann Schweppenhäuser. Frankfurt am Main: Suhrkamp 1991, S. 38–148, hier S. 138.

z. B. das „Gottesgericht der Menge am Verbrecher."[57] Die Strategie einer ‚permanenten, abolitionistischen Desertion' müsste es also sein zu vermeiden, die „Machtfrage" zu stellen, um nicht die Macht im Staat zu ergreifen, sondern ihrem Zugriff zu entkommen: *Die Welt verändern, ohne die Macht zu übernehmen* (John Holloway). Das ist die alte Streitfrage zwischen Anarchismus, Sozialismus und Bolschewismus: „Keine Staaten, andere Staaten, erst andere Staaten und dann keine Staaten mehr"[58]. Neo-Leninisten wie Dath & Žižek, die mit Lenin für die letzte Variante votieren, seien an Brechts weise Worte erinnert: „‚Der Staat soll verschwinden.' Wer sagt das? Der Staat."[59] Die Strategie der RAF war stets in der Gefahr, die Gewalt des Staates zu reproduzieren, selbst ‚Staat' zu werden. Carl Schmitt hatte das wohlwollend zur Kenntnis genommen. Die Forderungen der RAF soll er anerkennend kommentiert haben mit den Worten: „So spricht ein Staat."[60] Entscheidend bleibt die Frage nach der Entscheidung, die „Machtfrage": Wie Schmitt gegen Ende seines Lebens bedauernd feststellte, geht nun eine Epoche zu Ende: „Der Staat als Modell der politischen Einheit, der Staat als der Träger des erstaunlichsten aller Monopole, nämlich des Monopols der politischen Entscheidung […] wird entthront."[61] Wer soll nun entscheiden, wenn es kein Monopol mehr auf Entscheidungen gibt und also keine Gesetze mehr, nur noch Maßnahmen? Bekannt ist die Verachtung von Thomas Hobbes für alle irregulären Institutionen, seien sie nur „Bündnisse oder bisweilen bloße Volksversammlungen"[62]. Ist nicht das Theater genau ein solcher Ort: ein Ort der bloßen

57 Benjamin: Zur Kritik der Gewalt, S. 203.

58 Dietmar Dath im Vorwort zur Neuausgabe von Wladimir Iljitsch Lenin: *Staat und Revolution. Die Lehre des Marxismus vom Staat und die Aufgaben des Proletariats in der Revolution*, hrsg. von Carolin Amlinger / Christian Baron. Hamburg: Laika 2012, S. 7–28, hier S. 14.

59 Brecht und Benjamin im Gespräch in Svendborg, S. 534.

60 Aussprache zu dem Referat von Julien Freund. In: Helmut Quaritsch (Hrsg.): *Complexio Oppositorium. Über Carl Schmitt.* Berlin: Duncker & Humblot 1988, S. 394–399, hier S. 396. Diesen Hinweis verdanke ich Michael Wehren.

61 Carl Schmitt: *Der Begriff des Politischen.* Berlin: Duncker & Humblot 2002, S. 10.

62 Hobbes: Von den politischen und privaten Vereinigungen der Untertanen. In: Ders.: *Leviathan*, S. 173–182, bes. S. 181f. Vgl. Paolo Virno: Virtuosität und Revolution. Die politische Theorie des Exodus. In: Ders.: *Exodus*, hrsg. v. Klaus Neundlinger / Gerald Raunig. Wien/Berlin: Turia + Kant 2010, S. 33–78, hier S. 61, sowie Isabell Lorey: Demokratie statt Repräsentation. Zur konstituierenden Macht der Besetzungsbewegung. In: Jens Kastner / Isabell Lorey / Gerald Raunig / Tom Waibel: *Occupy! Die aktuellen Kämpfe um die Besetzung des Politischen.* Wien/Berlin: Turia + Kant 2012, S. 7–49, hier S. 19.

Volksversammlungen? Könnte das Lehrstück nicht die Form dafür sein, was Virno „nichtstaatliche Öffentlichkeit“[63] nennt? „Ihr müsst entscheiden“, heißt es in den zwei Chören von B 58, „denn wir waren uneinig.“[64]

V. *Befehl zum Ungehorsam*

Falls Schmitts Befürchtung / Virnos Hoffnung stimmt und die Epoche der Staatlichkeit zu Ende geht, wer verfügt dann über den Ausnahmezustand? *Das Konzept Stadtguerilla* mag nicht der klassischen preußischen Marschordnung gefolgt sein, jedoch einer anderen, sehr preußischen Idee: der Idee des Partisanen, deren Theorie Schmitt Anfang der 1960er Jahre verfasst hatte. Hier zeigt sich, dass Ordnung und Unordnung keine starren Gegensätze bilden, sondern komplementäre Ergänzungen, die in der Lage sind, miteinander in Komplizenschaft zu treten. In derselben Rhetorik wie die RAF und Lenin verfasst der Reformer Neidhardt von Gneisenau im Jahre 1811 eine Denkschrift für König Wilhelm III. Gneisenau hatte in Spanien den revolutionären Kleinkrieg der autochthonen Bevölkerung gegen die napoleonische Invasion erlebt und will dieses Modell nach Preußen importieren. Zwei Jahre später, am 21. April 1813, erlässt der König die Verordnung über den Landsturm als Anordnung zum „allgemeinen Aufstand des Volkes“:

> Es soll daher überall sofort zur Einrichtung des Landsturms [...] geschritten werden, damit der Feind [...] gewahr werde, dass ein Volk nicht besiegt werden kann, welches eins mit seinem König ist.[65]

Kein Satz bezeugt besser die Behauptung der Identität von Volk und Souverän und nichts das Misstrauen des Souveräns seiner Bevölkerung gegenüber als die reale Geschichte dieses Erlasses, der – kaum war er erlassen – durch einen zweiten Erlass vom 17. Juli sofort abgeschwächt, Stück für Stück aufgehoben wurde. Keine Invasion könnte einen Herrscher mehr erschrecken als eine bewaffnete Bevölkerung und ihre „Fähigkeit und Kraft im entscheidenden Augenblick unter der Führung selbständig handelnder

63 Virno: *Grammatik der Multitude*, S. 51. Vgl. dazu: Alexander Karschnia: (Post-) Performerism as a way of life oder Das Theater der Produktion des Lebens. In: Jan Deck / Angelika Sieburg (Hrsg.): *Politisch Theater machen*. Bielefeld: Transcript 2011, S. 85–106.

64 Brecht: Fatzer, S. 477.

65 Friedrich Wilhelm III. König von Preußen: Verordnung über den Landsturm. In: Joachim Schickel (Hrsg.): *Guerilleros, Partisanen. Theorie und Praxis*. München: Hanser 1970, S. 70–84, hier S. 70f.

Persönlichkeiten aus innerem Antrieb, also ohne Befehl oder zumindest ohne äußere Anregung, d.h. zentrale Leitung, gegen den Landesfeind aufzutreten“[66]. In seiner Theorie des Ausnahmezustands macht Schmitt aus diesem Dilemma das Paradox der Herrschaft. Im Landsturmedikt zeigt sich die Notwendigkeit, die Geltung des Rechts zu bewahren, indem man sie, zumindest zeitweise, suspendiert. Genau das hatte Gneisenau erkannt, der dem König die *Organisation einer Insurrektion wenn eine feindliche Invasion eintritt* vorschlug. In § 2 heißt es: „Seine Majestät heben bei einer feindlichen Invasion alle bisherigen Verhältnisse auf.“ Daraufhin die Bemerkung des Königs: „Wer wird diesen Wirrwarr dirigieren können und wollen?“ Daraufhin Gneisenau: „Der Feind mag sehen, wie er Ordnung hineinbringe, und in der Absicht ihn zu kränken, ist diese Unordnung organisiert.“[67] Der Ausnahmezustand ist genau das: organisierte Unordnung. Instruktion von oben zur Insurrektion von unten. Das Widerstandsrecht wird zur Widerstandspflicht: In § 1 kommt es zu dem paradoxen Befehl, durch Ungehorsam zu gehorchen:

> Jeder Staatsbürger ist verpflichtet, sich dem andringenden Feinde mit Waffen aller Art zu widersetzen, seinen Befehlen und Ausschreibungen *nicht* zu gehorchen, und wenn der Feind solche mit Gewalt betreiben will, ihm durch alle nur aufzubietenden Mittel zu schaden.[68]

Der Staatsbürger erhält den Auftrag, sich nicht nur dem Feind entgegenzustellen, sondern „seine Hospitäler aufzuheben; nächtliche Überfälle auszuführen, kurz, ihn zu beunruhigen, zu peinigen, schlaflos zu machen.“[69] Dieser Befehl ist nie ausgeführt worden. Dafür ist diese Taktik Jahrzehnte später von den Franzosen gegen die Invasion der Preußen angewandt – und mit brutaler Repression beantwortet worden. Würde Gneisenau jetzt leben, schrieb Friedrich Engels, „würde er sein Ideal des Volkswiderstands in den französischen Freischärlern vielleicht annähernd erreicht, wenn nicht voll verwirklicht sehen. Denn Gneisenau war ein Mann – und ein Mann von Genie.“[70] Carl Schmitt, der Gneisenau ebenso für ein Genie hielt, konnte aus dieser Denkschrift die Theorie des

66 Vorbemerkung von Joachim Schickel zur Verordnung über den Landsturm. In: Schickel (Hrsg.): *Guerilleros, Partisanen*, S. 69.

67 Neidhardt zu Gneisenau: Plan zur Vorbereitung eines Volksaufstandes. In: Schickel (Hrsg.): *Guerilleros, Partisanen*, S. 41–68, hier S. 59f.

68 Friedrich Wilhelm III.: Verordnung über den Landsturm, S. 71.

69 Ebd., S. 72.

70 Friedrich Engels: Über den Krieg. In: Schickel (Hrsg.): *Guerilleros, Partisanen*, S. 116–126, hier S. 126.

Partisanen entwickeln mit den bekannten vier Kriterien: Irregularität, gesteigerte Mobilität, intensives politisches Engagement und tellurischen Charakter. Letzteres ist ihm besonders wichtig, denn es betrifft die Verwurzelung des Partisanen im nationalen Boden, bedeutet doch für Schmitt der Partisan „noch ein Stück echten Bodens; er ist einer der letzten Posten der Erde als eines noch nicht völlig zerstörten weltgeschichtlichen Elements.“[71] Land und Meer galten Schmitt als unvereinbare Elemente, als Verkörperung zweier uralter, widerstreitender Prinzipien: Behemoth vs. Leviathan. Bei aller Wertschätzung für Hobbes hielt er dessen Wahl der Wasserschlange Leviathan als Titel seines großen Werkes für falsch.[72] Doch passt der Leviathan zum britischen Commonwealth, dessen Aufstieg zur Weltmacht sich dem Übergang zu einer maritimen Existenz verdankt, einer „planetarischen Raumrevolution“[73]. Der britische Leviathan ist ein Walfisch, ein Moby Dick (bekanntlich benutzte die RAF die Namen aus Melvilles Roman als *noms de guerre*). Streng scheidet Schmitt deswegen den Partisanen vom Piraten und möchte ihn auf keinen Fall als ‚Freibeuter des Landes‘ bezeichnet wissen. Für Schmitt ist die Irregularität des Partisanen primär, was nichts anderes bedeutet, als ohne Uniform hinter den Linien zu kämpfen. Doch selbst wenn der Partisan irregulär mit unkonventionellen Methoden kämpft, so bleibt laut Schmitt seine Irregularität stets auf eine Regularität bezogen: die Staatlichkeit. Der Landsturm, die Volksbewaffnung, kann also als Versuch gelesen werden, die Insurrektion nicht nur zu initiieren, sondern auch zu institutionalisieren. Sie folgt einem „allgemeinen Kommando“, das zunächst im Hintergrund bleiben soll. Nach Gneisenaus Plan sollen in jede Provinz ein Mann geschickt werden, der sich vor Ort auskennt: „Man kann ihn den Geschäftsführer nennen.“[74] Doch soll sich dieser zunächst nicht als solcher zu erkennen geben. Es ist es bei Todesstrafe verboten, den Landsturm eigenmächtig auszurufen, ebenso ziehen „Desertion nach der Heimat, Weigerung, dem Aufgebot zu folgen und Widersetzlichkeiten gegen

71 Carl Schmitt: *Theorie des Partisanen. Zwischenbemerkung zum Begriff des Politischen.* Berlin: Duncker & Humblot 1963, S. 74.

72 Carl Schmitt: *Der Leviathan in der Staatslehre des Thomas Hobbes. Sinn und Fehlschlag eines politischen Symbols.* Stuttgart: Klett-Cotta 2003 [entstanden 1938].

73 Carl Schmitt: *Land und Meer. Eine weltgeschichtliche Betrachtung.* Stuttgart: Klett-Cotta 2008, S. 90.

74 Friedrich Wilhelm III.: Verordnung über den Landsturm, S. 43.

die Offiziere […] beschimpfende Strafen nach sich."[75] Im *Fatzerkommentar* heißt es: „Die Erkenntnis kann an einem andern Ort gebraucht werden, als wo sie gefunden wurde."[76] Die preußischen Pläne wurden von Lenin und Mao Tse-Tung studiert, radikalisiert und ihren globalen Strategien nutzbar gemacht. Doch interessanter als in der Politik scheint heutzutage die Anwendung eines solchen Modells in der Wirtschaft: Ist das internalisierte Kommando, das die postfordistische Ökonomie kennzeichnet, mit dem Ausnahmezustand zu vergleichen? Ist nicht die von innen fremdgesteuerte Lohnarbeiterin das vom Kopf auf die Füße gestellte Bild vom preußischen Beamten, dem befohlen wird, keine Befehle mehr zu befolgen? Den zeitgenössischen Produktionsprozess bestimmt kein General, sondern etwas, das Marx *general intellect* genannt hat: „Massenintellektualität"[77]. Sie besteht weniger aus gebündelter Bildung, sondern aus Sprachvermögen, kognitiver Kompetenz, alltäglichen Performances. Damit gleicht die Arbeit, wie Virno gezeigt hat, immer mehr der politischen Praxis: ein ‚Handeln in Gegenwart andrer', ein beständiges Improvisieren, angewiesen auf Kommunikation & Kooperation. CEOs multinationaler Konzerne befinden sich in einer ähnlichen Verlegenheit wie der preußische König vor 200 Jahren, sie müssen Autonomie und Egalität zugleich fördern und beschränken. Der Befehl zum Ungehorsam ist strukturell dem ‚kreativen Imperativ' vergleichbar, dem Befehl zur Selbstverwirklichung (am Arbeitsplatz). Das Kommando: „Seid Subjekte (der Kommunikation)!"[78] Wie in Gneisenaus Plan halten sich die Geschäftsführer diskret im Hintergrund, treten nur auf den Plan, wenn die geförderte Selbstständigkeit eigne Wege zu gehen droht, wenn der *general intellect* sich aus dem Regime von Lohnarbeit und Warenproduktion befreien will – was nichts anderes bedeuten würde, als die „Herbeiführung des wirklichen Ausnahmezustands", wie Benjamin es in der VIII. Geschichtsphilosophischen These

75 Friedrich Wilhelm III.: Verordnung über den Landsturm, S. 75.

76 Brecht: Fatzer, S. 521.

77 Vgl. Jost Müller: Die kritischen Intellektuellen und die Vergesellschaftung der Intelligenz. Einige Hinweise auf Geschichte und Theorie der Massenintellektualität. In: Thomas Atzert / Jost Müller (Hrsg.): *Immaterielle Arbeit und imperiale Souveränität. Analysen und Diskussionen zu Empire.* Münster: Westfälisches Dampfboot 2004, S. 117–145.

78 Maurizio Lazzarato: Immaterielle Arbeit. Gesellschaftliche Tätigkeit unter den Bedingungen des Postfordismus. In: Toni Negri / Maurizio Lazzarato / Paolo Virno: *Umherschweifende Produzenten. Immaterielle Arbeit und Subversion*, hrsg. v. Thomas Atzert. Berlin: ID-Verlag 1998, S. 39–52, hier S. 42f.

forderte.[79] Das wäre ein wahres Wunder – etwas, über das nicht souverän zu verfügen ist, das „Erwartet-Unvorhergesehene“[80]: „Setzt für Unvorhergesehenes fünf (rät Fatzer seinen Kameraden)“[81]. Die Revolution, der „allgemeine Aufstand des Volkes“ kann in keiner andren Haltung erwartet werden. Koch dagegen will ein Programm und verletzt damit die Grundbedingungen, welche das Handeln der *multitude* bestimmen, die als permanentes irreguläres Bündnis, als Sowjet, nicht durch Gesetze agiert wie ein Staat, sondern durch Maßnahmen. Diese jedoch müssen die Kraft des Exempels haben, der politischen *Reproduzierbarkeit*: „*Was zählt ist das Beispiel der Tod bedeutet nichts.*“[82]

VI. EXIT

> Unter den vielen Weisen, in den Marx die Krise des Kapitalismus beschrieben hat (Überproduktion, tendenzieller Fall der Profitrate, etc.) ist die am meisten verkannte die Desertion der ArbeiterInnen aus der Fabrik.[83]

Virnos Beispiel sind die Fabrikarbeiter in den noch jungen USA, die in Richtung *frontier* weiter ziehen konnten. Doch wie die Geschichte des revolutionären Atlantiks zeigt, prägten Desertionen schon den Beginn der Kolonisation bzw. hätten das Unternehmen der Kolonisation beinahe vereitelt.[84] Berühmt geworden durch Shakespeares vor exakt 400 Jahren aufgeführtes letztes Stück *The Tempest* ist der Schiffbruch der *Sea-Venture*, bei dem ein Schiff mit englischen Siedlern vor den Bermudas kenterte, die entgegen ihren Ängsten vor den legendären „Teufelsinseln“ ein Paradies vorfanden, das sie nicht mehr verlassen wollten. Shakespeare, selbst Anteilseigner der Virginia-Company, macht aus den Aufständischen zwei Narren, die sich mit dem dunklen, monströsen Sklaven Caliban verbünden, um Prosperos Insel in die Hand zu bekommen. Doch Bündnisse zwischen Seeleuten, Sklaven und autochthoner Bevölkerung waren weitaus häufiger, als es die Geschichtsschreibung der Sieger glauben

79 Benjamin: Über den Begriff der Geschichte. In: Ders.: *Gesammelte Schriften* I.2, hrsg. v. Rolf Tiedemann / Hermann Schweppenhäuser. Frankfurt am Main: Suhrkamp 1991, S. 691–704 , hier S. 697.

80 Virno: Virtuosität und Revolution, S. 70ff.

81 Brecht: Fatzer, S. 495.

82 Heiner Müller: ZUM BEISPIEL PAUL DESSAU. In: Ders.: *Werke* 8: *Schriften*, S. 221–222, hier S. 222.

83 Virno: Exodus. In: Ders.: *Exodus*, S. 23–30, hier S. 30.

84 Peter Linebaugh / Marcus Rediker: *Die vielköpfige Hydra. Die verborgene Geschichte des revolutionären Atlantiks.* Berlin/Hamburg: Assoziation A 2000.

machen will. So bezeichnete der Begriff *marronage* die Desertion in die Wälder zu den Indigenen, die sieben von zehn Siedlern der ersten englischen Kolonien gelang: „Ich bin hungrig und möchte essen" war der erste Satz der Entflohenen. Was sie in den Wäldern vorfanden war eine tropische Allmende, Gemeingut, gemeinsam bestelltes Land – etwas, was sie aus ihrer Heimat kannten, da es ihnen gerade erst genommen worden war durch Einhegungen des Gemeindelandes. Diese ‚enclosure' des ‚common lands' haben zur Entstehung jener „Republik des Eigentums" geführt, in der die *multitude* keinen Platz mehr hatte. Die Kolonisation war ein probates Mittel, um die proletarisierten Massen außer Landes zu schaffen. Der geteilte Reichtum, *Common Wealth*, dem Toni Negri & Michael Hardt ihr letztes Buch gewidmet haben,[85] ist heute wieder Gegenstand sozialer Auseinandersetzungen. Der Skandal der Privatisierung der tropischen Allmende durch die Patentierung von Heilpflanzen ist ein bekanntes Beispiel für den Prozess einer neuen, globalen ‚Einhegung'. Davon betroffen ist jedoch auch immaterieller Gemeinschaftsbesitz wie das Sprach- und Erkenntnisvermögen. Auf die Enteignung des Bodens durch die Obrigkeit reagierten keine Partisanen, Verteidiger des Bodens, sondern Seeleute: Piraten! Waren die ersten Piraten noch Freibeuter mit Freischein ihrer jeweiligen Majestät und zumindest darin den preußischen Pseudo-Partisanen ähnlich, so wurde die Piraterie zum Massenphänomen durch die kollektive Desertion von Schiffsmannschaften, die mit fliegenden (roten) Fahnen überliefen. Durch Meutereien auf See, Aufstände in den Städten, Rebellionen zu Land, welche die Machthabenden als „tausendköpfige Hydra" fürchteten (für jeden abgeschlagenen Kopf des Aufstands wachsen zwei neue nach), entwickelte sich auf See eine regelrechte „Hydrarchie": der wahre Leviathan! Vielleicht bietet sie ein Modell für die ‚Republik der Vielen', die nicht länger auf Privateigentum aufbauen würde und zur Sorge um die allgemeinen Angelegenheiten keinen Staat mehr bräuchte. Gibt es doch gute Gründe anzunehmen, dass das Modell einer nichtstaatlichen Demokratie von Piraten stammt![86] Das Gespenst, das nicht länger nur aus Vergangenheit kommt, sondern aus Zukunft ebenso, ist das Gespenst der *multitude*, die alle

85 Vgl. Michael Hardt / Antonio Negri: *Common Wealth. Das Ende des Eigentums.* Frankfurt am Main: Campus 2010.

86 Vgl. Lamborn Wilson (alias Hakim Bey): *Piraten Anarchisten Utopisten: Mit ihnen ist kein Staat zu machen.* Berlin: Karin Kramer 2009.

Schmittschen Kriterien des Partisanen erfüllt – außer dem letzten. Sie ist nicht tellurisch, sondern maritim. Mit anderen Worten: kein Partisan mehr, sondern Pirat! Und das erste Kriterium, die Irregularität, ist nicht länger auf eine Regularität gerichtet, die von außen käme: Mit ihnen ist kein Staat mehr zu machen. So folgt dem „absoluten Feind", den Schmitt als Resultat der Weltrevolution hervortreten sah, der „Feind aller"[87]. Der Typus Fatzer: ein ‚Freibeuter des Landes'? *O Himmel strahlender Azur…*

87 Vgl. Lawrence Liang: Hostis Humani Generis (Feind der menschlichen Gattung). In: Multitude e.V. / Unfriendly Takeover (Hrsg.): *Wörterbuch des Krieges*, S. 151–169.

Dialektisierung des Untergangs

Die Geburt des Partisanen-Subjekts aus der extremen Denormalisierung

Jürgen Link

Nicht nur in den *Fatzer*-Fragmenten spielt der Begriff des „Untergangs“ bei Brecht eine Schlüsselrolle: Insbesondere ist auch an die *Johanna* zu denken – mit Johannas gesteigerten „Gängen in die Tiefe“. Sowohl bei Brecht als auch im gesamten Realismus des 19. und 20. Jahrhunderts ist dieses Motiv zentral – im literarischen, im philosophischen und im politischen Realismus. Ich spreche von der „realistischen Katabasis“ – katábasis ist griechisch und heißt eben wörtlich „Gang abwärts, Gang nach unten“. Eingangs also eine ganz kurze Skizze der realistischen Katabasis.

Zu den am weitesten verbreiteten kollektiven Symbolen gehören die Symbole der räumlichen Orientierung und insbesondere die der horizontalen und vertikalen Dynamik. Katabasis ist Abwärts-Dynamik, Bewegung von oben nach unten. Der Realismus des 19. Jahrhunderts konstituierte sich als Negation der Romantik. Er verspottete die Romantik als „wolkig“, „nebelhaft“, „verhimmelt“ usw. und propagierte dagegen den „festen Boden“, das „Pflaster“, später den „Asfalt“ – Brecht war bekanntlich stolz auf den Titel eines „Asfaltliteraten“. Die Symbolik ist nicht schwer zu entschlüsseln: die „Wolken am Himmel“ stehen für die Illusionen der Metaphysik sowie jeder Art von Idealismus und Ideologie, das „harte Pflaster“ steht für die Realität und den Realismus, radikaler für die Materie und den Materialismus. Wie kommt man zur Realität? Indem man die oben schwebenden Illusionen wegbläst oder zum Abregnen bringt – indem man also realistische Katabasis als Desillusionierung praktiziert. Bereits die realistische Katabasis des 19. Jahrhunderts ist gleichzeitig stets schon dialektisch, weil im äußeren Abwärtsgang ein innerer Aufwärtsgang steckt: Indem der Realist äußerlich nach unten auf den Boden geht und seine Illusionen verliert, erklimmt er das realistische Wissen, das ihm Fortschritt, also Aufwärtsgang (anábasis) ermöglicht.

Bei Marx, aus dessen Theorie Brecht seit der Mitte der 1920er Jahre die entscheidenden Prämissen seines Schreibens entwickelte, gehört das symbolische Modell von „Basis“ und „Überbau“ zur realistischen Katabasis. Darüber gibt es ganze Bibliotheken, auf deren Fragestellungen und Deutungen ich mich hier nicht einlassen kann.[1] Für Brecht spielen zwei Aspekte des Modellsymbols eine Rolle: erstens die Katabasis von der idealistischen Ideologie oben zur materialistischen Wissenschaft unten – zweitens die Katabasis von der herrschenden Bourgeoisie oben zur proletarischen Masse unten. Beide Dimensionen implizieren eine innere Anabasis: Materialistische Wissenschaft und kommunistische Revolution.

Warum kam Brecht, wie es scheint, mit der Katabasis im *Fatzer* nicht recht klar? Weil ganz verschiedene Spielarten von Katabasis im *Fatzer* stecken, die sich widersprechen und sich zum Teil gegenseitig ausschließen. Diesen verschiedenen Spielarten der Katabasis entsprechen sich ausschließende Dramenprojekte – und zwar mindestens *Die heilige Johanna der Schlachthöfe*, *Die Dreigroschenoper* und *Die Maßnahme*.

In der *Johanna* hat Brecht eine erste klassische Version seiner realistischen Katabasis gefunden: großartig und noch heute erschütternd. Es ist die Katabasis auf den Nullgrad der völligen Nacktheit des Proletariats, durch die die grotesk-romantische Anabasis der Religion negiert wird. Johanna verliert ihre religiösen Illusionen und wechselt hinüber zur künftigen revolutionären Anabasis. Im *Fatzer* dagegen ist auch diese Katabasis präsent, aber vermischt mit anderen Spielarten, und zwar mit der Katabasis zum „Fleisch“ (*Dreigroschenoper*) und der Katabasis zur radikalen bolschewistischen Disziplin (*Die Maßnahme*). Ich neige sogar zur Hypothese, dass der *Fatzer* bis auf weiteres aufgegeben wurde, als das Konzept der *Johanna* aufgetaucht war (also Ende 1929, im Kontext des großen Wallstreet-Crashs).

Allerdings erinnerte sich Brecht zu verschiedenen Zeiten – bis in die späte Zeit der DDR – wieder an sein aufgegebenes Projekt und meinte, das habe das Zeug zum „höchste[n] Standard technisch“[2]

1 Vgl. dazu aber Jürgen Link / Ursula Link-Heer: *Literatursoziologisches Propädeutikum*. München: UTB 1980.

2 Bertolt Brecht: Journal Dänemark. In: *Werke. Große kommentierte Berliner und Frankfurter Ausgabe*, Bd. 26. Berlin / Frankfurt am Main: Aufbau / Suhrkamp 1997, S. 307–333, hier S. 330.

in sich gehabt. Offensichtlich blieb er vom *Fatzer* fasziniert, weil er glaubte, dessen Potential nicht ausgeschöpft zu haben.

Und tatsächlich ist dieser *Fatzer* faszinierend. Ohne ihn jetzt als verkanntes Meisterwerk idealisieren zu wollen (was verfehlt wäre, nicht bloß weil er Fragment bleibt, nein, weil er in der vorliegenden Form zweifellos Dokument eines Scheiterns ist) – ohne ihn also überschätzen zu wollen, möchte ich im Folgenden eine bestimmte Dimension seines Faszinationspotentials beleuchten. Diese Dimension ist der Normalismus bzw. konkret die Dynamik einer Denormalisierung, d. h. eines Verlustes von Normalität.

Zu den dominierenden Motiven im *Fatzer* gehört neben dem Ruhrgebiet der Erste Weltkrieg. Unabhängig von Brecht kann man den Ersten Weltkrieg rückwirkend als die bisher größte Denormalisierung der modernen Geschichte begreifen, die zum einen eine längere Periode relativ „stabilisierter" Normalität abrupt beendete und die zweitens eine lange Periode immer extremerer Denormalisierung eröffnete – bis hin zum Zweiten Weltkrieg einschließlich des Holocaust.

An dieser Stelle sind einige ganz kurze Bemerkungen zum Begriff Normalismus notwendig.[3] Moderne Gesellschaften westlichen Typs sind technisch industrialistisch, kulturell szientistisch, ökonomisch kapitalistisch, organisatorisch bürokratisch, sozial individualistisch, politisch massendemokratisch und sicherlich noch einiges andere mehr. All das ist evident. Moderne Gesellschaften besitzen aber noch eine weitere konstitutive Dimension, die meistens vergessen wird: Es sind verdatete Gesellschaften, die sich statistisch selbst transparent machen, um ihre Massendynamiken (von Wissen, Kapital und Menschen) auf der Basis von Verdatung und Statistik regulieren zu können. Maßgabe solcher Regulierung sind Normalitäten, die mit Kurven, Durchschnitten und Spreizungen von Massenverteilungen zu tun haben. Moderne Gesellschaften sind also auch normalistische Gesellschaften. Speziell der moderne Kapitalismus funktioniert nur in einer engen Symbiose mit Normalismus: Verfahren wie staatliche Konjunkturregulierung oder soziale Um-Verteilung versuchen, die Tendenz des Kapitalismus zur Verelendung des Proletariats zu bremsen und zu kompensieren. Wir

3 Vgl. ausführlich – systematisch und historisch – dazu Jürgen Link: *Versuch über den Normalismus. Wie Normalität produziert wird.* 4. erw. Aufl. Göttingen: Vandenhoeck & Ruprecht 2009.

kennen die Stichworte des normalisierten Kapitalismus: soziale Marktwirtschaft, Konsumgesellschaft, Integration des Proletariats. Die im Rückblick angeblich „goldene" Zeit vor dem Ersten Weltkrieg, in der Brecht aufwuchs, war zwar noch weit entfernt von heutigen normalistischen Standards, aber sie zeigte einige symptomatische Tendenzen in diese Richtung. Was man den „Revisionismus" in der Sozialdemokratie nannte, war – normalismustheoretisch betrachtet – nichts anderes als die These von der Verwandlung der sozialen Pyramide in die soziale Zwiebel bzw. den sozialen Rhombus auch ohne Revolution. Bernstein und die anderen Revisionisten waren Statistikfetischisten (vom Typ her tatsächlich wie Sarrazin, wenn auch politisch noch weit entfernt – aber ja auch zeitlich noch weit entfernt). Als Statistikfetischisten bewiesen sie, dass – entgegen Marxens Prognose – die Pyramide nicht unten immer breiter würde, sondern schmäler, während die Mitte ausbauchen würde zur Zwiebel. Ebenso zeigten sie mittels Kurven, dass – wieder entgegen Marxens Prognose – ein unterer proletarischer Sockel nicht vom oberen Kurvensegment durch einen Abgrund, eine Diskontinuität, ein für allemal „abgehängt" werde, sondern sich durch Zwischenschichten wie Facharbeiter, Angestellte und stets nachwachsende kleine Selbständige kontinuierlich nach oben anschließe. Wenn sie auch übertrieben, hatten sie eine Tendenz im Blick, die sich nach dem Zweiten Weltkrieg dann sehr viel stärker entwickelte: hin zur so genannten „nivellierten Mittelstandsgesellschaft", also zur sozialen Quasi-Normalverteilung: oben dünn, in der Mitte dick, aber auch unten (jedenfalls angeblich – zumindest angeblich) dünn. Ein zweiter normalistischer Trend vor 1914 waren die Tendenzen hin zu sexueller und generischer Emanzipation – bei Brecht ein weiteres Motiv von höchster Bedeutung.

All diese normalistischen, ansatzweise sogar flexibel-normalistischen Tendenzen wurden vom Ersten Weltkrieg geradezu zerschlagen. Jeder Krieg ist Ausnahmezustand, also permanenter Notstand und Erklärung der totalen Anormalität. Krieg in einer kapitalistischen Klassengesellschaft stellt die extreme Pyramide mit extrem breiter Basis einer Masse wieder her, die statistisch vom galoppierenden Tod erfasst ist und die, soweit sie nicht stirbt, täglich um ihr Überlebensminimum kämpfen muss. Auch die Mittelschichten sind von dieser Denormalisierung erfasst, und ganz sicher vor dem Tod und vor dem Hunger sind – wie Marx es prognostiziert hatte – nur noch die oberen Zehntausend. Es entsteht also die Figur einer

Sanduhr mit enorm breitem Unterteil und ohne Mitte. Genau das beobachtet Fatzer auf seinem „Rundgang durch die Stadt Mülheim“: „Arm ist ärmer und reich reicher jetzt und / Zwischendrin ist nichts: das ist auch gut.“[4]

Diese extreme Denormalisierung ist ein wichtiges Thema des *Fatzer*-Projekts – es fehlt darin aber die Normalität der Vorkriegszeit und insofern sieht Brecht den Krieg nicht normalismustheoretisch. Indirekt aber ist die Normalität dennoch in Gestalt des Sex-Themas anwesend. Dazu kommen typisch normalistische Motive wie Zufall[5], Würfeln[6], Standardisierung[7].

Die Gesamt-Katabasis des *Fatzer* beginnt also nicht mit der Vorkriegsnormalität, sondern mit dem Kipppunkt des Krieges, an dem die Niederlage deutlich wurde (also 1917). Das Eingangsbild der frühen Fragmente, als Fatzer und seine Begleiter aus dem Panzer steigen, ist ein „halluzinatives“[8], wie Brecht selbst sagt, Bild der Ankunft auf dem nackten Boden des völlig abrasierten Schlachtfelds. „Abrasiert“: Symbol einer Tabula rasa. Aber die Dynamik der Katabasis ist damit nicht beendet – in gewisser Hinsicht beginnt sie erst. Denn nun gehen Fatzer und seine Kameraden erst recht „abwärts“ – ins Ruhrgebiet, d.h. ins Proletariat – Katabasis als Desertion ins Proletariat.

In der Druckfassung in den *Versuchen* ist die Tabula-rasa-Situation des Schlachtfeldbodens, also der Beginn der Desertion, episch in der folgenden Formulierung Fatzers konzentriert:

> Vor allem wissen
> An welchem Punkt der Landkart wir
> Aus der blutbeschmierten, undeutlichen, verdammten Erdkruste
> Herausgekrochen sind
> Was sie hier haben zum Fressen[9]

Die Katabasis als Desertion folgt zuerst der materialistischen Gravitation des Fressen-Müssens. Das ist die Katabasis zum „Fleisch“. Das Fleisch-Symbol wertet den christlichen Komplex materialistisch um und fasst demnach – wie dann zentral in der *Dreigroschenoper* – Nahrung und Sex zusammen. Das, was christlich und

4 Bertolt Brecht: Fatzer. In: Ders.: *Werke. Große kommentierte Berliner und Frankfurter Ausgabe*, Bd. 10.1. Berlin / Frankfurt am Main: Aufbau / Suhrkamp 1997, S. 500.

5 Ebd., S. 468.

6 Ebd., S. 353f.

7 Ebd., S. 474.

8 Ebd., S. 387.

9 Ebd., S. 499.

bürgerlich-ideologisch das „Niedrige“ ist, ist der feste Boden, den die Deserteure als erstes gewinnen müssen.

Fatzer bietet sich an, diese Katabasis zu erkunden. In den Szenarien gibt es zwei „Gänge“ Fatzers (also zwei weitere Teile der Katabasis): einen „Rundgang durch Mülheim“, auf dem er sich in mehrere „Abweichungen“ verstrickt. Dieser „Rundgang“ ist teilweise ausgeführt. Davon zu unterscheiden ist ein „Spaziergang“, der bereits in den ersten Skizzen auftaucht. Dieser „Spaziergang“ bleibt weitgehend unklar – ausgeführt ist nur ein einziges kurzes Fragment –, er soll aber für den Schluss, in dem Fatzer von seinen Kameraden wegen „Egoismus“ und wegen „Verrats“ zum Tode verurteilt und getötet wird, offensichtlich entscheidende Motive liefern. Fatzers „Liquidierung“, wie man sagen muss, steht am Ende jener Spielart von Katabasis, die dann in der *Maßnahme* gesondert ausgeführt wird: In dieser Art von Katabasis sind die revolutionäre Romantik, der revolutionäre Individualismus und damit der Anarchismus symbolisch die „Wolke“, die es auf den „Boden“ des leninistischen Realismus abregnen zu lassen gilt. Auch in der *Maßnahme* ist das ein „Versuch“, d. h. ein quasi wissenschaftliches „Experiment“ – im *Fatzer* will diese Form der Katabasis aber nicht zur Gesamt-Katabasis der Desertion passen.

Diese Gesamt-Katabasis entspricht zunächst der klassischen Dialektik einer realistischen Katabasis:

> Wir raten euch: seht
> Euch an diese vier, denn ihr werdet sie
> Untergehend sehn handeln wie
> Aufwärtsgehende.[10]

Oder in dem Chor *FATZER, KOMM*:

> Tauche wieder unter in der Tiefe, Sieger.
> Der Jubel dringt dorthin, wo das Gefecht war.
> Sei nicht mehr dort.
> Erwarte das Geschrei der Niederlage dort, wo es am lautesten ist:
> In der Tiefe.
> Verlaß den alten Posten.
> [...]
> Halte dich fest und sinke! Fürchte dich! Sinke doch! Auf dem Grunde
> Erwartet dich die Lehre.[11]

Der „Grund“ dieser Katabasis (im mehrfachen Sinne) ist soziologisch die arme, aber revolutionäre proletarische Masse und

10 Ebd., S. 479f.

11 Ebd., S. 511f.

wissenssoziologisch das Wissen des Marxismus („die Lehre"). Fatzer ist nicht bloß Teilnehmer, sondern sogar führender Teilnehmer dieser Katabasis. Warum erscheint er dann gleichzeitig als „Egoist" und soll „liquidiert" werden?

Das liegt an der Mehrdeutigkeit des „Egoismus" Fatzers. Dieser „Egoismus" ist keineswegs banal moralisch zu verstehen. Wenn man genau liest, schwankt die Einschätzung der Fatzer-Figur zwischen sehr positiv und aufgesetzt negativ. Man lese folgende Skizze:

> 1919. Die vier wollen Fleisch. Raubmord etwa. Setzen sich bei dem einen fest, in der Wohnung seiner Mutter. Er wird Kommunist und die andern schlagen ihn tot, weil er ihnen ein Egoist ist, der in Wirklichkeit doch Kollektivist ist, sie halten ihn für einen Schädling und Aussichtslosen. Dem gegenüber Bilder aus Moskau, Schanghai usw.: der Siegeszug des Kommunismus. Sie bekommen das Fleisch nicht. Die Moralischen halten Gericht ab über einen Aussätzigen.[12]

Das ist das genaue Gegenstück zur *Maßnahme* – in vielen anderen Skizzen wird Fatzer umgekehrt, aber von Kommunisten liquidiert wie der junge Genosse der *Maßnahme*. Irgendwie kam Brecht offensichtlich mit Fatzers Katabasis nicht recht klar. Ich versuche nun eine Lektüre, in der der Normalismus als Erklärungsinstrument dient – es ist ein „Versuch" im brechtischen Sinne des Wortes: ein Experiment und ein Essay.

In den Stücken mit klarer dialektischer Katabasis, wie insbesondere der *Johanna*, ist die Welt des Friedens von Versailles genauso wie die des Ersten Weltkriegs total denormalisiert und sozial binär und krass diskontinuierlich aufgeteilt in wenige Reiche oben und eine riesige arme Masse unten. Im Grunde geht der Krieg ohne Unterbrechung (also eben ohne Normalisierung) weiter bis zur Revolution. Ständig Ausnahmezustand, Notstand, also Anormalität, ständig binäre Spaltung der Gesellschaft ohne „Mitte" – bis zur postrevolutionären „neuen Ordnung", zur schon transnormalistischen konkreten Utopie. Also kein Platz mehr für Normalisierung. Diese Sicht auf die 1920er und 1930er Jahre teilten nicht nur die Kommunisten mit Brecht – sie war damals besonders unter Intellektuellen weit verbreitet und historisch anscheinend berechtigt. Im Rückblick erscheint tatsächlich die gesamte Epoche 1914 bis 1945 als eine einzige Epoche extremer Denormalisierung. Aus unserem Rückblick von heute aber ist klar, dass sich der Kapitalismus epochal normalisieren konnte und dass er sich nach 1945 tatsächlich

12 Brecht: Fatzer, S. 471.

epochal normalisiert hat. Wenn man *Fatzer* mit diesem Wissen liest, entdeckt man in ihm – im Unterschied zu *Die heilige Johanna der Schlachthöfe*, *Die Dreigroschenoper* und *Die Maßnahme* – sozusagen normalistische Spurenelemente. Ich nehme an, dass die nicht ausgeführte, aber von Anfang bis Ende zentrale Episode des rätselhaften „Spaziergangs" Fatzer mit Normalitäten hätte konfrontieren sollen. Das einzige ausgeführte Fragment lautet wie folgt:

> FATZER AUF DEM SPAZIERGANG, DURCH DEN ER SEINE GENOSSEN GEFÄHRDET
> Allen Menschen zugleich gehört die Luft und die Straße
> Frei zu gehen im Strom der Verkehrenden
> Menschliche Stimmen zu hören, Gesichter zu sehen
> Muß mir erlaubt sein.
> Ist doch mein Leben kurz und bald aus und unter den Gehenden
> Werde ich nicht mehr gesehn. Selbst im Kampf muß ich atmen
> Essen und trinken wie sonst. Vielleicht dauert er ewig.
> Nämlich länger wie ich und dann hab ich erschlagen
> Überhaupt nicht gelebt. Auch die Brust wird verkümmert
> In den Verstecken und wozu noch verbergen
> Einen verkommenen Mann. Das alles beweist, daß ich gehen kann
> Wie's mir beliebt und wohin ich will.
> DIE DREI *hinter ihm hergehend:*
> Geh nicht weiter, Fatzer, du gehst nicht
> Nur für dich. Du verbrauchst unsere Luft mit
> Und verkürzest uns unsre Jahre[13]

Fatzer entwickelt in dieser einzigen ausgeführten Szene des „Spaziergangs" eine höchst bedeutsame Dialektik des Materialismus: Als anarchistischer Materialist besteht er auf dem Hier und Jetzt des Lebenwollens, das ein Lebenmüssen sei und das auch im Kampf Hier und Jetzt des Lebenwollens bleibe. Dabei soll er sich dialektisch selbst widerlegen, weil er durch sein Bestehen auf dem Hier und Jetzt des Lebenwollens auch im Kampf die Solidarität aller Lebenwollenden und Lebenmüssenden an den Tod verrate. Am Schluss wird die Problematik des „Spaziergangs" also auf die der notwendigen Konspiration einer revolutionären Partei verkürzt. Konspiration ist Antwort auf Kriegs- und Ausnahmezustand und Denormalisierung. Am Beginn aber erscheint der „Spaziergang" als Flanieren wie bei Walter Benjamin. Dieser Fatzer ist sozusagen ein revolutionärer Baudelaire. Der Komplex des Massenverkehrs ist ein verbreitetes normalistisches Modell: Er steht für Massendynamik, die spontan zu durchschnittlichen Verteilungen, tendenziell

13 Ebd., S. 489.

auch des Lebensstandards, führt. Brecht, der wie Döblin den Berliner Massenverkehr vor Augen hatte, scheint motivisch ganz nah bei einer weiteren Spielart der Katabasis: der des Partisanen, die er im *Lesebuch für Städtebewohner*, das Benjamin so liebte, entfaltete – warum darf Fatzer nicht Partisan werden bzw., da er es schon längst ist, – warum darf er es nicht bleiben?
Wieso muss der revolutionäre Flaneur vom Genossen Koch, dessen Programm ebenfalls auf Partisanen setzt, „liquidiert" werden?

> Aber von allen Unternehmungen bleibt
> Nur das: zu leben
> Unternehmung höchster Gefährlichkeit, kaum aussichtsvoll
> Möglich allein durch Raub, aber von Stund an:
> Ist jedes Pfund gesunden Fleischs ein Sieg
> Dieses Dach über dem Kopf frisch zu bauen jede Stunde
> Und unser einziger Triumph, vielleicht gar nie erlebbar:
> Am Rand dieser Jahre
> Noch da zu sein.
> Ich will euch auch sagen, warum
> Nicht jeder gehen soll in seine Stadt:
> Denn dann verschwände er
> Unter den vielen ein Heimlicher und suchte
> Zu vergessen seinen gesetzlosen Zustand
> Aber so
> Stehen wir unkäuflich
> Ganz ohne Namen, bei dem
> Man uns anrufen könnte
> Ganz unversöhnbar
> Vier von gleicher Art, also gewöhnlich denkend
> Und wohnen
> In der Stadt des Feinds
> Denn für uns schickt es sich sogar
> Hier ein Haus zu kaufen im Land
> Abwartend den Untergang
> Derer, die's jetzt
> Unrechtmäßig bewohnen, aber nicht
> Ewig.[14]

Auch der positive Held Koch plädiert hier für eine Partisanen-Existenz. Der Unterschied zu Fatzers Spaziergangsrede erscheint minimal. Wir wissen nicht, worin die Akte von Fatzers „Verrat" auf seinem „Spaziergang" genau bestehen sollten – Brecht wusste es offensichtlich selbst nicht. Normalismustheoretisch betrachtet, bestand Fatzers Besonderheit gegenüber den Genossen aber vermutlich darin, dass er nicht blind war für Reste von Normalitäten

14 Brecht: Fatzer, S. 488.

selbst noch im Krieg, wo sie aus der Vorkriegszeit noch nachklangen und gleichzeitig künftige Normalitäten des Nachkriegs ankündigten. Insbesondere ist zu solchen Normalitäten das Sexualitäts-Dispositiv zu rechnen, das bekanntlich auch in den ausgeführten Teilen eine bedeutende Rolle spielt. Damit wird die Fatzerfigur aber für Situationen des heutigen säkular stabilisierten Normalismus, der dennoch keineswegs gegen Denormalisierungen gefeit ist, wie wir seit 2008 wissen, interessanter als die Soldaten der bolschewistischen Disziplin. Denn es ist im Rückblick nicht einleuchtend, warum es nicht Partisanen der Normalität geben kann, die die Normalität als Maske nutzen wie die Protestierer mit der Guy-Fawkes-Maske bzw. wie die spanischen Platzbesetzer von 2011, die – wie Amador Fernández-Savater es in einem Essay entwickelte[15] – ihren Status „normaler Personen" wie ein kollektiver Odysseus verwenden, der den Polit-Zyklopen und den Medien-Zyklopen höhnisch zuruft: „Ich heiße Niemand"!

Zum Schluss ein Blick auf die poetische Struktur, auf das, was Brecht „Technik" nannte, also Sprache, Diskurs, Dramen- und Bühnentyp. Die Sprache ist freirhythmisch und erstrebt jene harte Fügung und Fugung aus Prosanähe, ja Elementen so genannter Gossensprache, mit hohen Tönen aus Bibel und klassischer Tragödie. Im Unterschied zu großen Teilen der *Johanna* ist diese Sprache aber abgesehen von einigen Sexszenen nicht satirisch zu lesen. Das von Brecht „episch" genannte Modell sollte hier so funktionieren, dass mehrere Kollektive in Chören und Gegen-Chören die einzelnen „halluzinativ" gesehenen Szenen der Handlung beobachten und kommentieren. Ich stelle mir vor, dass der „Versuch" am radikalsten gelungen wäre, wenn Chor und Gegenchor wie in Bachtins Theorie des „Dialogischen"[16] (ich halte diesen Begriff allerdings für unglücklich), d.h. eines Streits ohne eine Instanz definitiver Wahrheit, ohne Richter, um die Katabasis eines Fatzer gestritten hätten, dessen Desertion in einen neuen Typ von Partisanensubjekt geführt hätte, eines Partisanen nicht nur der Denormalisierung, sondern auch des Normalismus. Der eine Chor hätte die leninistische Ansicht der *Maßnahme* vertreten (davon sind Teile ausgeführt) – aber der andere Chor hätte dagegen eine Ansicht stark gemacht, die gerade auch für den revolutionären Partisanen Individualität und

15 Amador Fernández-Savater: „15. Mai": Eine Revolution aus Personen. In: *kultuRRevolution* 61/62 (Februar 2012), S. 62–63.

16 Vgl. Michail M. Bachtin: *Probleme der Poetik Dostoevskijs*. München: Hanser 1971.

Spontaneität für notwendig und als mit Solidarität und Disziplin kompatibel erklärt hätte. „Abweichungen“ (wie sie im „Rundgang“ vorkommen) hätte der Gegenchor als möglicherweise positive, subjektive Denormalisierungen verteidigt, die die richtige Antwort auf den objektiven Denormalisierungsprozess und damit notwendige „Versuche“ innerhalb der revolutionären Katabasis gewesen wären. Ein solcher *Fatzer* hätte mit der Forderung des *Guten Menschen* ernst machen können, dass das Publikum sich selbst den Schluss suchen muss, und wäre dadurch gleichzeitig politisch wie ästhetisch ein äußerst radikaler „Versuch“ geworden.

Der Moment Fatzer
Kriegsdiskurs und Theater, Gemeinschaft und Verrat

Matthias Naumann

a. „So, dann ist es ein Mittwoch, an / Dem wir genug haben.“[1]

Irgendwo in der Zeitverlorenheit des Stellungskriegs an der Westfront kriechen Fatzer und die drei anderen aus einem Panzer, beschauen die zerschossene Landschaft und beschließen, mit dem Krieg aufzuhören. Dies geschieht an einem Mittwoch. Es könnte genauso gut ein anderer Wochentag sein. Dass es ein Mittwoch ist, ein Wochentag irgendwann, ohne Verortung als ein bestimmter Tag in einem Monat eines Jahres, markiert das Aufhören strukturierter Zeiterfahrung im Stellungskrieg. Irgendwann haben die vier genug, aber erst dann, als sie sich selbst in der Zeit dieses Krieges und damit der Gesellschaft – bzw. der imaginierten politischen Gemeinschaft, über die noch zu sprechen sein wird und die diesen Krieg führt – nicht mehr finden. Als die Zeit des Stellungskrieges nicht mehr Fatzers Zeit ist.

> Seit zwei Jahren liegend
> Im Lehm der Schießstände und Schützengräben, hüpfend
> Vor dem Geschoßeinschlag dauernd suchend
> Deckung – nachdenkend seit
> Zwei Jahren über meine Lage und Verwendung, suche ich
> Eine Art, mir selber zu zeigen, was mit mir ist:
> Aber seit gestern erinnere ich mich
> Einer kleinen Zeichnung, welche ich
> Gesehen habe in einem Buch
> So eine
> Will ich auch anlegen.
> Der Punkt bedeutet
> Fatzer.[2]

1 Bertolt Brecht: Fatzer. In: Ders.: *Werke. Große kommentierte Berliner und Frankfurter Ausgabe*, Bd. 10.1. Berlin / Frankfurt am Main: Aufbau / Suhrkamp 1997, S. 387–529, hier S. 404.

2 Brecht: Fatzer, S. 476. Allerdings ist in der Müller-Fassung aus den „zwei Jahren liegend“ ein „Seit vier Jahren liegend“ (Bertolt Brecht: *Der Untergang des Egoisten Johann Fatzer*. Bühnenfassung von Heiner Müller. Frankfurt am Main: Suhrkamp

Zwei Jahre liegend – zwei Jahre nachdenkend – seit gestern eine Erinnerung und ein Plan. Das sind die Zeitintervalle, in denen Fatzer sich bewegt und die ihn zu dem Moment bringen, da er aus dem Panzer, aus dem Krieg aussteigt. Doch einfach irgendwann weg – in die Stadt Mülheim – zu gehen und dort auf die Revolution zu warten, deren Kommen ungewiss ist und deren Herbeiführung ebenso, kann das der richtige Moment sein? Den richtigen Zeitpunkt für eine Tat zu finden, die Zeiten für Egoismus und die für Solidarität, den für das Zusammensein und Zusammengehen mit einer politischen Gemeinschaft oder für das vereinzelte, individuelle Handeln – daran werden die vier scheitern.

> Aber als alles geschehen war, war da
> Unordnung.[3]

Der Punkt des Aufhörens kann an jedem beliebigen Zeitpunkt in diesem Krieg gesetzt werden. Immer erscheint er richtig. Doch dann ist der Punkt nur Fatzer. Wie in der politischen Geographie des Krieges, die den Weltkrieg in einen Bürgerkrieg verwandeln soll, die wahren Fronten, die wirklichen Feinde, die Bourgeoisie, aber auch ‚wir', die an der Front Stehenden, in deren Rücken der Feind steht, als Linien zu zeichnen sind, deren eine durch Fatzer geht, damit Fatzer mehr als ein Einzelner und in der Lage sei, für die Revolution zu handeln, so muss auch in der Zeit eine Linie durch Fatzer und die vier gehen, damit sie politisch zu handeln vermögen. Ist Fatzer nur ein beliebiger Punkt in der Zeit, so ist nicht nur er verloren.

Die Problematik des richtigen oder falschen Zeitpunkts zieht sich durch das Fragment. Sei es, wann der Weltkrieg in einen Bürgerkrieg zu verwandeln wäre; wann die Revolution losbrechen werde; ob noch zu warten oder fortzugehen sei; wie lange man auf den Ausbruch der Revolution zu warten habe; wann der Richtige anzusprechen sei, um Fleisch zu bekommen; wann der Mann aus dem Krieg heimkehren werde; wann es erlaubt sei, die Frau des Kameraden zu vögeln; wann Zeit für eine oder ‚die' Gemeinschaft und wann für Egoismus sei; wann Solidarität eintreten werde.

1996, S. 22.) geworden. Die Offenheit, ob angesichts einer bekannten Dauer des Ersten Weltkriegs von vier Jahren, die Erwähnung von zweimal zwei Jahren so zu verstehen sei, dass Fatzer erst zwei Jahre gelegen und dann zwei Jahre nachgedacht habe, oder so, dass er ‚nur' zwei Jahre im Krieg gewesen sei und gleichzeitig gelegen und nachgedacht habe, wird so der Textstelle genommen.

3 Brecht: Fatzer, S. 477.

b. Egoismus und Solidarität – Zeit des Einzelnen und der ‚Gemeinschaft'

Entscheidende Elemente des Kriegsdiskurses gelten der Konstruktion einer politischen Gemeinschaft in der Zeit und der Legitimation bzw. Delegitimation (mit zahlreichen Stufen dazwischen) ihrer in eine gewaltsame Austragung verlängerten politischen Einsätze – Kriegshandlungen. In den modernen Nationalstaaten ist der Kriegsdiskurs zentral, um eine politische Gemeinschaft zu konstruieren, in den meisten Fällen die eine oder andere ‚Nation', und die Zusammengehörigkeit einer Gruppe von Menschen auf Grund gemeinsamer Herkunft, kultureller Nähe oder eines gemeinsam bewohnten Gebietes als natürlicher politischer Gemeinschaft zu behaupten. Ausdrücklich sei hier von politischer Gemeinschaft als einer bestimmten Form gesprochen, Zusammengehörigkeit zu politischen Zwecken zu konstruieren, im Gegensatz z. B. zu einer religiösen Gemeinschaft oder auch einer Theatergemeinschaft – obwohl natürlich Überschneidungen und Vermischungen möglich sind. Es soll vermieden werden, von Gemeinschaft als solcher zu sprechen, was – zumal wenn es in einem emphatischen Sinn geschähe – zu einer Überhöhung der jeweiligen ‚Gemeinschaft' zu Natur und einer Verleugnung ihrer sozialen Konstruktion, eben ihres Daseins als zweiter Natur, führen könnte. Deshalb immer nur: politische Gemeinschaft – eine diskursiv errichtete Konstruktion von Zusammengehörigkeit zu politischen Zwecken. Die Betonung der Konstruiertheit politischer Gemeinschaften schließt jedoch nicht aus und sollte nicht vergessen lassen, dass die Wirksamkeit einer solchen Konstruktion gerade auf dem individuellen Erleben von Artikulationen im gesellschaftlichen Diskurs, z. B. im Kriegsdiskurs, beruht,[4] die eine politische Gemeinschaft in so eingängigen Formen behaupten, wiederholen, variieren, dass sie, obwohl eine Fiktion, im Bewusstsein und Handeln vieler, die als ihr zugehörig oder auch nicht zugehörig fingiert werden, zur Realität wird, eben zweite Natur in ihrem Alltag.

Doch ist dies eine andere Form des Erlebens, als es z. B. eine Theatergemeinschaft anbietet, die temporär während einer Aufführung entstehen mag. Neben den unterschiedlichen Zwecken von Gemeinschaftskonstruktion zeigt die Verschiedenheit der Formen

4 Artikulation hier im Sinne von Ernesto Laclau / Chantal Mouffe: *Hegemony and Socialist Strategy. Towards a Radical Democratic Politics*. 2. Ed. London / New York: Verso 2001, S. 105ff.

des dafür notwendigen Erlebens, wie wichtig es ist, zwischen verschiedenen Formen von ‚Gemeinschaft' klar zu unterscheiden: zum einen auf Grund dessen, wie sie erlebt und damit konstruiert werden, und zum anderen auf Grund ihrer Zwecke. Das Erleben des/der Einzelnen als Einzelnem oder Einzelner und/oder als Gemeinschaft bringt hier eine entscheidende Differenz ins Spiel, ebenso tun dies die Konsequenzen, die sich aus verschiedenen Erlebnisformen von Gemeinschaft und Individuation für sein oder ihr Handeln ergeben.

Blickt man auf *Fatzer*, so zeigt sich, dass die Möglichkeiten ‚politischer Gemeinschaft' weiter zu differenzieren sind. Die Texte des Fragments weisen mindestens zwei Möglichkeiten auf: eine der ‚Nation', die an der Front im Weltkrieg steht. Sie baut auf einer behaupteten natürlichen Zugehörigkeit zur eigenen Front auf, qua Geburt als Deutsche, Franzosen oder Russen, und auf einer entsprechenden Bestimmung des Feindes. Sie ist eine *politische Gemeinschaft des Mitmachens*, basierend darauf, dass die ihr Zugehörigen über ihre eigene soziale Position nicht nachdenken, sich kein Selbstbewusstsein erlauben, keine handelnde Verantwortlichkeit ergreifen, sie ist eine politische Gemeinschaft der Mitläufer – wobei das Mitlaufen das aktive Teilen und Leben der grundlegenden Ressentiments einer Gemeinschaft nicht ausschließt. Es handelt sich dabei um das in Deutschland wohl erfolgreichste Modell politischer Gemeinschaft. Dagegen führt das *Fatzer*-Fragment als Möglichkeit eine politische Gemeinschaft der Solidarität ein, eines Zusammenschlusses Verschiedenster auf Grund einer geteilten politischen Haltung, die wirklich eine Haltung ist, insofern sie auf Bewusstmachung und Entscheidungen beruht – ohne dass die Texte genau zu zeigen vermöchten, was diese *politische Gemeinschaft der Solidarität* ausmachen könnte oder werde. Solidarität erscheint als eine Frage an die potentiell politisch Handelnden, also an alle. Eine Möglichkeit, die erst auszuloten, zu erproben wäre, wie in den Fragmenten des Textes, so auch in einer Wirklichkeit, die dieser anderen Fiktion politischer Gemeinschaft folgen würde, einer Fiktion, die erst noch auszuschreiben ist. – „Und ihre Zukunft liegt / Nach ihnen."[5]

Beiden Möglichkeiten politischer Gemeinschaft steht der/die Einzelne gegenüber, auf den/die doch jede Gemeinschaft angewiesen ist, um sich überhaupt in der Zeit aktualisieren zu können, sich Präsenz und Dauer zu verleihen, gelebt zu werden. Diese_r Einzelne

5 Brecht: Fatzer, S. 480.

ist eine potentiell anarchische Kraft, wie sich an Fatzer zeigt, und führt so eine weitere Haltung zum Sozialen ein, den Egoismus, der einerseits aus der Gemeinschaft der Mitmachenden desertiert – obwohl er auch in ihr gut aufgehoben sein kann –, sich andererseits jedoch in die Gemeinschaft der Solidarischen nur schwer einbinden lässt. Ein Unterfangen, dessen Scheitern in der Tötung Fatzers besiegelt wird. Immer scheint es, muss der/die Einzelne sterben, damit die politische Gemeinschaft leben kann. Sei es, dass er für die Nation sterbe, um dieser durch seinen Tod im Krieg Dauer zu verleihen – durch eroberten oder verteidigten Lebensraum sowie durch Lebenszeit. Sei es, dass er sterben muss, da er die politische Gemeinschaft der Solidarität derart in Gefahr bringe, dass nur entweder sie oder er überleben könne. Doch geht auch diese Rechnung am Ende so wenig auf, wie jede Rechnung, in die Fatzer gesetzt wird. Nichts garantiert das Überleben der anderen ohne Fatzer, nichts, dass nun Solidarität sei, nach dem Ausschluss des Einzelnen, der als unsolidarisch erfahren wurde.

c. Kriegsdiskurs – und Theater

Besondere Schärfe erhält das Verhältnis des/der Einzelnen zu einer politischen Gemeinschaft im Krieg. Gesellschaftlich erfahrbar und damit beeinflussbar wird der Krieg nur im Kriegsdiskurs. Dieser bestimmt über die Art und Fähigkeit, Krieg zu führen. Jede Kriegshandlung lässt sich als politische Artikulation, als politische Handlung in der Gewalt, bezeichnen, die nur in den Formen ihrer Darstellung im Kriegsdiskurs wahrnehmbar wird, die wiederum immer eine Positionierung des/der Darstellenden bedeuten. Im modernen „politisch-historischen Diskurs“ äußert sich jede Auseinandersetzung über das ‚Wie‘ der Beschreibung von Krieg oder eines bestimmten historischen Krieges – und damit von Geschichte, Gesellschaft und Politik – als ein Sich-Verhalten, ein Sich-Positionieren innerhalb des – so Michel Foucault – „Diskurses des Krieges“ (*discours de la guerre*), der den Krieg als Grundlage des Politischen entziffert.[6] Im historisch-politischen Diskurs geht es um die positionelle Entzifferung von Kämpfen, um die eigene politische Gemeinschaft in den kommenden Kämpfen so aufzustellen, dass diese gewonnen werden. Das umfasst auch die Positionierung zum Krieg als einem politischen Mittel, das durch seine Gewalt

6 Vgl. Michel Foucault: *In Verteidigung der Gesellschaft. Vorlesungen am Collège de France (1975–76).* Frankfurt am Main: Suhrkamp 1999, bes. S. 52–75.

die Möglichkeiten politischer Regulierung immer überschreitet. Im Kriegsdiskurs wird Kriegsführungsfähigkeit verhandelt – sowohl, ob es überhaupt möglich ist, einen bestimmten Krieg zu führen, als auch, in welchen Formen Krieg zu führen legitim sei.

Der Diskurs der Darstellungen des Krieges ist von seiner Abwesenheit geprägt, zumindest seines Kerns, des Gefechts.[7] Der Moment, in dem sich der Krieg als politische Artikulation in der Welt darstellt, die durch eine bestimmte Art und einen bestimmten Einsatz von Gewalt markiert ist, bleibt undarstellbar. Kriegsdarstellungen bemühen sich zwar, ihn einzuholen, doch da sie dabei selbst als politische Artikulationen verstanden werden müssen, die auf den Kriegsdiskurs einzuwirken gedenken, verfehlen sie notwendigerweise den Kern des Kriegsgeschehens, das Gefecht. In jeglicher Darstellung des Krieges bietet sich eine politische Artikulation durch den Akt, im Akt des Darstellens dar; keine Thematisierung des Krieges vermag sich außerhalb des Kriegsdiskurses zu stellen, jede erweist sich insofern als positionell markiert. Jede sucht nach einer Repräsentation der ‚eigenen', des Feindes, des Geschehens, einer Repräsentation, die politisch ist.

Den Artikulationen des Krieges wie des Kriegsdiskurses geht es um Hegemonie.[8] Jeweils wird die hegemoniale Durchsetzung gesellschaftlicher Fiktionen und Ansprüche als gesellschaftliche Realität angestrebt. Zum Krieg kann es kommen, wenn die die Realität einer politischen Gemeinschaft strukturierenden Fiktionen von einer anderen politischen Gemeinschaft nicht oder nicht mehr als berechtigt anerkannt werden und, da sich nicht gütlich auf eine Modifizierung der in Frage stehenden Fiktionen einigen lässt, diese Modifikation mit Gewalt in Realität überführt werden soll. Feindschaft, die zum Krieg führt, beruht also nicht nur, wie Chantal Mouffe schreibt, auf der Abwesenheit eines „shared symbolic space"[9], sondern auf der Nichtanerkennung der Daseinsberechtigung einer Differenz – sei diese umfassend oder partiell – zwischen den ‚symbolischen Räumen', den hegemonialen gesellschaftlichen Fiktionen der beiden – oder mehreren – in Frage stehenden politischen Gemeinschaften. Für ein friedliches Nebeneinanderleben

7 Für diese Bestimmung des Gefechts als Kern des Krieges vgl. Carl von Clausewitz: *Vom Kriege*. München: Ullstein 2003, S. 57.

8 Das hier zugrunde gelegte Verständnis von Hegemonie bzw. von Repräsentation in der politischen Logik folgt Ernesto Laclau: *On Populist Reason*. London / New York: Verso 2005.

9 Chantal Mouffe: *On the Political*. London / New York: Routledge 2005, S. 121.

unterschiedlicher politischer Gemeinschaften erscheint die Anerkennung der Andersheit, der Differenz als berechtigter notwendig.[10] Wenn die Berechtigung der eigenen politischen Gemeinschaft und der sie strukturierenden Fiktionen nicht oder nicht mehr unhinterfragt in der materiellen Realität verankert zu sein scheint, werden die Körper, welche die jeweils in Frage stehende politische Gemeinschaft bilden oder bilden sollen, aufgeboten, um die Substanz dieser Fiktion – ihre materielle Realität – zu behaupten und durchzusetzen. Diese Durchsetzung erfolgt, indem die Substanz der feindlichen politischen Gemeinschaft und ihrer sozialen und politischen Vorstellungswelt und Realität verletzt und getötet wird. Körper, welche die eigene gesellschaftliche Vorstellungswelt leben, sollen sich als materielle Realität, als Substantialisierung der eigenen gesellschaftlichen Fiktionen beweisen und erhalten bleiben, übrig bleiben. Das wird dann als Sieg bezeichnet.

Oft erweisen sich die hegemonialen Fiktionen einer Gesellschaft – und darin das Bild des Krieges, also *wie* die gesellschaftlich legitimierte Verletzung und Tötung menschlicher Körper in Bilder des Krieges gefasst wird – als entscheidend für das ‚Verletzungsvermögen' (an den Feinden) und die ‚Verletzungstoleranz' (der eigenen Verluste) einer politischen Gemeinschaft im Krieg.[11] Hegemoniale Fiktionen definieren die Bedingungen der Möglichkeit der Einsätze kriegerischer Gewalt und, ob das Ende eines Krieges als Sieg oder als Niederlage erzählt wird. Der politische Widerstreit innerhalb einer Gesellschaft um die Hegemonialisierung von Fiktionen und Ansprüchen nimmt Einfluss auf ihre Kriegsführungsfähigkeit („capacity to injure"[12]), während zugleich das Kriegführen („injuring"[13]) der – evtl. zumindest in Aspekten innergesellschaftlich umstrittenen – hegemonialen Fiktion Substanz verleihen und sie nach außen als gelebte Realität einer politischen Gemeinschaft durchsetzen soll. Der Krieg erweist sich als anhaltende Krise gesellschaftlicher Fiktionen und Ansprüche.

10 Diese Feststellung impliziert keinerlei Wertung dessen, in welchen Fällen die Anerkennung einer solchen Differenz als berechtigter richtig oder falsch sei. Dies kann nur für den jeweiligen historischen Fall eine zu begründende politische Positionierung tun.

11 Vgl. Elaine Scarry: *The Body in Pain. The Making and Unmaking of the World.* New York/Oxford: Oxford Univ. Press 1985, bes. S. 81–91.

12 Ebd., S. 106.

13 Ebd.

Auch im Kriegsdiskurs geht es darum, der hegemonialen Vorstellungswelt die sie lebenden Körper zu entziehen, allerdings nicht unbedingt durch Tötung, sondern durch unterschiedlichste Artikulationsformen, die auf die Wahrnehmung des Krieges, auf Verständnis und Bereitschaft zum Krieg zielen, auf ideologischen Gehalt und damit die Kriegsführungsfähigkeit. Eine solche Artikulationsform im Kriegsdiskurs kann Theater sein. Dies sagt zunächst nichts über die Art seines politischen Charakters. Nur an einer konkreten Aufführung kann entschieden werden, ob ein Stück Kriegstheater in diesem Moment an Strukturen der Zugehörigkeit arbeitet oder eher Desertion von den hegemonialen Positionen, die Zersetzung der Kriegsführungsfähigkeit einfordert. Durch die Form seiner Versammlung von Darsteller_innen und Zuschauer_innen hat Theater das Potential, in besonderer Art zugleich im Erleben das Erleben eines/einer Einzelnen als Einzelner oder Einzelnem und als Gemeinschaft ins Bewusstsein zu rücken und damit Fragen politischer Gemeinschaftsbildung und ihrer Zwecksetzungen zu problematisieren, sie dem Denken der Zuschauer_innen zu überantworten.

Der Moment der Theaterartikulation steht immer in einem Verhältnis scheinbarer Nachträglichkeit zum Kriegsgeschehen – eine Nachträglichkeit, die sich als Vortrag im Hinblick auf zukünftiges Kriegsgeschehen, auf das weiterhin politisch und sozial Mögliche zu lesen gibt. Dieses zeitliche sowie das räumliche Entfernungsverhältnis zum Krieg gibt der Aufführung ein Moment der Zeugenschaft, des Bezeugens eines politischen Gewaltgeschehens ‚da draußen'. So ließen sich, Freddie Rokem folgend,[14] die Darsteller_innen nicht nur in Aufführungen der Geschichte, sondern auch des Krieges als Zeugen des fernen – im zeitlichen und/oder räumlichen Sinn – Geschehens begreifen, die versuchen, die sozialen und politischen Energien, die das Kriegsgeschehen und seine anderen medialen Darstellungen formen, in theatrale Energien zu übersetzen, die als politisches Theater wirken mögen.

Diese sozialen Energien, die zu Haltungen, Handlungen, Darstellungen, zu unterschiedlichsten Formen politischer Artikulation führen, sind als sozio-kulturelle Konstrukte zu verstehen, deren Veränderbarkeit politisches Theater darzubieten hätte. Insofern wäre politisches Theater, das nicht ein affirmatives Verhältnis zum

14 Vgl. Freddie Rokem: *Geschichte aufführen. Darstellungen der Vergangenheit im Gegenwartstheater.* Berlin: Neofelis 2012, bes. Kap. „Theatrale Energien", S. 245–269.

Kriegs- und Gewaltgeschehen, das es darzustellen sucht, unterhält, an seiner Arbeit an den Formen der Darstellung, die nicht die gesellschaftlich hegemonialen wären, zu erkennen. Daran zu erkennen, dass es und wie es aus der theatralen Darstellung als seines Möglichkeitsraums politischer Artikulation ein Potential des Denkens von Veränderbarkeit der politischen und sozialen Verhältnisse – und wie diese sich (nicht nur) im Krieg als Gewaltverhältnisse darstellen – entwickle, ein Potential eingreifenden Denkens.

d. *Fatzer* – Fleisch, Körper, Substanz, Verrat

Der Einsatz der Körper, des Fleisches als lebendige oder tote Substanz politischer und sozialer Ideen, Absichten und Verhältnisse spielt in *Fatzer* eine zentrale Rolle. Dem Einsatz als Figur des Krieges, aber auch anderer politischer oder ökonomischer Aktivität – sei es der Arbeitseinsatz oder der Einsatz im Spiel um Kapital – steht die Figur der Desertion gegenüber. Fatzer, der Deserteur.

> KEUNER
> Wenn ihn der Fatzer herausgelesen hat, der
> Uns hilft, muß er so aussehn
> Daß man ihn kennt, denn sonst
> Wie hätt er ihn gekannt?
> *Der Soldat vom andern Abend geht vorüber.*
> BÜSCHING
> Der zum Beispiel könnt's nicht sein
> Der schaut aus wie ein Eisenkessel
> Den würd ich nicht ansprechen.[15]

So warten die drei anderen auf Fatzer, damit er sie zu dem führe, der ihnen Ochsenfleisch besorgen soll. Sie erkennen den Richtigen nicht. Doch wie erkennt man den Richtigen, d. h. den, der bereit wäre, der eigenen politischen Gemeinschaft zu helfen, ihr zum Überleben zu verhelfen, wofür es des Fleisches bedarf – sowohl als Essen als auch als menschliche Körper, die dieser politischen Gemeinschaft Substanz verleihen? Sollte einer politischen Gemeinschaft Substanz verleihen bedeuten, zueinander solidarisch zu sein, so gelingt dies den dreien im nächsten Moment gegenüber Fatzer nicht. Sie lassen ihn allein, kennen ihn nicht, als er mit den Fleischern in Streit gerät. Dieses Alleinlassen des/der Einzelnen durch die imaginierte politische Gemeinschaft ist das Gegenbild der Desertion, eine andere Figur des Verrats. Nun verrät die politische Gemeinschaft einen, der selbst denkt, ihr anzugehören, auf Solidarität hofft, oder von

15 Brecht: Fatzer, S. 507.

dem sogar sie denkt, er gehöre ihr an und doch sei es politisch opportuner, ihn nun zu verraten. Eva Horn bezeichnet Verrat als „Signatur des Politischen im 20. Jahrhundert"[16]. Es gebe „einen Diskurs der Moderne, der den Verrat als omnipräsente Figur zeichnet, an der sich der Zustand des Politischen symptomatisch zeigt"[17]. In Fatzer ist das Politische nur mit Desertion, nur angesichts der Problematik des richtigen Augenblicks von Solidarität und Verrat, von Gemeinschaft und Egoismus zu haben.

Dabei erweist sich ‚Verrat' als eine Figur der Lektüre. Lesbar wird eine Handlung als ‚Verrat' nur vor dem Hintergrund eines ‚Referenztexts' des ‚richtigen Verhaltens'. Diesen Referenztext schreibt die hegemoniale Struktur einer politischen Gemeinschaft sowie ihr hegemoniales Wissen davon, wie die Gesellschaft sei, in der sie agiert, wie diese Gesellschaft sein solle und wie man sich deshalb zu verhalten habe, um die politischen Ziele zu erreichen. Das politische Wissen, das den Referenztext schreibt, ist – fast möchte man sagen: natürlich – ein umkämpftes, ein von der Machtstellung, der Hegemonie einzelner Positionen innerhalb der politischen Gemeinschaft geprägtes, dass sich in der Zeit, mit den sich verändernden Handlungen und Ansprüchen der politischen Gemeinschaft und der ihr Zugehörigen, umschreibt, neu schreibt, überschreibt. Das macht den Referenztext in mancherlei Fällen für den/die Einzelne_n so schwierig zu lesen, insbesondere wenn eine politische Gemeinschaft einem oder einer Einzelnen politische Zugehörigkeit zu ihr zuschreibt – wie das z. B. oft bei Nationen oder Rassismen geschieht –, der oder die Einzelne das mit der Zugehörigkeit aber gar nicht so sieht. Das Verhältnis des/der Einzelnen zu ‚seiner/ihrer' – eine Frage von Entscheidung und/oder Zuschreibung – politischen Gemeinschaft wird zur Auslegungsfrage. Fatzer verliest sich, als er zu den Fleischern geht, in seiner Gemeinschaft. Er hat Solidarität verstanden – die anderen helfen ihm nicht. Für ihn kann ihr Verhalten als Verrat erscheinen, so wie seines für sie. Sie haben Solidarität anders verstanden, nicht solidarisch dem Einzelnen, der für die Gemeinschaft etwas wagt, sondern solidarisch der Gemeinschaft, so sagen sie, denen, die unerkannt bleiben.

Verrat an sich gibt es nicht. Verrat stellt sich nur als Lektüre einer politischen Handlung ein. Die betrachtete politische Handlung oder

16 Eva Horn: *Der geheime Krieg. Verrat, Spionage und moderne Fiktion.* Frankfurt am Main: Fischer 2007, S. 9.

17 Ebd., S. 71.

Artikulation wird gegen den ‚Referenztext' gelesen, im Bewusstsein der hegemonialen Struktur der politischen Gemeinschaft, um die es geht, und ihres hegemonialen Wissens über ihre Handlungsnot und ihr Handlungspotential in der Gesellschaft, in der sie agiert. Gelesen wird in der Handlung eine Bedrohung. Eine Bedrohung kann nicht mit ‚uns' sein. Wenn der oder die nun Bedrohende aber eigentlich doch zu ‚uns' gehört, dann ist die Handlung Verrat. Fatzer wird von den Fleischern bedroht, durch ihre Schläge in seiner Gesundheit, vielleicht seinem Leben. Diejenigen, die dem, der oder den Geschlagenen nicht helfen, unterstützen immer die Schlagenden. So werden die anderen für Fatzer Teil der Gegner, verraten ihn. Die anderen drei haben Angst, auch sie könnten geschlagen werden, nicht nur von den Fleischern, sondern auch von der politischen Obrigkeit, gegen die sie doch agieren wollen. Ausgelöst hat die Schlägerei in ihren Augen Fatzer, er droht ihrer Gemeinschaft mit Entdeckung, ist nicht vorsichtig, verhält sich nicht, wie es das Wissen ihrer Gemeinschaft vorschreibt. Verrat.
In der Figur des Verrats geht es in *Fatzer* erneut um die Zeit der politischen Gemeinschaft. Sie verrät den Einzelnen im ihr opportunen Moment, damit sie selbst andauere, wie er desertierte, um die politische Gemeinschaft des Kaiserreichs im Krieg zu überdauern. Desertion erscheint als eine, wenn auch gefährliche Option und doch als eine, die eher Dauer der eigenen Existenz oder der eigenen politischen Vorstellungen zu versprechen vermag als das fortgesetzte Mitmachen bei einer politischen Kriegsgemeinschaft, die im Stellungskrieg nicht vorwärts und nicht rückwärts kommt. Der Verrat des Einzelnen durch die politische Gemeinschaft hingegen erscheint als der opportunistische Weg der Mehrheit, sich einer möglichen, eventuell nur imaginierten Gefahr nicht auszusetzen, Zeit durch Unauffälligkeit zu gewinnen.
Ein hoffnungsvoller Anfang wäre allerdings gemacht, wenn jede_r selbst entscheiden könnte, für welche politische Gemeinschaft in welchem Moment er oder sie den eigenen Körper als Substanz einbrächte, im politischen oder gar im Kriegsdiskurs, und dies nicht auf Grund *a priori* imaginierter hegemonialer Zugehörigkeit entschieden wäre.

andcompany&Co.

FatzerBraz

von und mit Alexander Karschnia, Jan Brokof, Jorge Peña, Manuela Afonso, Mariana Senne, Nicola Nord, Paula Klein (Fernanda Azevedo), Sascha Sulimma&Co.
Konzept & Regie andcompany&Co.
Übersetzung Christine Röhrig
Bühne Jan Brokof, João Loureiro
Produktionsleitung Anne Schulz, Matthias Pees, Ricardo Muniz Fernandes
Ausführende Produktion Jussara Rahal
Technische Leitung Julio Cesar Cesarini
Regieassistenz / Untertitel Annette Ramershoven, Dagan Bayliss
Dramaturgische Beratung Nehle Franke, Hans-Thies Lehmann
Eine Produktion von andcompany&Co., Goethe-Institut São Paulo und interior Produções Artísticas Internacionais, in Koproduktion mit dem Serviço Social do Comércio de São Paulo (SESC SP), dem Festival Internacional de Teatro de São José do Rio Preto-SP, dem Hebbel am Ufer (HAU) sowie der Reihe „Geschichten für das Neue Jahrhundert" von FFT Düsseldorf, Theater im Pumpenhaus Münster und Ringlokschuppen Mülheim. Die Produktion entstand im Rahmen von „Unter Menschenfresser Leuthen. Postkoloniale Perspektiven zeitgenössischen Theaters in 4 Kooperationsprojekten zwischen Theatermachern aus Deutschland und Brasilien", gefördert von der Kulturstiftung des Bundes.
Uraufführung 4. August 2010 SESC Pompéia, São Paulo

Anmerkungen zu *FatzerBraz* von andcompany&Co.

Hans-Thies Lehmann

2010 zeigte die Berliner Gruppe andcompany&Co. zusammen mit ihren südamerikanischen Compagnons eine sehr besondere Theater-Ko-Produktion: das deutsch-brasilianische Projekt *FatzerBraz*, zunächst als Try Out beim Internationalen Theaterfestival in São Jose do Rio Preto, dann in São Paulo, dann auch in Deutschland mehrfach aufgeführt.[1] Es war die Begegnung höchst gegensätzlicher Theaterwelten und abgesehen von dem sehr gelungenen Resultat ist diese Begegnung vielleicht in sich selbst das wichtigste Element einer solchen Arbeit. Der für die Ästhetik von andcompany&Co. konstitutive Spielcharakter, das Moment von inhaltlicher und formaler Verwirrung, Chaos und Unlogik ist inhaltlich genau motiviert, aber auch in der fortschrittlicheren Theater- und Kritikszene Brasiliens noch immer schwer zu vermitteln, wie manche Diskussion zeigte, an der ich selbst in São Paulo teilgenommen habe.

1 Anmerkung: Ich meine, recht objektiv von dieser Arbeit sprechen zu können, denn meine im Programmheft genannte dramaturgische Beratung beschränkte sich auf einige mehr formale Hinweise nach Probenbesuchen in São Paulo. *FatzerBraz* war Teil der Projektreihe „Unter Menschenfresser-Leuthen – Postkoloniale Perspektiven zeitgenössischen Theaters in 4 Kooperationsprojekten von Theatermachern aus Deutschland und Brasilien" unter der künstlerischen Leitung von Matthias Pees und Ricardo Muniz Fernandes, gefördert von der Kulturstiftung des Bundes. Beteiligt waren neben Alexander Karschnia, Nicola Nord und Sascha Sulimma von andcompany&Co. die bildenden Künstler Jan Brokof und João Loureiro und die Performer Mariana Senne und Paula Klein (Cia. São Jorge de Vaiedades), Manuela Afonso (OPOVEMPÉ), Jorge Peña (Cia. Pessoal do Faroeste) und Fernanda Azevedo (Compania Kiwi). Die Gruppe hat sich als ‚Gruppe aus Gruppen' konstituiert, eine Praxis, die in der Theaterszene von São Paulo in den letzten Jahren üblich geworden ist. Die erste Aufführung fand am 20.07.2010 als Work-in-Progress auf dem Festival Internacional de Teatro de São José in Rio Preto statt, die Uraufführung war am 04.08.2010 im SESC Pompéia in São Paulo, die deutsche Erstaufführung am 27.10.2010 im Hebbel-am-Ufer (HAU) in Berlin, gefolgt von Aufführungen im Forum Freies Theater (FFT) in Düsseldorf, im Theater im Pumpenhaus in Münster und im Ringlokschuppen in Mülheim an der Ruhr. Ein Interview von Frauke Pahlke erschien in: *Lateinamerika Nachrichten* 438 (Dez. 2010). http://www.lateinamerikanachrichten.de/index.php?/artikel/3992.html (Zugriff am 15.06.2012).

Während Brasilien politisch den Übergang von Präsident Lula zu seiner Nachfolgerin Dilma erlebte, einst Guerillakämpferin der im Untergrund entstandenen brasilianischen Arbeiterpartei PT, arbeitete das nun deutsch-brasilianische Performancekollektiv mit der riesigen Textruine von Brechts Fragment gebliebenem Lehrstück *Der Untergang des Egoisten Johann Fatzer*. Brecht wird aber, frei nach dem *Anthropophagischen Manifest* (1928 von Oswald de Andrade verfasst) von Brasilien – „verschlungen". Man kann das formal wie inhaltlich verstehen: formal wird aus dem lehrenden Duktus Brechts ein farben- und sinnenfrohes Spektakel, sehr musikalisch (Sascha Sulimma), auch albern, erfindungsreich, fröhlich und spielerisch. Die von den Schlachtfeldern des Ersten Weltkriegs desertierte Panzerbesatzung sitzt zu Beginn in einem grünen Planenmonstrum, aus dem Arme, Beine und Köpfe herausschauen können.[2]

Aus dem *Fatzer*-Material wird eine zweisprachige, „anthropophagische" Performance mit lustigen Maskenprozessionen (Che Guevara, Carlos Marighella, Ulrike Meinhof und der ebenfalls im Gefängnis zu Tode gekommene brasilianische Journalist Vladimir Herzog, der legendäre Bandit Corisco aus Glauber Rochers Film *Deus e o diabo na terra do sol* (*Black God, White Devil*) von 1964, der berühmte schwarze Schauspieler Grande Otelo und Klaus Kinski als Aguirre, Angela Merkel, Hitler und andere „Helden", Brecht selbst), dann wechseln die Masken auch in und mit einer kindlich-einfachen Kulissen-Installation, die mithilfe der starken malerischen Energie von Jan Brokof einen starken Reiz entwickelt. Man amüsiert sich über Baströckchen und Palmen sowie andere Objekte, etwa Pappwürste und Pappkisten, über Fotos und indianisch wirkende Zeichen. Wie oft bei andcompany&Co. ist die Bühne eine Collage, an der man gern den Abend lang herumrätselt. Warum die Tiermasken? Warum Angela Merkel neben Che Guevara? Zwei Musiker erzeugen Rhythmus, Klappern, Klingeln und südamerikanische Sambaklänge.

2 Der Panzer so wie die Tiermasken wurden von dem bildenden Künstler João Loureiro entworfen. Ein auffälliges Merkmal war das rote Arschloch, das als Aus- und Eingang benutzt wurde. Die anderen Bühnenelemente stammen von dem bildenden Künstler Jan Brokof. Die Zusammenarbeit mit andcompany&Co. begann mit einem &CoLAB zu *Fatzer* im Frühjahr 2010 im Ringlokschuppen: das *WARLAB*. In Amsterdam stieß das Neue Musik Ensemble MAE dazu, eine weitere Aufführung fand im HAU 3 in Berlin statt. In dieser Phase entstand die Fatzer Zeichnung und die Wand, die in Mülheim noch mit dem Schwarzweiß-Foto einer Mondlandschaft beklebt war: eine Grube aus dem Ruhrgebiet. Der Panzer war eine selbst gezimmerte Seifenkiste, das Aussteigen geschah mit einer Stichsäge, durch ein großes Plastikrohr wurde *Fatzer*-Text gesprochen.

Munter zusammengeklebt, voller Spiellaune, sinnlich und fetzig ist dieser von Brasilien verspeiste Brecht, bei dem die deutschen nicht als Schauspieler ausgebildeten Performer durch das körperbetonte und komödiantische Agieren der brasilianischen Spielerinnen bereichert werden. Aber die theatrale Anthropophagie hat durchaus eine inhaltliche Seite. Brechts kleines Kollektiv von vier Deserteuren im Ersten Weltkrieg (Koch, Kaumann, Büsching, Fatzer) trifft auf Zitate wie Marighellas Stadtguerilla, Macunaíma, den Zorn Gottes, Fitzcarraldo und vieles mehr. Es ging darum, Wege zu einem „anderen", einem tropikalischen Brecht zu finden.[3] Und das ist der Brecht, der im Theater keinen Ort der Verbreitung von Wahrheiten sah, sondern einen Denkspielraum, der etwas an der Art des Denkens ändert. Der für die Arbeiten von andcompany&Co. auch sonst typische ideologische ‚Remix' dient hier einer interkulturellen Form der Aneignung und Einverleibung.

Es interessierte andcompany&Co. also nicht, die eigene Ästhetik den Brasilianern überzustülpen, sondern eher eine „Brasilianisierung" Brechts zu verwirklichen – ein Begriff, mit dem hier nicht etwa ein Verfall der sozialen und staatspolitischen Ordnungen gemeint ist, sondern das neu erwachte kulturtheoretische Interesse an einem *wilden Denken* (Levi-Strauss), mit dem man vielleicht angesichts der sich vertiefenden Krisen des westlichen Denkens und der zunehmend unlösbar scheinenden globalen Gesellschaftskrise neue Vorstellungen, Phantasien, Mischungen und Kreuzungen von Ideen und Einstellungen, die logisch als unvereinbar gelten, zu erfinden, Denkfiguren jenseits des logozentrischen Ordnungsrasters, mit deren Hilfe neue Antworten nicht nur für die Vorstädte von São Paulo, Rio de Janeiro und Salvador, sondern auch für die europäische Welt gesucht werden können. Der Titel spielt durch die Assoziation zu dem gewaltigen Ölkonzern Petrobras bereits auf zahllose schwierige politische Fragen an: auf die Autonomie Brasiliens, das durch die Gründung des halbstaatlichen Konzerns eine Übernahme durch die USA abwehrte; auf die mit dieser Gründung verbundene Person von Getulio Vargas, den Diktator und bedeutenden Reformer. Heute ist Petrobras einer der größten Mineralölkonzerne der Welt und einer der größten Kulturförderer in Brasilien.[4]

3 Vgl. Marc Silberman et al. (Hrsg.): *The Other Brecht* I & II (Brecht Year Book 17 & 18). Madison: University of Wisconsin Press 1992/93.

4 Der Titel ist inspiriert von dem Buch *MundoBraz* des negrianischen Soziologen

Das berühmte *Anthropophagische Manifest* von Oswald de Andrade wurde in jener Epoche verfasst, als Brecht in Deutschland am *Fatzer* arbeitete und auch der asoziale, anarchische „Held ohne jeden Charakter“[5] Macunaíma wurde in jener Zeit erfunden, ein „fauler“ Held, auf seine Weise ein brasilianischer Fatzer.

Die Kultur-Theorie der Anthropophagia beschreibt eine mögliche Methode der Aneignung des Fremden: Nicht durch abstrakte Zurückweisung, sondern durch eine „Absorption des heiligen Feindes“[6] soll alles Gute des Gegners, also des früheren Kolonialherren, den neuen Menschen zum Besten dienen. Zumal die kreative Energie des Gegners gilt es anzueignen und selbst wiederum kreativ zu nutzen. Metaphorisch betrachtet, „frisst“ die neue Welt die alte auf, scheidet aus, was nichts mehr taugt, nutzt aber alles, was Potential besitzt. So geschieht es hier mit Brecht. Und ganz nebenbei erhält so auch das berühmte (und meist missverstandene) Diktum Brechts „Erst kommt das Fressen, dann kommt die Moral“[7] eine andere Lesart: Erst ist das amoralische Subjekt Fatzer dem Kollektiv einzuverleiben, muss es das „gefressen haben“, bevor

Giuseppe Cocco, der die „Weltwerdung Brasiliens und die Brasilianisierung der Welt“ propagiert, vgl. Giuseppe Cocco: *MundoBraz: O devir-Brasil do mundo eo devir-mundo do Brasil.* Rio de Janeiro: Editora Record 2009. Der Zufall wollte es, dass 2010 jener Moment war, in dem die Furcht vor einer „Brasilianisierung“ Europas durch die Schuldenkrise akut wurde. War doch der Begriff der „Brasilianisierung“ zu einem Zeitpunkt entstanden, als durch den Beitritt von südeuropäischen Ländern zur EU in den nordeuropäischen Gründungsstaaten die Angst vor einer „Ansteckung“ durch überschuldete Haushalte, lose Sitten usw. umging. Zehn Jahre zuvor hat der Soziologe Ulrich Beck diesen Begriff erneut in den Diskurs gebracht, um die strukturellen Veränderungen auf dem Arbeitsmarkt zu beschreiben als „Einbruch des Prekären, Diskontinuierlichen, Flockigen in die westlichen Bastionen der Vollbeschäftigungsgesellschaft. Damit breitet sich im Zentrum des Westens der soziokulturelle Flickenteppich aus, will sagen: die Vielfalt, Unübersichtlichkeit und Unsicherheit von Arbeits-, Biographie- und Lebensformen des Südens.“ (Ulrich Beck: *Schöne neue Arbeitswelt. Vision Weltbürgergesellschaft.* Frankfurt am Main: Campus 1999, S. 7.)

5 Vgl. Mário de Andrade: *Macunaíma. Der Held ohne jeden Charakter.* Frankfurt am Main: Suhrkamp 2001.

6 Oswald de Andrade: Anthropophagisches Manifest, nach der Übersetzung von Thomas Sandführ, veröffentlicht als Teil seiner Dissertation in: Thomas Sandführ: *Só a Antropofagia nós une: Assimilation und Differenz in der Figur des Anthropophagen.* Dissertation, Heinrich-Heine-Universität Düsseldorf 2001, S. 192–204, hier S. 198. Abrufbar im Internet unter http://d-nb.info/963602896/34 (Zugriff am 10.11.2012).

7 Bertolt Brecht: Die Dreigroschenoper. In: Ders.: *Werke. Große kommentierte Berliner und Frankfurter Ausgabe*, Bd. 2. Berlin / Frankfurt am Main: Aufbau / Suhrkamp 1988, S. 229–322, hier S. 284.

eine neue Art von Moral entstehen kann, von der übrigens im *Fatzer*-Fragment ausdrücklich die Rede ist.

Aus einer Randnotiz Brechts zu *Fatzer* über die Leiche („ein toter mann: 170 Pfund kaltes fleisch 4 eimer wasser + 1 Beutel voll salz“[8]) und aus der Begegnung mit Brasilien und einem vagen Bild von Tropikalismus leitete andcompany&Co. also den einen ebenso verführerischen wie zunächst fremdartig anmutenden Gedanken ab, den Konflikt zwischen Individuum und Kollektiv, der im Zentrum von *Fatzer* steht, nicht nach dialektischem Brauch abzuhandeln, sondern transformiert in das vieldeutige Bild des Verschlingens zu präsentieren. Heiner Müller hat *Fatzer* als „Materialschlacht Brecht vs. Brecht“[9] (Anarchist, Aussteiger, Deserteur versus Funktionär und rational kalkulierenden Politiker) beschrieben – daher ist es ganz überzeugend, wenn in *FatzerBraz* auch alle Protagonisten einmal in Brecht-Maske erscheinen können. Diese Schlacht verwandelt sich in einen Vorgang, der anders zu verstehen ist denn als dialektische „Aufhebung“; man könnte auch sagen: der den dialektischen „Trick“ aussetzt. Fatzer wird am Ende einverleibt, er wird zum Bestandteil des Kollektivs, indem er verschwindet, gefressen von einem überdimensionalen apparathaft-eckigen Papp-Maul. Er wird „verdaut“ von einem nicht-mehr-persönlichen, nicht-mehr-dramatischen Gesamtkörper: tot, liquidiert im Sinne von verflüssigt, ermordet und zugleich gekaut, verzehrt und aufgezehrt oder aufgenommen ins „Innere“ des Kollektivs. Anthropophagie als Metapher einer anderen Weise – jenseits von Logik und Dialektik? – Kultur anarchisch zu verändern. Oder jedenfalls ihre Zwangsgewalt aufzudecken. Denn an diesem Punkt, der am Ende des *Fatzer*-Abends steht, wird ja zugleich ein großes theoretisch-philosophisch-politisches Fass aufgemacht, als Fatzers selbständiges Dasein geschlossen wird. Denn ist nicht die Einverleibung, die vollkommen verdauende Aneignung gerade das heimliche Modell des logozentrischen Systems? Frisst nicht der absolute Geist alles auf? Wird mit Fatzer Gott gegessen? Wird das Opfer aufgehoben im Kollektiv? Ganz? Oder nur zum Teil – und ein anderer Teil wird ausgespien als unverdaulich? Fragen über Fragen.

8 Bertolt Brecht: Der Untergang des Egoisten Johann Fatzer. In: Heiner Müller: *Werke* 6: *Die Stücke 4. Bearbeitungen für Theater, Film und Rundfunk*, hrsg. von Frank Hörnigk. Frankfurt am Main: Suhrkamp 2004, S. 55–141, hier S. 134. Vgl. den Beitrag „Fleischexperiment“ von Alexander Karschnia in diesem Band.

9 Heiner Müller: Fatzer ± Keuner. In: Ders.: *Werke* 8: *Schriften*, hrsg. v. Frank Hörnigk. Frankfurt am Main: Suhrkamp 2005, S. 223–231, hier S. 230.

Aber der Auftrag des Theaters ist für andcompany&Co. nicht, Politik zu verkünden, sondern den politischen Prozess „draußen" mit Spielformen zu begleiten, die Umdenken, Überprüfen, Erstaunen auslösen. Und während sie sich in viele reale Protestaktivitäten einmischen, denken sie das Theater selbst auch eher wie einen – Fatzer. Theater ist hier selbst ein Desertieren, ein die-Front-Verlassen, hinter der Front Unfug treiben, ziellos denken etwa, mit der Pop-Lebenswelt spielen. Denkspielraum.

Daher wird sich der Kommentator dieser Aufführung hüten, den gedanklichen Hintergrund der Arbeit zu sehr zum Protagonisten zu machen. Der Eindruck der Zuschauer ist anders, und er ist triftig: Politisches, Pop, Kinderspiel, Albernheit, Dada, Zitierlust, offensichtlich klischeehafter Unfug, Comedy-Effekte machen das Spiel vor allem unterhaltsam, sehr musikalisch zwischen Geräuschen und Sambarhythmus. andcompany&Co. besteht darauf, dass Theater Spiel bleibt, Spiel aber der politischen Erinnerung, der Assoziationen und Ideen, die nicht nur von ihnen selbst, sondern auch von den Zuschauern mitgebracht werden. Sie bilden kein politisches Programm ab, sondern sie spielen – vielfältig, durcheinander, oft verquer, oft überraschend – auf das Politische an. Theater hat hier keine Wahrheit zu verkünden, keine Lehre zu vermitteln. Es stellt Konstellationen her, die man keineswegs sämtlich beim ersten Sehen mit vollziehen kann, einen gemeinsamen Raum des sinnlichen Denkens. Das funktioniert sehr persönlich und ist deshalb Theater für ein kleineres Format. Und darin hochaktuell und in die Zukunft weisend. Die Bewegung des Theaters läuft, unaufhaltsam, von den großen Formaten weg, hin zu „kleinen, wendigen Truppen und Trüpplein"[10], wie Brecht sie kurz vor seinem Tod, vielleicht schon in Vorahnung der drohenden Versteinerung der großen Theater gefordert hat. (Es waren die Leute von andcompany&Co., die mich auf diese Äußerungen zuerst aufmerksam machten.[11]) Gewiss ist das Potential der großen Theater-Formate noch nicht restlos ausgeschöpft. Aber ein Theater der Ansprache, der gestalteten gemeinsam erlebten Situation, einer „relationalen Dramaturgie",

10 Bertolt Brecht: Ausführungen vor der Sektion Dramatik zum IV. Deutschen Schriftstellerkongress. In: Ders.: *Werke. Große kommentierte Berliner und Frankfurter Ausgabe*, Bd. 23. Berlin / Frankfurt am Main: Aufbau / Suhrkamp 1993, S. 365–374, hier S. 369.

11 Alexander Karschnia: pop mortem: live after life. In: Martina Groß / Hans-Thies Lehmann (Hrsg.): *Populärkultur im Gegenwartstheater*. Berlin: Theater der Zeit 2012, S. 54–72.

um Nicolas Bourriaus Prägung „relational art" zu entwenden, eines Spiels kaum mit, eher über Botschaften und Rettungsversprechen – ein solches Theater ruft eher nach dem kleineren Raum, in dem Spieler, Aktive, Mitspieler, Zuschauer, Gäste sich treffen.

Wenn die großen Theater heute insgesamt von kaum 5% der Bevölkerung öfter als ein Mal im Jahr besucht werden, dann kann man Theater nicht mehr als ein Forum für Grundfragen des Gemeinwesens betrachten, wie es das in der Antike und noch zu Beginn des 20. Jahrhunderts gewesen ist. Das Publikum ist ebenso fragmentiert und zersplittert wie die politischen Protestbewegungen unserer Tage, niemand kann für ein Ganzes sprechen, auch wenn manche Kritiker von dieser Prätention nicht lassen mögen. Nichtsdestoweniger scheint aber der Raum dieser sonderbar quer zur Medienwelt stehenden Praxis namens Theater kulturell unentbehrlich, denn es vermag die Verbindung einer mentalen Erfahrung mit einem Zusammenkommen, mit einer passageren Gemeinschaft zu realisieren. Das tun leider die allermeisten etablierten Theater nicht. Sie nutzen nicht die Chance des Theaters, dass man darin nicht nur anderes, sondern auch anders denkt, sie nutzen zu wenig die Chance der Infragestellung der Seh-Gewohnheiten. Das Infragestellen des Blicks auf die Gesellschaft erfolgt aber im Theater nun einmal nur durch das Nadelöhr der Infragestellung des Theaters selbst: seiner Formen und Formate, seines Spielbegriffs, seiner Idee von dem, was Zuschauen heißt – Ideen, die eng mit den Vorstellungen von Subjekt, „Verkörperung", Repräsentation usw. verbunden sind.

Politisch Theater machen heißt also heute vor allem, für eine begrenzte Zahl von Besuchern jeweils neue Situationen des Zuschauens zu entwickeln. Und diese Erkenntnis führt sofort zurück auf den ephemeren Spielcharakter, der – statt „ewiger" Wahrheiten und Sinnangebote den Wert von Theater ausmacht. Bemerkungen von Alain Badiou aufgreifend können wir sagen, dass das Theater wohl die einzige Kunst ist, in der nicht die „Ewigkeit" (eines Werks, eines Textes) zählt, sondern gerade das „nur" Augenblickliche.[12] Ja, der Ewigkeit, der Ewigkeit des Dauerns *fehlt* aus der Perspektive des Theaters etwas; das Beständige hat einen Mangel: es bedarf der *Ergänzung* durch den Momentanismus des Spiels, seine vergängliche Augenblickshaftigkeit. Das gibt den gegenwärtigen Versuchen zu einem Spiel-Theater ihre Überzeugungskraft. Sie bekennen sich

12 Vgl. Alain Badiou: *Handbuch der In-Ästhetik*. Wien/Berlin: Turia + Kant 2012.

zu dem, was Theater (heute) sein kann. Ob Schlingensief, Pollesch, Stemann, Gob Squad, Ligna, she she pop oder andcompany&Co., – das Thema mag so ernst sein, wie es will, die Form lädt hier immer auch zu einem *Un-* ein: zu Un-fug und Un-sinn, zu dadaistischem Unernst, zum Un-verantwortlichen: *Un*-company, politsch und popkulturell, PolPop.

Warum dann aber ein tiefer, ein ernster Text wie *Fatzer*?
Die Fragen nach Desertion, revolutionärem Defätismus und Guerillakampf, die im Zentrum des *Fatzer*-Fragments stehen, in dem eine Gruppe Soldaten des Ersten Weltkriegs beschließt, keinen Krieg mehr zu machen und, versteckt in Mülheim an der Ruhr, auf einen allgemeinen Aufstand zu warten, erinnert, wie andcompany&Co. zurecht festgestellt hat, auch an neuere Situationen im Untergrund, etwa die brasilianische Stadtguerilla, deren *Minihandbuch* der Widerstandskämpfer gegen die Militärdiktatur Carlos Marighella verfasst hat. Im Milieu der Studentenbewegung wurde dieses *Handbuch* auch in Deutschland folgenreich (Bewegung 2. Juni, RAF), und es ist kaum ein Zufall, dass Heiner Müllers Wiederentdeckung des *Fatzer*-Fragments unter dem Eindruck des RAF-Terrors geschah. Der Stoff bietet also die Chance wechselseitiger Spiegelungen: Brasilien und Ruhrgebiet, Erster Weltkrieg und Stadtguerilla.
Fatzer ist aber vor allem die Figur, die sich nicht an Verabredungen hält, die es nicht erlaubt, dass man ihn „ausrechnet", Figur des Unberechenbaren. Brecht hatte die Gefahren und Widerstände thematisiert, die sein eigenes politisches Ziel, die Bildung des gesellschaftlichen Kollektivs, bedrohten. Die Figur Fatzer hat er erfunden, um mit ihr die Frage zu stellen: Woran scheitert das Kollektiv? Es scheitert am Begehren, das nicht von seinem Wunsch lassen kann und darf, an der Sexualität, an der Gender-Frage im weitesten, am Hunger in jedem Sinn. In den Individuen rumort etwas, das sich dem Kollektiv nicht fügt und es stets bedroht. Deswegen fand sich Brecht in der Arbeit an *Fatzer* im Kern und zugleich an der Grenze seiner kommunistischen Problematik als Künstler. Es geht um die Frage: Was macht es immer wieder unmöglich, ein Kollektiv zu bilden? Fatzer wird einerseits als der „Findigste" definiert („...aus einer Kanalröhre zieht der noch eine Kuh..."[13]) und andererseits

13 Bertolt Brecht: Fatzer. In: Ders.: *Werke. Große kommentierte Berliner und Frankfurter Ausgabe*, Bd. 10.1. Berlin / Frankfurt am Main: Aufbau / Suhrkamp 1997, S. 387–529, hier S. 441.

als der Unzuverlässigste, der Egoist. Das ist es, was Brecht fasziniert hat: Gerade der Egoist ist der, den das Kollektiv dringend braucht und den das Kollektiv gleichzeitig ausschließen, ja annihilieren muss. Mit der Bändigung der egoistischen Energie, die unvermeidlich scheint, wird aber zugleich die Kraft und Energiequelle aller Kreativität in Frage gestellt.

Man kann das tragisch nennen. Und mitten in den *Fatzer*-Notizen stößt man tatsächlich auf die Notiz „Vieles Gewaltige lebt"[14] – offenbar, in etwas anderer Version, der Beginn des berühmten zweiten Stasimon aus der *Antigone*, die man meist in der schönen Übersetzung von Hölderlin kennt („Ungeheuer ist viel. Doch nichts / ungeheurer als der Mensch"[15]). Viele Figuren Brechts, wie Galilei und Fatzer, stellen diese Brechtsche Problematik dar. Es gibt kaum einen Autor, der so sehr gegen die Kreativität als Markenzeichen des egoistischen Individuums angedacht hat und sie so unnachgiebig immer wieder als notwendig hervortreten lässt. Das ist das Faszinierende: Brecht als politisch denkender Mensch wollte das Kollektiv herbeiführen, um eine andere Gesellschaft möglich zu machen, aber in seinem Theater werden genau diejenigen Kräfte thematisiert, die dieses eigene Ideal am unerbittlichsten dementieren. Und es scheitert am doppelten Charakter der Energien, die in dem Maße, in dem sie für das Kollektiv notwendig sind, egoistisch sind und sich gegen das Kollektiv wenden. Müller spitzte das zu in der Bemerkung, eine Energie behalte überhaupt nur ihre Kraft, solange sie blind bleibe.[16] Meine Vermutung, warum *Fatzer* als Stückprojekt scheitern musste, geht darum dahin, dass sich Brecht sozusagen einen Schritt zu weit in der Problematisierung seiner eigenen Wünsche und Konzepte vorgewagt hat.[17] *Fatzer* ist der Ort, wo sich Brecht der Tragödie konfrontiert hat. Er war sich selber voraus. Das Konzept von Kollektiv, das ihm zur Verfügung stand, führt ihn an den Rand des politisch Artikulierbaren. Vielleicht kann man aber heute zwischen Kollektiv und Gemeinschaft neue Formen

14 Brecht: Fatzer, S. 397.

15 Hölderlin: Antigonä. In: Ders.: *Sämtliche Werke. Frankfurter Ausgabe*, Bd. 16. Frankfurt am Main: Stroemfeld / Roter Stern 1988, S. 261–407, hier S. 299.

16 Heiner Müller: Und vieles / Wie auf den Schultern eine / Last von Scheitern ist / Zu behalten... (Hölderlin). In: Ders.: *Werke* 8: *Schriften*, S. 213–217, hier S. 216.

17 Aber was heißt „zu weit" – nur was zu weit geht, geht. Und das Scheitern des Stücks als Stück hat zugleich ein enormes Gelingen als Entwurf mit sich gebracht. Mit „zu weit" ist nicht gemeint, dass Brecht es hätte lassen sollen, sondern dass es nicht zu einer fertigen Form hätte finden können.

von Kooperation, Zusammenwirken, Vernetzung denken, die nicht mehr, wie es bei Brecht letztlich noch der Fall war, das Kollektiv vom Modell der disziplinierten Klasse her konzipieren – eher als etwas wie ein „Rhizom", vernetzte Protestbewegungen, kaum koordiniert, Spuren einer „Multitude" oder Schwärme – oder eben eine anthropophagische Verschlingung jenseits der dialektischen und logischen Modelle Europas. Darum geht das Spiel hier.

Wenn dergestalt das politische Ziel vielleicht gar nicht vorausbestimmt sein kann, sondern sich allein in der unvorhersehbaren Verwirrung der Praxis erst ergibt, so folgt daraus, dass auch das Theater nicht Maß, Ziel, Sinn, sondern Sinnüberschreitung, Verwirrung und einen offenen Prozess im Doppelsinn „darstellt". Die aus der Antike stammende Bestimmung des Politischen als dessen, was in allen Hinsichten das Maß gibt, kann so verstanden werden, dass künstlerische Praxis des Theaters gerade in der Problematisierung des Maßes bestehen muss. Also des Sinns. Die Maß- und Verhältnisbestimmungen im Sozialen sind, mit Jacques Rancière zu sprechen, gesellschaftlich immer mit einer Struktur der „Polizei", also mit Differenz und Hierarchie, Platzzuweisungen, Befugnissen und Verboten verbunden; ästhetisch mit bestimmten „Aufteilungen" des Sinnlichen, die Kunst in Frage stellt und verändert.[18] An diesem Punkt, mit veränderten Formen und Produktionsweisen beginnt das Politische im Theater, nicht bei politischen Botschaften. Das *Fatzer*-Konvolut drohte Brecht unter der Arbeit daran aus einer theatralen Bestimmung zu einer Abhandlung zu werden. Man kann an der Entwicklung von Szenen hin zu der Idee von Kapiteln in den *Fatzer*-Notizen und in dem komplexen Verhältnis von *Fatzerkommentar* und *Fatzerdokument* ablesen, dass Brecht die Theorie so weitgehend mit dem Theater verknüpfen wollte, dass er damit sogar über die Lehrstücke hinausging. Natürlich hat *Fatzer* noch eine Fabel, aber es ist kaum ein Zufall, dass diese Fabel nur sehr bruchstückhaft überliefert ist und er nicht wirklich über ihren letztendlichen Verlauf entschieden hat. Wenn man sich heute im Theater umsieht, so gibt es da eine ansteigende Tendenz, performative Prozesse, also Theater in die Prozesse des Unterrichtens, der Schule, der politischen Diskussion einzubringen, und zugleich ein theatrales Verlangen und eine Lust daran, aus dem Dokument, dem Material oder dem Realitätsfragment etwas Theatrales zu

18 Vgl. Jacques Rancière: *Die Aufteilung des Sinnlichen. Die Politik der Kunst und ihre Paradoxien.* Berlin: b_books 2006.

entwickeln. Die Idee, dass im Theater vor allem anderen Geschichten erzählt werden müssen, ist nicht mehr selbstverständlich. Das ist auch ein Aspekt des Postdramatischen. Bei *Fatzer* wanderte Brecht auf diesem Grat, dass es noch ein Theaterstück werden soll, aber schon an der Grenze zu etwas anderem steht, Grenze zu einer neuartigen und anderen Praxis, Hybrid aus Theater, Theorie, gesellschaftlicher Praxis, das noch keinen Namen hat. Heute arbeitet Theater des Diskurses, Theater als Textperformance mehr denn Rollenspiel, Theater wie das von ancompany&Co. an und auf dieser Grenze zu einer noch namenlosen, noch unausgedachten Zukunft des Theaters.

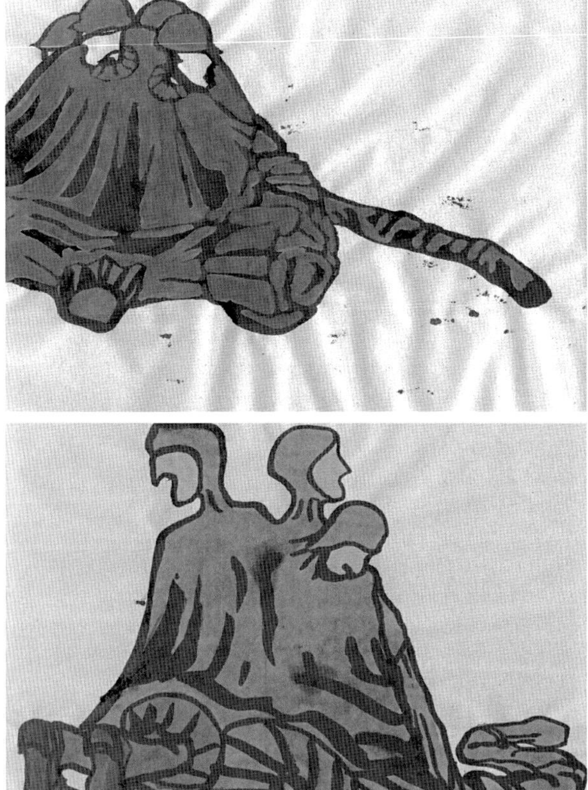

João Loureiro: *Soft Tank 1 & 2*

FLEISCHEXPERIMENT[1]

Zur ‚Ästhetik des Hungers' in *FatzerBraz* von Bertolt Brecht&Co.

Alexander Karschnia

Links, 2, 3: „Und weil der Mensch ein Mensch ist, drum braucht er was zum Fressen, bitte sehr!"[2] Dass „der Mensch vordringt zu / Der Kenntnis, / Daß zuerst das Essen kommt"[3] verkündet auch Johann Fatzer in einer großen Rede vor seinen Kameraden und verspricht dafür zu sorgen. Auffällig ist, dass dabei meistens das Wort ‚Fleisch' benutzt wird: „Wir wollen diesen Samstag den Fleischsamstag heißen, denn hundert zu eins – wir kommen drauf zurück"[4]. Die deutsche Sprache unterscheidet ebenso wenig wie die portugiesische zwischen essbarem (*meat*) und lebendigem Fleisch (*flesh*). (Im Portugiesischen spielt passenderweise auch die sexuelle Konnotation von ‚jemanden essen' hinein – wird doch von Brecht die Sexualität als „Furchtzentrum des Stückes"[5] beschrieben.) Durchgängig spielt Brecht mit der kannibalistisch klingenden Ununterscheidbarkeit von Lebewesen und Lebensmittel. Auch

1 Bertolt Brecht: Fatzer. In: Ders.: *Werke. Große kommentierte Berliner und Frankfurter Ausgabe*, Bd. 10.1. Berlin / Frankfurt am Main: Aufbau / Suhrkamp 1997, S. 387–529, hier: S. 467. Dieser Text ist eine Überarbeitung meines Beitrags für das Programmheft: http://www.andco.de/index.phpcontext=project_detail&id=3822&PHPSESSID=4k1o7ho7j9jouf4dii6mhmphq2 (Zugriff am 12.06.2012). Die portugiesische Übersetzung von Christine Röhrig wurde in Brasilien veröffentlicht: Experimento carne. In: Tablado de Arruar (Hrsg.): *São Paulo – Berlim em cena*. São Paulo: Editora Hedra 2010, S. 101–108, sowie in der Zeitschrift *LUGAR COMUM* 31 (2010), S. 173–179. http://uninomade.net/lugarcomum/31_32/ (Zugriff am 12.06.2012). Einige Eindrücke aus Brasilien sind auf meinem Blog nachzulesen: alextext.wordpress.com. Eine erste Besprechung der Inszenierung stammt von Michael Wehren, erschienen in der Zeitschrift *testcard* #22, die dem Thema „Fleisch" gewidmet ist: Michael Wehren: Cannibal Tropicalypse: Anthropophagische Strategien in *FatzerBraz* von andcompany&Co. In: *testcard. Beiträge zur Popgeschichte* 22 (2012), S. 143–149.

2 Bertolt Brecht: Einheitsfrontlied. In: Ders.: *Werke. Große kommentierte Berliner und Frankfurter Ausgabe*, Bd. 12. Berlin / Frankfurt am Main: Aufbau / Suhrkamp 1988, S. 26.

3 Brecht: Fatzer, S. 410.

4 Ebd., S. 431.

5 Ebd., S. 428.

haben zwei von Fatzers Kameraden sprechende Namen: Koch & Kaumann. Am Ende des Stückes ist nicht klar, was mit Fatzer passiert, ob er von seinen Kameraden nur ermordet oder auch verspeist wird. In einer Notiz heißt es: „ein Toter: 170 Pfund kaltes Fleisch / vier Eimer Wasser und ein Beutel voll Salz“[6]. Wir hatten uns daher für eine anthropophagische Lesart des *Fatzer*-Fragments entschieden, um Brecht zu brasilianisieren, genauer: zu tropikalisieren. *FatzerBraz* lautete der Titel dieser deutsch-brasilianischen Kooperation, die im Sommer 2010 in São Paulo entstanden ist.[7] Brecht – „unter Menschenfresser-Leuthen“? Seine Ablehnung des ‚kulinarischen Theaters‘ ist hinlänglich bekannt. Um seine Abscheu vor dem (aristotelischen) Theater der Einfühlung, der Dramatik des Mitleids auszudrücken, scheute er sich nicht, es als kannibalistisch zu kennzeichnen:

> Spätere Zeiten werden dieses Drama ein Drama für Menschenfresser nennen und werden sagen, dass der Mensch am Anfang als Dritter Richard mit Behagen und am Ende als Fuhrmann Henschel mit Mitleid gefressen, aber immer gefressen wurde.[8]

Als Antidot betrachtete Brecht die Ritualisierung. Über *Fatzer* schrieb er zu Beginn seiner Arbeitsphase: „Die Situation muß so halluzinativ sein wie gestellt, schon in der Vision vorher geschaut, *aufgebaut* und ihre Zustimmung mechanisch, schon von Anbeginn ab vorgesehen, *einstudiert*.“[9] Solch eine Struktur ist auch für das

6 Zit. nach Herausgeberkommentar zu Fatzer. In: Bertolt Brecht: *Werke. Große kommentierte Berliner und Frankfurter Ausgabe*, Bd. 10.2. Berlin / Frankfurt am Main: Aufbau / Suhrkamp 1997, S. 1114–1150, hier S. 1128. Diese Notiz erscheint nur im Anhang, außerdem haben die Editoren sich dazu entschieden, die Groß- und Kleinschreibung zu korrigieren. Im Original heißt die Notiz: „ein toter: / 170 pfund kaltes fleisch / 4 eimer wasser + 1 beutel / voll salz“. Vgl. dazu: Judith Wilke: *Brechts „Fatzer“-Fragment. Lektüren zum Verhältnis von Dokument und Kommentar*. Bielefeld: Aisthesis 1998, S. 14. Heiner Müller hat diese Notiz in seiner Fatzer-Bearbeitung aufgenommen: In „Die letzte Enteignung. Todeskapitel 2“ steht in der Regieanweisung: „Kaumann schreibt an die Wand: Ein Toter: 170 Pfund kaltes Fleisch, 4 Eimer Wasser, 1 Beutel voll Salz.“ (Bertolt Brecht: Der Untergang des Egoisten Johann Fatzer. In: Heiner Müller: *Werke* 6: *Die Stücke 4. Bearbeitungen für Theater, Film und Rundfunk*, hrsg. von Frank Hörnigk. Frankfurt am Main: Suhrkamp 2004, S. 55–141, hier S. 134.)

7 *FatzerBraz* war Teil der Projektreihe „Unter Menschenfresser-Leuthen – Postkoloniale Perspektiven zeitgenössischen Theaters in 4 Kooperationsprojekten von Theatermachern aus Deutschland und Brasilien“.

8 Bertolt Brecht: Neue Dramatik. In: Ders.: *Werke. Große kommentierte Berliner und Frankfurter Ausgabe*, Bd. 21. Berlin / Frankfurt am Main: Aufbau / Suhrkamp 1992, S. 270–275, hier S. 272.

9 Brecht: Fatzer, S. 387.

Verspeisen von Menschen beschrieben worden. In Nelson Pereira dos Santos' Film *How tasty was my little Frenchman* (1971) erklärt die schöne Kannibalin dem gefangenen Franzosen im Liebesspiel, was ihn erwartet, was er während des Rituals seiner Verspeisung zu antworten hat etc. Daraufhin versucht er zu fliehen, was sie durch einen gezielten Pfeilschuss in seinen Hintern zu verhindern verstand. Während des Rituals verweigert er sich den erwarteten Antworten – wie Johann Fatzer, als ihm von seinen Kameraden der Prozess gemacht wird: „Ist's das, was auf der / Wand steht? / (Ich weiß, was es wär.) / 's wär was mit einem Strick / Der aus einem lebenden Mann / 170 Pfund kaltes / Fleisch macht. Tu ich nicht."[10] Vor diesem Hintergrund ist *FatzerBraz* als postkoloniales Lehrstück entstanden. Stichwortgeber war Oswald de Andrade, der zur selben Zeit, als Brecht an *Fatzer* arbeitete (1926–1931), am anderen Ende der Welt sein einflussreiches *Anthropophagisches Manifest* verfasste, in dem er einen positiven Begriff des Kannibalismus, der „Anthropophagie" entwickelte: „Nur die Anthropophagie vereinigt uns. Sozial. Ökonomisch. Philosophisch."[11] Das Manifest erschien am 1. Mai 1928, de Andrade datierte es auf das Jahr 374 nach der rituellen Verspeisung des Bischofs Sardinha durch die Tupinamba: „Tupi or not Tupi – that is the question"[12]. Die Tupi oder Tupinamba sind die sog. Ur-Einwohner Brasiliens: Pindorama in ihrer Sprache (Palmenbepflanzung – Land des rot leuchtenden Pau-Brasil-Holzes[13]). Oswald, der nach dem Ersten Weltkrieg in Paris gelebt und dort Kontakt zu den Kreisen der künstlerischen Avantgarde gehabt hatte (z. B. zu Picabia, dessen *Manifeste cannibale* er kannte), kam zu der Ansicht, dass der Weg zu einer brasilianischen Moderne nur durch den Rückgriff auf diese autochthone Kulturtechnik

10 Ebd., S. 447.

11 Oswald de Andrade: Anthropophagisches Manifest, nach der Übersetzung von Thomas Sandführ, veröffentlicht als Teil seiner Dissertation in: Thomas Sandführ: *Só a Antropofagia nós une: Assimilation und Differenz in der Figur des Anthropophagen*. Dissertation, Heinrich-Heine-Universität Düsseldorf 2001, S. 192–204, hier S. 198. Abrufbar im Internet unter http://d-nb.info/963602896/34 (Zugriff am 03.04.2012). Die Bezeichnung „Kannibalismus" geht auf die Reiseberichte von Christoph Kolumbus zurück und wird heute als kolonialistisch zurückgewiesen. Vgl. ebd., Kap. 3, S. 27ff.

12 De Andrade: Anthropophagisches Manifest, S. 198.

13 Eine Wand aus diesem Holz diente auch Jan Brokof als Fläche für seine Collagen, die er vor jeder Aufführung mit rosafarbenem sog. Lambe-Lambe-Papier überklebte, um während der Performance Fatzers Zeichnung darauf malen zu können. Vgl. dazu auch den Beitrag von Ulrike Haß in diesem Band.

beschritten werden könne: „Absorption des heiligen Feindes, um ihn in ein Totem zu verwandeln"[14]. Mehrfach wird im Manifest der Name Freud erwähnt, mit dessen Werk *Totem und Tabu* (1912/13) über „einige Übereinstimmungen im Seelenleben der Wilden und der Neurotiker" sich Oswald kritisch auseinandergesetzt hatte. Freud beschreibt darin Neurosen als „asoziale Bildungen", die jedoch „auffällige und tiefreichende Übereinstimmungen mit den großen sozialen Produktionen der Kunst, der Religion und der Philosophie" zeigten.[15] Nun ließe sich Freuds Deutung der Dynamik der „Urhorde" auch auf Fatzer und seine Kameraden anwenden: Eine Gruppe von Jungmännern schließt sich zusammen, erschlägt und verspeist aus Sexualneid den Patriarchen, der alle Frauen des Clans für sich beansprucht hatte, nur um ihm anschließend aus schlechtem Gewissen bzw. ‚nachträglichem Gehorsam' ein Totem zu errichten. Fatzer, der seinen Kameraden Desertion angeraten hatte, die Aufkündigung des Gehorsams gegenüber militärischen Autoritäten („Ich glaube nicht mehr / An Schmitt, da er ja / Sicher gestorben ist"[16]), nimmt zunächst die Rolle des Anführers jener „Urhorde" ein, die das Patriarchat ablösen will zugunsten einer Herrschaft gleichberechtigter Brüder. Doch „die sexuellen Bedürfnisse einigen die Männer nicht, sondern entzweien sie"[17], schreibt Freud: Es „spaltet sie der Sexus"[18]. Aus diesem Grund entstand das Exogamie-Gebot: „Sie beschließen, dass das Weib frei sei, aber keiner von ihnen dürfe etwas mit ihr machen. Wichtiger sei die Einigkeit."[19] Die Diskussion über die ‚Kommunisierung des Weibes' ist der Versuch, die destruktive Dynamik des Sexualtriebs, dessen Befriedigung zunächst „Privatsache des Individuums"[20] ist, anders zu lösen als in der „Urhorde".[21] Fatzer, der an einer Stelle

14 De Andrade: Anthropophagisches Manifest, S. 203.

15 Sigmund Freud: Totem und Tabu. Einige Übereinstimmungen im Seelenleben der Wilden und der Neurotiker. In: Ders.: *Studienausgabe* Bd. IX. Fragen der Gesellschaft, Ursprünge der Religion. Frankfurt am Main: Fischer 2000, S.287–444, hier S. 363. Eine der wichtigsten Quellen für Freud war das Werk des bekannten schottischen Ethnologen James George Frazer: *Totemism and Exogamy*. London 1910.

16 Brecht: Fatzer, S. 453.

17 Freud: Totem und Tabu, S. 427f.

18 Brecht: Fatzer, S. 428.

19 Ebd., S. 435.

20 Freud: Totem und Tabu.

21 Vgl. Brechts Exzerpte zu Engels' Werk *Der Ursprung der Familie, des Privateigentums und des Staates* im *Fatzer*-Kommentar, Brecht: Fatzer, S. 517f.

sogar „unser Vater"[22] genannt wird, verstößt gegen die Abmachung und gerät dabei in die Rolle eines neuen Patriarchen, dessen Schicksal ihn am Ende auch ereilt. Für diese Übertragung von Freuds Thesen auf *Fatzer* spricht auch, dass Anthropologen während des Ersten Weltkrieges in den Streitkräften eine Wiederkehr des Totems beobachtet haben, das sich vom Clan-Symbol zum militärischen Abzeichen gewandelt hatte.[23] In Deutschland entstand nach verlorenem Krieg und Verlust der Kolonien sogar das Gefühl, Kannibalismus sei „a story about ourselves"[24]. In der jüngeren Forschung zur männlichen Geschlechtsidentität um 1900 ist sogar vom „Kannibale-Werden" die Rede.[25] Diese Spur, die das „Sex-Kapitel" nicht nur unter dem Aspekt der Sexualität (*sex*), sondern auch der Geschlechtsidentität (*gender*) liest, kann hier nicht weiter verfolgt werden.[26] Doch drängt sich eine solche queere Lektüre schon durch den Namen Fatzer auf, der durch Assonanz nicht nur „Vater" anklingen lässt, sondern zugleich eine diskriminierende Bezeichnung für das weibliche Genital („Dein Fotz ist auch ein Hur."[27]). Im Folgenden soll die anthropophagische Lesart des *Fatzer*-Fragments vertieft werden, wobei die Frage nach dem Staat im Vordergrund steht. Dabei wird Fatzer zunächst mit der Figur Macunaíma verglichen, um jener geheimnisvollen Produktivität der Asozialen auf die Spur zu kommen, die Brecht zeitlebens fasziniert hat. Nach der ‚niederen Form' der Anthropophagie kommen wir zu einer ‚höheren Form', die uns mit der Frage nach dem westlichen Kulturbegriff konfrontiert; einer Frage, der sich auch jede Arbeit mit Brechts Werk stellen muss, umso mehr, wenn sie in einem postkolonialen Kontext stattfindet.

22 Brecht: Fatzer, S. 461.

23 Vgl. Claude Lévi-Strauss: *Das Ende des Totemismus.* Frankfurt am Main: Suhrkamp 1965, S. 14f.

24 Daniel Fulda: Kannibalismus. In: Bettina von Jagow / Florian Steger (Hrsg.): *Literatur und Medizin im europäischen Kontext. Ein Lexikon.* Göttingen: Vandenhoeck & Ruprecht 2005, S. 480–485.

25 Eva Bischoff: *Kannibale-Werden. Eine postkoloniale Geschichte deutscher Männlichkeit um 1900.* Bielefeld: Transcript 2011.

26 In der Inszenierung von *FatzerBraz* wurde einer queeren Lesart dadurch Rechnung getragen, dass Therese Kaumann von einem Mann dargestellt wurde, dem Verfasser. Fatzer dagegen wurde von zwei DarstellerInnen gespielt, einer Brasilianerin (Mariana Senne) und einem Deutschen (Jan Brokof).

27 Brecht: Fatzer, S. 407.

1. Fatzer & Macunaíma: *Helden ohne jeden Charakter*

Kurz nachdem Oswald das Manifest veröffentlicht hatte, wandte er sich von seinen kulturrevolutionären Thesen ab und trat der Kommunistischen Partei bei. Zur selben Zeit bricht Brecht die Arbeit an *Fatzer* ab und nähert sich angesichts des erstarkenden NS-Faschismus der KPD an. Wie Fatzer und seine Kameraden wartet Brecht in seiner Berliner Wohnung auf die Revolution. Ihr Ausbleiben verhindert die Vollendung von *Fatzer* und führt zu Brechts „Emigration in die Klassizität"[28]. Zwanzig Jahre später, nach dem Aufstand der Arbeiter am 17. Juni 1953 in Ost-Berlin kehrt Brecht zu diesem Material zurück. Nun beschäftigt er sich erneut mit Fatzer und seinen Kameraden, besonders Büsching: Noch einmal trieb ihn die Frage nach der Verwertung der Produktivkraft der Asozialen um, jene ‚Helden ohne jeden Charakter' wie *Macunaíma*, laut seines Schöpfers Mário de Andrade ein „sehr brasilianischer Brasilianer"[29]. Mários Roman erschien 1928, im selben Jahr wie Oswalds Manifest, der den Roman umgehend als anthropophagisches Meisterwerk pries; mit gutem Grund, besitzt doch der Schreibprozess selbst durchaus Merkmale mehrfacher Absorptionen und Transformationen: Er basiert auf den ethnographischen Studien über die Mythen der brasilianischen Indigenen des deutschen Forschers Koch-Grünberg, die Mário aus dem Deutschen ins Portugiesische übersetzt hatte, wobei seine sprachschöpferische Leistung einen eignen brasilianischen Idiolekt hervorbrachte. Macunaíma ist aus den tropischen Wäldern und macht nur das, wozu er Lust hat. Die ersten sechs Jahre spricht er kein Wort, als man ihn dazu anhält, sagt er nur: „Ach! Diese Faulheit!"[30] Trotzdem ist er als Einziger fähig, während einer Hungersnot Essen zu organisieren. Wie Fatzer lügt er und verführt die Frauen seiner Brüder. Macunaíma ist ein fauler, versoffener Gott wie Baal, ein ‚virtueller Revolutionär' à la Meckie Messer oder Johann Fatzer. Sein Name setzt sich aus dem Wort *Maku* (‚schlecht, böse') und dem Suffix *-ima* (‚groß') zusammen: Der ‚große Böse', was der Ambiguität dieses streitsuchenden, unheilstiftenden ‚Helden ohne jeden Charakter' durchaus gerecht

28 Heiner Müller: Fatzer ± Keuner. In: Ders.: *Werke* 8: *Schriften*, hrsg. v. Frank Hörnigk. Frankfurt am Main: Suhrkamp 2005, S. 223–231, hier S. 223.

29 Mário de Andrade in einem Brief, zit. von Curt Meyer-Clason in dessen Nachwort in: Mário de Andrade: *Macunaíma. Der Held ohne jeden Charakter*, aus d. brasilian. Portug. u. mit e. Nachw. u. Glossar v. Curt Meyer-Clason. Frankfurt am Main: Suhrkamp 1982, S. 170–182, hier S. 174.

30 De Andrade: *Macunaíma*, S. 7.

wird. In der Verfilmung von Joaquim Pedro de Andrade von 1969 wird Macunaíma als erwachsenes Schwarzes Baby im Dschungel geboren, schläft den ganzen Tag und verführt dann die Frau eines seiner älteren Brüder, die auf ihn aufpassen soll. Sie spielen miteinander im Wald, prügeln sich blutig, bis Macunaíma sich durch das Rauchen einer riesigen Zigarette in einen Prinzen verwandelt. Nachdem es ihm gelingt, einen Tapir zu fangen, ihm jedoch als Jüngsten nur die Innereien abgegeben werden, verlässt er den Dschungel und zieht in die Große Stadt: São Paulo. Er wäscht sich an einer Fontäne, wechselt die Hautfarbe und wird ‚*weiß*'[31]. Seine Brüder folgen ihm, sie kleben an ihm „wie Dreck am Hund"[32] (Fatzer über seine Kameraden). Macunaíma verliebt sich in eine Guerillera, bei der er, nachdem er sie niedergeschlagen hat, einzieht. Sie haben die ganze Zeit Sex, nur ab und zu geht sie in die Stadt, um Krieg zu machen, während er schläft: „Ach, diese Faulheit!" Doch verlässt Macunaíma sein Glück, das er der *Muiraquita*, einem Talisman verdankt: Seine Frau und ihr gemeinsames Kind sterben durch eine Bombe, die sie im Kinderwagen versteckt hatte. Macunaíma jagt nun seinem Glück, d. h. dem Talisman hinterher, der ihm von einem Riesen gestohlen wurde, der dadurch reich geworden ist: der italo-paulistanische Spekulant Pietro Pietra. Im Buch besiegt Macunaíma den kannibalistischen Vielfraß durch eine List: Er stößt ihn in einen Riesentopf mit kochenden Makkaroni, die von seiner kannibalischen Gattin verspeist werden; im Film bugsiert er ihn in einen Swimming Pool voller Piranhas, in den zur allgemeinen Belustigung Partygäste geschubst werden. Macunaíma zieht in den Dschungel zurück, verschläft wieder den ganzen Tag, bis er von allen verlassen zu guter Letzt selbst ins Wasser gelockt wird von einer kannibalistischen Wasserhexe. Im letzten Bild färbt sich das Wasser rot, nur noch seine grüne Jacke schwimmt auf der Oberfläche wie eine brasilianische Flagge. Im Vordergrund des Films stehen die blutigen Bilder des Kannibalismus als Kapitalismuskritik, die Dependenz von den westlichen Industriestaaten und der Autoritarismus der Militärdiktatur. Doch dabei handelt es sich – Oswald zufolge – um eine ‚niedere Anthropophagie', die den menschenfresserischen Charakter des Marktes beschreibt (Neid, Wucher,

31 Schwarz und ‚*weiß*' werden als soziale Kategorien begriffen, nicht als biologische Realitäten und sind daher einmal durch Groß-, das andre Mal durch Kursivschreibung gekennzeichnet.

32 Brecht: Fatzer, S. 401.

Verleumdung, Mord): „Der Mensch zerfleischt den Menschen."[33] Sie taucht verstreut in Brechts Werk auf, z. B. als biblische Sünde der Völlerei verkörpert durch den Vielfraß in *Mahagonny*. Oder in der *Kriegsfibel* als Foto von Winston Churchill mit Zylinder, Zigarre und Maschinengewehr:

> Ich kenne das Gesetz der Gangs. Ich fuhr
> Im Allgemeinen gut mit Menschenfressern.
> Sie fraßen aus der Hand mir. Die Kultur
> Find't als Verteidiger hier keinen bessern.[34]

2. Brecht & Guattari: Gegen Kultur

Zur ‚Verteidigung der Kultur' hatte sich 1935 auch der erste Schriftstellerkongress in Paris versammelt. Während parteikommunistische Kulturfunktionäre eine Volksfront schmieden wollten und nach bürgerlich-liberalen Bündnispartnern schielten, irritierte Brecht durch seinen Appell: „Kameraden, sprechen wir von den Eigentumsverhältnissen! Das wollte ich zum Kampf gegen die überhand nehmende Barbarei sagen, damit es auch hier gesagt sei oder damit auch ich es gesagt habe."[35] Angesichts eines „neuerdings erhobenen apokalyptischen Ton[s] in der Politik" beharren auch Toni Negri & Michael Hardt auf der unspektakulären Grundlage des herrschenden Elends: den Eigentumsverhältnissen.[36] Schon vor der sog. ‚Machtübernahme' der Nazis hatte Brecht im *Gespräch über Klassiker* gegen den „Besitzfimmel" an Kulturgütern polemisiert.[37] In der Nachkriegszeit stand diese Haltung in gefährlichem Gegensatz zur sozialistischen Kulturpolitik. Die Frage nach dem Umgang mit dem sog. ‚Erbe' bringt sofort jene ‚höhere Form' der Anthropophagie ins Spiel, die Oswald propagiert hatte. Vierzig Jahre später zeigte sie Wirkung bei den Künstlern des *Tropicalismo*, dem bildenden Künstler Hélio Oiticica, dem Theatermacher Zé Celso mit Teatro Officina und den Musikern Gaetano Veloso, Gilberto Gil, Tom Zé u. a., die sein Manifest als Legitimation verstanden, sich die westliche Popkultur radikal anzueignen: Elvis, die Beatles,

33 Brecht: Fatzer, S. 498.

34 Bertolt Brecht: Kriegsfibel. In: Ders.: *Werke*, Bd. 12, S. 127–283, hier S. 204f.

35 Bertolt Brecht: Eine notwendige Feststellung zum Kampf gegen die Barbarei. In: Ders.: *Werke. Große kommentierte Berliner und Frankfurter Ausgabe*, Bd. 22.1. Berlin / Frankfurt am Main: Aufbau / Suhrkamp 1993, S. 141–146, hier S. 146.

36 Michael Hardt / Antonio Negri: *Common Wealth. Das Ende des Eigentums*. Frankfurt am Main: Campus 2010, S. 19–24.

37 Bertolt Brecht: Gespräch über Klassiker. In: Ders.: *Werke*, Bd. 21, S. 309–315, hier S. 311.

die Rolling Stones wurden einverleibt wie einst Bischof Sardinha. Dazu Christopher Dunn: „Cannibalism as a 'master trope' of an anticolonialist project for critically and selectively absorbing cultural products and technologies of abroad."[38] Ganz ähnlich verfuhr der junge Brecht mit Gedichten von Villon & Rimbaud, was zu Plagiatsaffären führte: Brecht verteidigte das Plagiieren als Form der ‚Expropriation der Expropriateure', als Wieder-Aneignung dessen, was andere an sich gerissen hatten unter dem Schutz der Gesetze. Erich Kästner hatte ihn deswegen mit *Surabaya-Johnny II* verspottet:

> Du warst nicht englisch, Johnny.
> Du warst nicht indisch, Johnny.
> Kauf Kolonialwaren bei Bertolt Brecht!
> Surabaya-Johnny!
> Villon, Kipling, Rimbaud
> fourniert auf Mahagonny,
> Du bist der geborene „&Co."[39]

Ein anthropophagischer Umgang mit Brechts Werk jedoch wird durch eben jene Verhältnisse vereitelt, die er selbst explizit attackierte (als sich z. B. Schönberg aus Sorgen um seine Nachkommen über die zeitliche Beschränkung von Urheberrechten beklagte, verhöhnte Brecht ihn). Nun ist Brecht selbst zur Beute seiner Nachkommen geworden, die über *ihrem* Erbe wachen.[40] Doch kann kulturelles ‚Erbe' Privateigentum sein? Oder ist die ‚Verteidigung der Kultur' kontraproduktiv, wenn nicht sogar konterrevolutionär: „The concept of culture is deeply reactionary" befand auch Félix Guattari auf seiner politischen Reise durch Brasilien.[41] Er warnte

38 Christopher Dunn: *Brutality Garden: Tropicália and the Emergence of a Brazilian Counterculture*. Chapel Hill/London: University of North Carolina Press 2001, S. 18.

39 Erich Kästner: Surabaya-Johnny II. Reprint in: Helga Bemmann: *Immer um die Litfaßsäule rum. Gedichte aus sechs Jahrzehnten Kabarett*. Berlin: Henschel 1965, S. 161–162.

40 Uns wurde untersagt, andere Texte in *FatzerBraz* zu verwenden außer denen des Fragments. Die Referenz zu Macunaíma konnte allein auf visueller und musikalischer Ebene stattfinden: Ein Performer mit Papagei auf der Schulter erinnert an Macunaíma, der am Ende des Films seine Geschichte dem Vogel erzählt, das gesamte „Sex-Kapitel" wurde mit Bezug auf Macunaímas Verwandlung im Wald gespielt, Fatzers große Rede erinnerte an Macunaímas aufwieglerische Rede bei seiner Ankunft in der Stadt usw.

41 Félix Guattari / Suely Rolnik: *Molecular Revolution in Brazil*. Los Angeles: Semiotext(e) 2008, S. 21. Guattari war 1982 auf Einladung der Psychoanalytikerin Suely Rolnik durch Brasilien gereist und hatte Gespräche mit verschiedenen Aktivisten geführt, inklusive Luiz Inácio Lula da Silva von der PT (Partido dos Trabalhadores), der zwanzig Jahre später im vierten Anlauf schließlich Präsident werden sollte. 1982 wurden die ersten freien Wahlen nach der Zeit der Militärdiktatur

vor einer Übernahme des modernistischen Kulturbegriffs: ‚Kultur' als gesonderte Sphäre zu begreifen, abgetrennt von anderen semiotischen Aktivitäten, sei grundsätzlich abzulehnen. Weder das Spiel von Kindern noch die schöpferischen Leistungen der sog. ‚Primitiven' verstünden sich selbst als ‚Kultur', erst ihre Platzierung in einem Ausstellungskontext oder ihr Verkauf auf dem Kunstmarkt mache sie dazu. So argumentierte auch Brecht in seinem Rundfunk-Aufsatz gegen „einen falschen Kulturbegriff, nach dem die Bildung der Kultur bereits abgeschlossen ist und Kultur keiner fortgesetzten schöpferischen Beziehung bedarf."[42] In diesem Sinne hatte sich Guattari in Frankreich am Aufbau freier Radiostationen beteiligt, da sie eine Herausforderung des Systems der politischen Repräsentation darstellten. Das entsprach seiner Vorstellung von Mikropolitik als einer Verkettung verschiedener Aktivitäten, die zum Ziel haben, unterhalb großer, ‚molarer' Einheiten (Staat, Partei, Gewerkschaften) die Trennung zwischen Kultur, Politik und Leben zu unterminieren zugunsten der Produktion: einer Produktion von Subjektivität.[43] Bei einer Diskussion in Rio de Janeiro am 11. September 1982 wurde dazu aufgefordert, sich aus eben diesem Grund von Brechts Arbeiten abzuwenden.[44] Hier soll dagegen behauptet werden, dass Brecht in *Fatzer* einem verblüffend ähnlichen Einsatz folgt. Beide, Brecht & Guattari, verbindet der Wunsch, die Blockierung der Produktivität der Massen zu bekämpfen. Während Guattari die neu gegründete Arbeiterpartei PT vor ‚Mikrofaschismen' warnte, die sich auch in progressiven Strömungen finden, galt Brechts Sorge den Formen der Disziplinierung, die der NS-Faschismus dem Sozialismus hinterlassen hatte, die sich die neue Regierung für den Aufbau nutzbar zu machen versuchte. Als am 17. Juni 1953 die Plebejer den Aufstand probten, nahm er das alte *Fatzer*-Manuskript wieder zur Hand. Hatte er vor dem Sieg des NS-Faschismus noch den großen Nutzen hervorgehoben, den gerade

vorbereitet, die 1985 stattfanden. Während der Proben von *FatzerBraz* begann die Wahl nach acht Jahren Lula, die von seiner Vertrauten Dilma Roussef, einer ehemaligen Guerillera, gewonnen wurde.

42 Brecht: Der Rundfunk als Kommunikationsapparat. Rede über die Funktion des Rundfunks, in: Ders.: *Werke. Große kommentierte Berliner und Frankfurter Ausgabe*, Bd. 21. Berlin / Frankfurt am Main: Aufbau / Suhrkamp 1992, S. 552–557, hier S. 554.

43 Vgl. Félix Guattari: *Molecular Revolution. Psychiatry and Politics*. New York: Penguin 1984; Gilles Deleuze / Félix Guattari: *Tausend Plateaus. Kapitalismus und Schizophrenie*. Berlin: Merve 1997, S. 283–316.

44 Guattari / Rolnik: *Molecular Revolution in Brazil*, S. 42.

die „Darstellung des Asozialen“[45] für den kollektivistischen Staat haben könnte, so fürchtete er nun zurecht, dass dieses Element umso konsequenter aus ihm verbannt werden sollte. Doch die Disziplinierung galt nicht nur den Arbeitern, sondern der Arbeit selbst, jener ‚lebendigen Arbeit‘, die Marx in den *Grundrissen* beschrieben hat: *Die Arbeit des Dionysus* (Negri & Hardt) – eines Baal oder Macunaíma… Diese ‚lebendige Arbeit‘ ist als schöpferische Tätigkeit nicht länger zu trennen von der Sphäre der ‚Kultur‘, so wie ‚Kultur‘ nicht länger von ‚Natur‘. Für die Transgression dieser Trennung steht die Figur des Kannibalen, besonders jener, dessen Name das Anagramm *Caliban* bildet, jene ‚dunkle Kreatur‘, die vom Zauberer Prospero auf einer einsamen Insel zur Arbeit gezwungen wird in Shakespeares letztem Stück *The Tempest* (1611). Im Licht der antikolonialen Befreiungskämpfe wurde er zur Ikone des Widerstands, zum Emblem der kubanischen Revolution von 1959, die als Sieg Calibans über Prospero gefeiert wurde. Negri & Hardt widmen ihm ein zentrales Kapitel: „Calibans Bruch mit der Dialektik“[46]. Die Dialektik, mit der sie brechen wollen, ist die *Dialektik der Aufklärung*, die von Horkheimer & Adorno im kalifornischen Exil beschrieben wurde als Dialektik zwischen dem Fortschritt von Vernunft, Technik, Naturbeherrschung und dem Rückschritt in barbarische Gewalt und fanatischen Irrationalismus. Negri & Hardt postulieren das Paradox einer modernen Antimodernität – eine Antimoderne jedoch, die nicht auf eine Negation der Moderne reduzierbar ist, sondern Umrisse einer anderen Modernität zeigt, eine *Altermodernity*: zugleich innerhalb, gegen und über die Moderne hinaus. In Oswalds Worten: „Wir gehen von der Französischen Revolution zur Romantik, zur bolschewistischen Revolution, zur surrealistischen Revolution und zum technisierten Barbaren von Keyserling.“[47]

3. Heiner Müller: *der Ort der Niederlage*

Als Guattari 1982 durch Brasilien reiste, ging die Zeit der Diktatur zu Ende, Wahlen wurden vorbereitet. „There is at least one thing that I think Europe can try to transmit“, meinte er, „the experience of our failure.“[48] Gescheitert war das Ereignis vom Mai ‘68, das er als intensive Bewegung verschiedner Wellen molekularer Revolutionen

45 Brecht: Fatzer, S. 525.

46 Hardt / Negri: *Common Wealth*, S. 107–112.

47 De Andrade: Anthropophagiaches Manifest, S. 199.

48 Guattari / Rolnik: *Molecular Revolution in Brazil*, S. 232.

auf allen Ebenen beschreibt: im sozialen Leben, in der künstlerischen Kreativität, in neuen Sensibilitäten. Doch konnten sich die unterschiedlichen mikropolitischen Initiativen nicht verbinden und wurden von den alten Strukturen sektiererischer Gruppen und traditioneller Parteien und Gewerkschaften verdrängt. Isolierte Kleingruppen entwickelten sich schließlich zu terroristischen Organisationen wie die RAF oder die Roten Brigaden, „in other words, totally suicidal movements"[49]. Vor jenem Hintergrund bearbeitete auch Heiner Müller das *Fatzer*-Material als Kommentar auf den sog. ‚Deutschen Herbst' 1977, der Todesnacht in Stammheim nach dem Scheitern des Versuchs, die Gründungsgeneration der RAF durch die Entführung von Hanns Martin Schleyer und das Kidnapping der Lufthansa-Maschine Landshut zu befreien. Diese Strategie der Entführung von Repräsentanten der Macht zur Freipressung inhaftierter Genossen wurde 1967 zum ersten Mal von Carlos Marighella in São Paulo erfolgreich angewandt. Marighella hatte nach dem Militärputsch 1964 mit der KP Brasilien gebrochen, die nicht vorbereitet war auf die Illegalität, und ist in den bewaffneten Untergrund gegangen. So wurde er nicht nur theoretisch, sondern auch praktisch Che Guevaras Nachfolger und wie dieser in einen Hinterhalt gelockt und am 4. November 1969 in der Alameda Casa Branca erschossen.[50] Die Stadtguerilla wandte sich zwar an Deserteure, Überläufer aus dem Militär (Marighellas Nachfolger wurde Lamarca, ein ehemaliger Hauptmann), aber grenzte sich scharf ab gegen Kriminelle, sog. ‚Marginale' (welche wiederum von tropikalistischen Künstlern wie Oiticica heroisiert wurden: *seja marginal seja herói*). Marighella entsprach eher Koch als Fatzer, jenem Moralisten und Terroristen, der später zum antiheroischen Helden von Brechts *Keuner*-Geschichten wurde: Als schwäbischen Mr. Nobody hat ihn Lion Feuchtwanger beschrieben, ein Odysseus in den Höhlen der Großstadt, ein *Bloom* (Tiqqun). Dabei gleichen seine Ratschläge auf unheimliche Weise den Anweisungen, die Brecht den Städtebewohnern in seinem Handbuch gibt: „Verwisch

49 Guattari / Rolnik: *Molecular Revolution in Brazil*, S. 234.

50 In dieser Straße steht heute ein kleines Denkmal, doch ist die Tafel gestohlen worden, vgl. dazu meinen Blog-Eintrag vom 22.10.2010: http://alextext.wordpress.com/2010/06/22/marighela-morto/ (Zugriff am 12.06.2012). Während der Zeit der Militärdiktatur durfte Ches Name nicht öffentlich ausgesprochen werden, man nannte ihn nur den ‚toten Mann'.

die Spuren."[51] Und: „Iß das Fleisch, das da ist! Spare nicht!"[52] Hier ist, wie Benjamin geschrieben hat, nicht nur die Existenzweise des Emigranten beschrieben, denn „der Kämpfer für die ausgebeutete Klasse ist im eignen Land ein Emigrant"[53]. *Fatzer* hat jenen ‚Krieg ohne Schlacht' zum Thema, der sich im Untergrund der Städte fortsetzt. Brecht hat wie kein andrer vor oder nach ihm die Lebensweise der Großen Städte als sozialen Krieg begriffen: „Städte sind Schlachtfelder."[54] Wie die Mitglieder des militanten Widerstands der 1960er Jahre wollten Fatzer&Co. den Krieg in die Städte tragen: Die Kaufhausbrandstiftung der RAF-Gründer Andreas Baader & Gudrun Ensslin in Frankfurt/M. war getragen von dem Gedanken, das „Vietnam-Gefühl" in den „Wohlstandsinseln" zu verbreiten, als welche man auch Städte wie São Paulo betrachtete: *Zerschlagt die Wohlstandsinseln der Dritten Welt* war der Titel jenes Buches, das Marighellas Text in Deutschland verbreitete (mit einem Foto von São Paulo). „Der Kaufhausbrand war der verzweifelte Versuch", so Müller, „die Zivilisation der Stellvertretung, der Delegierung des Leidens, zu provozieren, die Verlegung des Vietnamkriegs in den Supermarkt."[55] Für ihn war das Schicksal der Fatzer-Keuner-Gruppe und der ‚Baader-Meinhof-Bande' strukturell gleich: „Es gehört zur Tragik von militanten Gruppen, die nicht zum Zug kommen, dass die Gewalt sich nach innen kehrt."[56] Die Gruppe ‚zerfleischt' sich gegenseitig – eine weitere kannibalistische Vokabel für einen allzu häufig sich wiederholenden Vorgang innerhalb der Linken: Spaltung und Selbstzerstörung. Die Revolution frisst ihre Kinder, statt ihre Gegner. Fatzer-Chor: „denn vor / ihr euer Bürgertum nicht vertilgt habt, werden / Kriege nicht aufhören"[57].

51 Bertolt Brecht: Lesebuch für Städtebewohner. In: Ders.: *Werke. Große kommentierte Berliner und Frankfurter Ausgabe*, Bd. 11. Berlin / Frankfurt am Main: Aufbau / Suhrkamp 1988, S. 155–176, hier S. 157.

52 Ebd.

53 Walter Benjamin: Kommentare zu den Gedichten Brechts. In: Ders: *Gesammelte Schriften* Bd. II.2, hrsg. v. Rolf Tiedemann / Hermann Schweppenhäuser. Frankfurt am Main: Suhrkamp 1991, S. 539–572, hier S. 555f.

54 Ebd.

55 Heiner Müller: Fatzer-Material 1978. In: Bertolt Brecht: *Der Untergang des Egoisten Johann Fatzer. Bühnenfassung von Heiner Müller.* Frankfurt am Main: Suhrkamp 1994, S. 7–12, hier: S. 11.

56 Müller: Fatzer-Material 1978, S. 8f.

57 Brecht: Fatzer, S. 478.

Denn wovon lebt der Mensch? Indem er stündlich
Den Menschen peinigt, auszieht, anfällt, abwürgt und frißt.
Nur dadurch lebt der Mensch, daß er so gründlich
Vergessen kann, daß er ein Mensch ist.[58]

„Wenn die USA, nach dem Wort von Che Guevara, das Herz der Bestie sind, ist die BRD der Magen."[59] Im Magen der Bestie spricht man nicht vom Schlächter: Was bei der Uraufführung der *Dreigroschenoper* noch possierlich gewirkt hatte, verliert seinen Charme für die Bourgeoisie in Stücken wie *Fatzer* oder *Die Mutter* (nach Maxim Gorki): „Über das Fleisch, das euch in der Küche fehlt / Wird nicht in der Küche entschieden."[60] So entwickelt sich die Mutter, da sie den Hunger ihres Sohnes nicht stillen kann, zur bewussten Klassenkämpferin: „Die Mutter ist die fleischgewordene Praxis"[61], laut Walter Benjamin. Wie Fatzer, der seinen Kameraden erklärt, dass sie als Soldaten denselben Feind haben wie ihre Gegner – die Soldaten der andren Seite – schafft es der Sohn, der Mutter klar zu machen, dass auch sie einen gemeinsamen Feind haben (die „Burschoasie"[62]). Und dass zuerst das Essen kommt! In einem Land wie Brasilien, in dem das zentrale Reformprogramm der Linksregierung FOME ZERO (‚Null Hunger') heißt, ist unmittelbar verständlich, was in Deutschland nur nach Moral klingt. Daher können Nordeuropäer und -amerikaner, die angenehm im Wohlstand leben, die Kunst des Südens nicht verstehen, laut Glauber Rocha, dem prominentesten Vertreter des brasilianischen *cinema novo*, denn es ist eine ‚Ästhetik des Hungers'. Das zeigt das Beispiel Brecht: Sein Diktum, dass erst das Essen kommt und dann die Moral, hat sich unter umgekehrten Vorzeichen im westdeutschen ‚Wirtschaftswunder' erfüllt. Darum ist Brecht hier und heute nur noch ein Gespenst seiner selbst, ohne Stoff seines eignen Geistes, während er in der sog. ‚Dritten Welt' immer noch lebendig ist: ‚Frischfleisch' für den Verzehr hungriger Gemüter. Für ein anthropophagisches Fest. Heiner Müller: „Wenn

58 Bertolt Brecht: Dreigroschenfinale. In: Ders.: *Werke*, Bd. 11, S. 144f.

59 Heiner Müller: Aufforderung zum Erschrecken. In: Ders.: *Werke* 8: *Schriften*, S. 189–191, hier S. 190.

60 Bertolt Brecht: Die Mutter. Nach Gorki. In: Ders.: *Werke. Große kommentierte Berliner und Frankfurter Ausgabe*, Bd. 3. Berlin / Frankfurt am Main: Aufbau / Suhrkamp 1988, S. 261–324, hier S. 265.

61 Walter Benjamin: Ein Familiendrama auf dem epischen Theater. Zur Uraufführung „Die Mutter" von Brecht. In: Ders.: *Gesammelte Schriften* Bd. II.2, S. 511–514, hier S. 513.

62 Brecht: Fatzer, S. 477.

keine andere Wahl ist, ziehe ich den Kannibalismus der Lebenden dem Vampirismus der Toten vor."[63]

4. *Zuerst Fleisch!*

Als Koch, der Gegenspieler Fatzers, zur Abstimmung stellt, ob die Gruppe in seinen Kampf, eine Schlägerei mit ein paar Fleischern, eintreten will oder „lieber Fleisch haben wollen“, gibt Fatzer zu bedenken:

> Oder wollt ihr Euch lieber anfressen?
> Ich geb euch zu bedenken
> Dass nicht immer alles so nach Plan geht
> Auf der Welt. Was immer klug
> Sein mag, das was menschlich ist
> Muß auch essen, essen ist gut
> Aber es fragt sich auch: w e r
> Isst?[64]

Dies ist der kritische Moment, die dramatische Peripetie, denn kaum haben seine Gefährten für „Fleisch“, „zuerst Fleisch haben“ gestimmt, muss der Versuch, bei einer Revolution mitzuhelfen, als endgültig gescheitert angesehen werden. Die Abstimmung wiederum ist ein Vorläufer für den Schauprozess, den sie Fatzer bereiten werden. Fraglich ist, ob es nicht klüger gewesen wäre, in Fatzers Kampf einzutreten, statt einem feigen Überlebensinstinkt, einer kalkulierenden Vernunft zu folgen; und ob nicht aus dem Handgemenge mit den Fleischern eine größere Empörung hätte entstehen können als Auftakt zu einem allgemeinen Aufstand des Volkes: „Etwas Unvernunft bitte!“[65] Im Verlauf dieser Szene zerfällt nicht nur das Kollektiv durch die Einführung des Systems der Stimmenmehrheit, sondern wechselt auch die Feindschaft: Sie ist nicht mehr gegen das Außen gerichtet, sondern herrscht nun im Inneren des Kollektivs zwischen Fatzer und seinen Gefährten, angeführt von einer Person, die auch noch Koch heißt. Koch lockt Fatzer in eine Falle und Fatzer folgt, obwohl er den Braten riecht. Am Ende wird ihm der Prozess gemacht, obwohl ihre Sache aus ist. Koch will reinen Tisch machen, d.h. Fatzer töten: „'s wird nicht so heiß gegessen, wie gekocht wird / Drum wollen wir jetzt einmal, sagen

63 Heiner Müller: Und vieles / Wie auf den Schultern eine / Last von Scheitern ist / Zu behalten... (Hölderlin). In: Ders.: *Werke* 8: *Schriften*, S. 213–217, hier S. 215.

64 Brecht: Fatzer, S. 444.

65 Ebd., S. 456.

wir zum Spaß / So heiß essen, wie gekocht wird"[66]. Dagegen besagt ein brasilianisches Sprichwort, die Rache sei am süßesten, die schon erkaltet ist. Statt ihn zu erschießen, hätte man das „schöne Tier Fatzer"[67] auch verspeisen können – wie in *FatzerBraz*: Ein riesiger Mund, auf rosafarbene Kartons gemalt, sprach das Urteil und fraß ihn anschließend auf. Was zwischen Fatzer und seinen Kameraden passiert, könnte man als Inversion der Feindschaft bezeichnen, der nur durch eine „Impfung mit Anthropophagie"[68] wirksam begegnet werden kann. Auch die Anthropophagie wirft die Frage auf: Wer isst? Und noch wichtiger: Wer wird gegessen? Bei der ‚Absorption des Heiligen Feindes, um ihn in ein Totem zu verwandeln', ist genau das nicht mehr klar. Die Konzepte von Subjekt / Objekt, Selbst / Anderer, Innen / Außen, Identität / Alterität geraten radikal durcheinander. Wenn Carl Schmitt Recht hat, dass die Unterscheidung von Freund und Feind die Grundlage jeder Politik ist, dann bedeutet die Anthropophagie das Versprechen eines Endes jeder Politik bzw. das Anfressen ihrer grundlegenden Kategorien. Denn was durch das Verspeisen des Feindes genährt wird, ist die Permanenz des Krieges, der ‚Blutrache'. Während für Schmitt die Beendigung der ‚Blutrache' als Legitimation für den staatlichen Souverän diente, dient im Amazonas die Aufrechterhaltung der Rache als sozialer Motor: Es gilt als Ehre, durch die Hand der Feinde zu sterben und von ihnen verspeist zu werden, ermöglicht es doch der eignen Gemeinschaft, wiederum Rache zu nehmen. Nur als Killer kommt man in den Himmel, die Götter selbst sind Anthropophagen; und Menschen sowohl rohes Fleisch (Nahrung) als auch Fleischfresser. So gestaltet sich auch das „ritual drama of execution"[69] als Dialog zwischen Opfer und Henker, in dem der zu Opfernde als ehemaliger und zukünftiger Killer spricht: ‚Töte mich, damit meine Leute mich rächen können; Du wirst so enden wie ich.' Wie der brasilianische Anthropologe Eduardo Viveiros de Castro gezeigt hat, ist man zwar, was man isst, aber was man isst, ist immer auch ein soziales Verhältnis: Feindschaft. Man isst einen Feind und wird dadurch – selbst zum Feind: „I am the Enemy."[70] Das jedoch

66 Brecht: Fatzer, S. 461.

67 Ebd., S. 427.

68 De Andrade: Anthropophagisches Manifest, S. 200.

69 Ebd., S. 291.

70 Eduardo Viveiros de Castro: *From the Enemy's Point of View. Humanity and Divinity in an Amazonian Society*. Chicago: University of Chicago Press 1992, S. 270. Das Werk de Castros ist in Deutschland nahezu unbekannt, während in Frankreich

ist das genaue Gegenteil einer Identifikation oder narzisstischen Introjektion: „Cannibalism replaces the problem of identification with that of alteration; it is not so much concerned with predication as with predation."[71] Das erklärt auch, warum Kriegsgefangene, die verspeist werden sollen, zunächst wie Haustiere gehalten werden, man ihnen reichlich zu essen gibt, Frauen zuführt, sie wie Verwandte (Schwager) behandelt: Statt dem Exogamie-Gebot durch Frauenraub zu entsprechen, besteht die Pointe der Anthropophagie darin, das ‚zukünftige Essen' in die Familie aufzunehmen. Das aber sagt viel aus über den Status eines Schwagers, meint de Castro: Im Kern führt die Anthropophagie einen Krieg gegen Affinität, gegen Wesensverwandtschaft! Es geht gar nicht um eine Einverleibung des Anderen, sondern um ein *Anderswerden*: „the Other is not a mirror, but a destiny."[72] Die Person verdoppelt sich dabei wie der Schauspieler des epischen Theaters in eine Ex- und eine zukünftige Person: entweder in verrottendes Fleisch (Faultier) oder in einen Jaguar-mit-Feuer, sprich: einen Gott – sei es durch das Verspeisen eines Feindes, sei es durchs Verspeistwerden. Brechts Kennzeichnung des Theaters der Einfühlung als kannibalistisch muss umgedreht werden: Kannibalistisches Theater ist *Aus*fühlungstheater; durch den Verspeisungs-Effekt wird es zum mülleresken ‚Theater der Verwandlung'. Anthropophagie ist Liebe zur Zukunft!

Dahinter steckt eine Strategie, die durch die Untersuchungen des Anthropologen Pierre Clastres über die Tupi-Guarani 1976 auch hierzulande berühmt geworden ist: eine Strategie, die Entstehung des Staates zu verhindern. Damit widerspricht Clastres allen evolutionistischen Thesen, die davon ausgehen, dass ‚primitive Gemeinschaften' „noch" keinen Staat kennen; in seinen Augen bilden diese Gemeinschaften eine ‚Gesellschaft gegen den Staat'. Ein Häuptling ist kein Staatsmann, eher ein Anführer oder Star, seine Beschreibung erinnert verblüffend an Fatzer: So beruht seine Macht auf realer Machtlosigkeit, er verfügt über keinerlei Zwangsmittel oder Befehlsgewalt (anders als „Schmitt"), seinen Einfluss verdankt er allein Status und Prestige (als guter Jäger), seiner Beredsamkeit und Großzügigkeit. Er ist regelrecht ein Gefangener seiner Gruppe, das einzige Privileg, das er genießt, ist die Polygamie. Außer in

durch die Vermittlung Bruno Latours eine erste Auseinandersetzung begonnen hat. Vgl. Bruno Latour: *Krieg der Welten – Wie wäre es mit Frieden?* Berlin: Merve 2004.

71 De Castro: *From the Enemy's*, S. 271.

72 Ebd., S. 254.

Kriegszeiten hat er nichts zu bestimmen, jederzeit kann sich die Gruppe von ihm abwenden. In Hungerszeiten jedoch verlassen sich alle auf ihn. Die Frage, die Clastres beschäftigte, war, woher die politische Macht stammt: „Wie kam es zum Auftauchen der Staatsmaschine?"[73] Vielleicht gibt die destruktive Dynamik, die zu Fatzers Exekution führt, einen Hinweis. Koch nennt die sinnlose Aktion „ein Zeugnis dafür, daß auch / In finsterer Zeit schwarz schwarz war und weiß weiß."[74] Nun ist für die Tupi das Eine das Böse. Wie Clastres ausgeführt hat, ist das Gute nicht das Viele, sondern *beides*: schwarz ist schwarz *und* weiß. „Das Eine: Ankerplatz des Todes. Der Tod: Schicksal dessen, der Eins ist."[75] Diese Theologie des Nicht-Identitätsprinzips entstammt der Zeit des Untergangs. Kurz vor der Ankunft der *Weißen* entstand unter den Tupi eine prophetische Bewegung, die den Exodus von der ‚schlechten Erde' predigte und einen „aktiven Aufstand gegen das Reich des Einen"[76] anzettelte, gegen die bedrohlich wachsende Macht der Häuptlinge. Clastres vermutet eine List der Geschichte, die darin bestanden haben könnte, dass jene prophetische Bewegung eben das herbeiführte, was sie zu bekämpfen vorgab: Das Eine, den Staat. Im Kapitel über Nomadologie haben Deleuze & Guattari Clastres eine Hommage gewidmet.[77] Anders als Clastres gehen sie nicht von einem plötzlichen Auftauchen der Staatsmaschine aus, sondern von einem *Urstaat*, der immer schon Kontakt zu einem Außen hatte (hier: andische Zivilisation vs. Tupis in den Tropen). Dieses Außen, das dem Staatsapparat gegenübersteht, nennen sie „Kriegsmaschine". Sie basiert – im Gegensatz zu einer regulären Armee – auf Disziplinlosigkeit: „das Infragestellen der Hierarchie, die ständige Erpressung zu Fahnenflucht und Verrat, ein empfindliches Ehrgefühl."[78] Eine Dynamik, die das ganze Geschehen dieser Geschichte aus „Mord, Eidbruch und Verkommenheit"[79] beherrscht. Zugleich führen Deleuze & Guattari aus, wie der Staatsapparat sich die Kriegsmaschine aneignen kann oder schlimmer noch, eine Kriegsmaschine den Staatsapparat – wie im Faschis-

73 Pierre Clastres: *Staatsfeinde. Studien zur politischen Anthropologie*. Frankfurt am Main: Suhrkamp 1976, S. 194.

74 Brecht: Fatzer, S. 460.

75 Clastres: *Staatsfeinde*, S. 166.

76 Ebd., S. 165.

77 Deleuze / Guattari: *Tausend Plateaus*, S. 489–495.

78 Ebd., S. 492.

79 Brecht: Fatzer, S. 469.

mus. Den faschistischen Staat beschreiben sie in Anlehnung an Virilio nicht als totalitären, sondern als *selbstmörderischen Staat*. Die Fluchtlinie verwandelt sich in eine Linie der reinen Destruktion.[80] Das ist die Gefahr von Mikrofaschismen auch innerhalb progressiver Bewegungen, vor der Guattari in Brasilien gewarnt hat. Und so verwundert es vielleicht auch nicht mehr, dass zu dem Material, das Brecht für *Fatzer* verwandte, ein damals aufsehenerregender Prozess gegen rechtsextreme Fememörder gehörte.[81] *Fatzer* – ein Lehrstück über Mikrofaschismus? Ist es möglich, dass die Deserteure aus dem Großen Krieg die Heraufkunft des Faschismus und damit den Beginn eines zweiten Weltkriegs ebenso begünstigt haben wie einst die Tupi-Propheten das Auftauchen des Staates? „Und von jetzt ab und eine ganze Zeit über / Wird es keine Sieger mehr geben / Auf eurer Welt, sondern nur mehr / Besiegte."[82]

5. Vater Brecht

Am 17. Juni 1953 entdeckte Brecht mit Entsetzen unter den demonstrierenden Arbeitern die alten „Femegesichter"[83]: *Büsching is back!* Die „scharfen, brutalen Gestalten der Nazizeit [...], die man seit Jahren nicht mehr in Haufen hatte auftreten sehen *und die doch immer dagewesen waren*."[84] Mit dem Rückgriff auf das zwanzig Jahre alte *Fatzer*-Material wollte er diese Gefahr bannen. Er forderte die Regierung zur Großen Diskussion auf, seine Vorschläge wurden nicht angenommen. Drei Jahre später starb er, kurz vor Ausbruch des Ungarn-Aufstands. Wurde er zu Lebzeiten von den staatlichen Autoritäten stets behindert und bedrängt, avancierte er als Toter schnell zum Klassiker. Einer ganzen Generation von Schülern und Söhnen galt er als Weiser, Vater, Lehrer. Dieser Ehrfurcht ist grundsätzlich mit Misstrauen zu begegnen – wissen wir doch aus Freuds *Totem und Tabu* um die Motive der Söhne… Oder ist es nicht viel mehr so, dass der wahre Kannibale der Staat ist? In seinem Buch

80 Vgl. Félix Guattari: The Micro-Politics of Fascism. In: Ders.: *Molecular Revolution. Psychiatry and Politics*, S. 217–232.

81 Stephan Bock: Die Tage des Büsching. Brechts *Garbe* – ein deutsches Lehrstück. In: Ulrich Profitlich (Hrsg.): *Dramatik in der DDR*. Frankfurt am Main: Suhrkamp 1987, S. 19–77.

82 Brecht: Fatzer, S. 427.

83 Vgl. Heiner Müller: *Krieg ohne Schlacht. Leben in zwei Diktaturen. Eine Autobiographie*. Köln: Kiepenheuer & Witsch 1999, S. 132.

84 Bertolt Brecht: Brief an Peter Suhrkamp, 01.07.1953. In: Ders.: *Werke. Große kommentierte Berliner und Frankfurter Ausgabe*, Bd. 30. Berlin / Frankfurt am Main: Aufbau / Suhrkamp 1998, S. 182–185, hier S. 183.

Das Fleisch der Worte. Politik(en) der Schrift beschreibt der französische Philosoph Jacques Rancière wie der revolutionäre Staat der Bolschewiki zum „worteverschlingenden Riesen aus dem Märchen"[85] wurde: Der Staat verschlingt die Worte, wie die Zeit den Staat. Oswalds Anthrophophagie ist v. a. eine Maßnahme gegen Kanonisierung, gegen staatlichen Totenkult. In Deutschland lautet daher die Devise: *‚Esst mehr Brecht!'* Das Kulinarische, das Brecht seinen späten Stücken wieder zuführte, kann nur durch eine anthropophagische Kur überwunden werden: Brecht zu gebrauchen, ohne ihn zu verschlingen, ist Verrat! In Brasilien hat andcompany&Co. die Chance gewittert, ihren anthropophagischen Umgang mit *Fatzer* dadurch zu legitimieren, dass sie Brecht brasilianisieren durch eine Kulturtechnik, die ihre Appetite nicht etwa stillt, sondern noch vergrößert. Für Brecht ist der Esser das Bild des radikalen Revolutionärs: „Fröhlich machet das Haus den Esser: er leert es!"[86] Die Geschichte jedoch scheut die ‚tabula rasa', die leergefressene Tafel. Das Versprechen der Tropen dagegen ist es, dass die Tafel nie leer bleibt, dass das Essen immer wieder nachwächst. Dass der Mangel überwunden wird in einer unkontrollierbaren Fülle. Ein Versprechen, das Heiner Müller, als Zeuge des ‚real-existierenden Sozialismus', gefangen in der Verwaltung des Mangels, nur als Utopie erscheinen konnte. Die Überfülle ist das Versprechen der Neuen Welt, das jedoch seit der ‚Entdeckung' vor einem halben Jahrtausend nie eingelöst, sondern immer nur ausgebeutet wurde. So konnte die Banane, für die Konquistadoren noch die ‚verbotene Frucht' des an der brasilianischen Küste wieder gefundenen Paradieses, zum Symbol der Massen werden, welche die Berliner Mauer zu Fall brachten mitsamt der Mangelwirtschaft. Im Westen ist die Banane ein Symbol für moderne Kunst, besonders für die populärste Kunst der Warengesellschaft: die *pop art*. Jene Kunst, welche die Gründer der *Tropicália*-Bewegung so kongenial mit den populären Volkskulturen des Landes verbunden haben. Damit haben sie etwas eingelöst, wovon Brecht in Europa nur träumen konnte: eine neue Verbindung von Volkstümlichkeit und Avantgardismus, eine *Altermodernity*. Brecht heute kann nur Tropikalist sein. Ein trauriger Tropikalist. Denn trotz des Reichtums herrscht immer noch der Mangel, der Hunger und in den Städten die Unordnung. Wann wird

85 Jacques Rancière: *Das Fleisch der Worte. Politik(en) der Schrift*. Zürich / Berlin: Diaphanes 2010, S. 48.

86 Bertolt Brecht: Vom armen BB. In: Ders.: *Werke*, Bd. 11, S. 119–120, hier S. 119.

die Zeit kommen, in der man als Nachgeborene auch in den Megalopolen des globalen Südens nicht mehr singen muss: „In die Städte kam ich in der Zeit der Unordnung / Als dort Hunger herrschte.“[87] So vergeht auch unsre Zeit, die auf Erden uns gegeben ward.

P.S. „Lasst Euch nicht verführen!“ sang Brecht, der Verführer: „Ihr sterbt mit allen Tieren / Und es kommt nichts nachher.“[88] Vielleicht hat Kunst ja mit der Tierwerdung zu tun, wie sie in Deleuze & Guattaris *Kafka*-Buch beschrieben ist, mutmaßte Müller im Zusammenhang mit *Fatzer*.[89] Brecht konnte bzw. wollte Kafka nicht verstehen: Er wollte nicht verstehen, dass die Käfer-Werdung Gregor Samsas keine Tragödie ist, sondern eine Komödie. Es ist zum Lachen, nicht zum Weinen und nur lachend kann man die Verhältnisse ändern. Die Tier-Werdung ist die Suche nach einem Ausweg, einem Exit (Deleuze & Guattari) oder Exodus (Negri & Hardt). Eine Desertion. Ein Verrat an der eigenen Gattung, der noch grundlegender ist als der Verrat an der eigenen Klasse, den Brecht vollzogen hatte, überdrüssig der „Gewohnheiten des Bedientwerdens / Und unterrichtet in der Kunst des Befehlens“[90]. Ein Verrat, der nicht angekündigt wird von einem Hahn, sondern von einem Papagei, der nichts mehr nachspricht, sondern etwas vorspricht: Er verrät uns einen neuen Namen, der nicht mehr der Name ‚Brasilien‘ sein wird, sondern der Name jener ‚fremden Heimat‘, in der man noch nie war, die aber jeder kennt: Pindorama. Das ist, nach Ernst Bloch, die Utopie.[91] Es ist die Utopie jener Deserteure, die sich nicht wieder auf die Sklavengaleere treiben ließen, sondern lieber auf der karibischen Insel zurückblieben, selbst auf die Gefahr hin, von den Einwohnern des Paradieses aufgefressen zu werden. Denn diejenigen, die dort an die Küste gespült wurden, „waren keine Kreuzfahrer“, so Oswald de Andrade: „Es sind Flüchtlinge von einer Zivilisation, die wir im Begriff sind aufzufressen, denn wir sind rachsüchtig wie Jabuti.“[92] Diesen „Flüchtlinge[n] aus den städtischen Sklerosen“,

87 Bertolt Brecht: An die Nachgeborenen. In: Ders.: *Werke*, Bd. 12, S. 85–87, hier S. 86.

88 Bertolt Brecht: Gegen Verführung. In: Ders.: *Werke*, Bd. 11, S. 116.

89 Vgl. dazu den Beitrag von Hans-Thies Lehmann in diesem Band.

90 Bertolt Brecht: Verjagt mit gutem Grund. In: Ders.: *Werke*, Bd. 12, S. 84–85, hier S. 84.

91 Ernst Bloch: *Das Prinzip Hoffnung*. Frankfurt am Main: Suhrkamp 1985, Bd. 3, S. 1628.

92 De Andrade: Anthropophagisches Manifest, S. 202.

Städtebewohner wie Brechts Herr Keuner, rief er zu: „Den Kommunismus hatten wir schon. Die surrealistische Sprache hatten wir schon. Das goldene Zeitalter."[93] Die Geschichte hat gezeigt: Koch bzw. Keuner hat verloren und mit ihm das Modell der europäischen Revolution. Zeit also für die karibische Revolution, die Oswald de Andrade verkündet hat. Lauschen wir den Sirenengesängen der Anthropophaginnen Pindoramas wie Macunaíma nach seiner Rückkehr in den Dschungel, bevor ihn die Wasserhexe frisst: Bindet Odysseus los, ihr Ruderer! Kümmert Euch nicht weiter um ihn, der als Keuner (Niemand) den kannibalistischen Riesen bezwungen hat, sondern öffnet Eure Ohren und lauscht den Gesängen – folgt ihnen und lasst Euch fressen – vielleicht werdet ihr in ein Totem verwandelt: Im Zeitalter des globalen Kapitalismus könnte Brasilianisierung eine Chance sein, die letzte – TROPICALYPSE NOW!

Anthropophage aus der Wand von *FatzerBraz*

93 De Andrade: Anthropophagisches Manifest, S. 200.

Fatzers Zeichnungen

Ulrike Haß

Für Jan Brokof, der als Künstler und Performer in jeder Aufführung von *FatzerBraz* durch andcompany&Co. die beiden Zeichnungen, die Brechts Fatzer für seine drei Mitdeserteure auf der Tankwand anlegt, um ihnen ihre „wirkliche Lage“[1] zu erläutern, jedes Mal in großem Format und für alle neu zeichnet und uns auf diese Weise zu einer eigenen Spur durch das *Fatzer*-Fragment führt, in dem die ‚Karte‘ eine entscheidende Rolle zu spielen scheint.

1. Neue Zeiten

Bis dahin hatte man sich den geschichtlichen Verlauf als eine vertikale Achse vorgestellt, entlang derer sich die menschlichen Gesellschaften, vor allem wirtschaftlich und technisch, ständig vervollkommneten. Diese Achse kam mit dem Zeitpfeil eines angenommenen historischen Verlaufs überein und ähnelte sehr genau der genetischen Achse. Wie der Vater vom Sohn übertroffen werde, so auch die jeweils primitiveren Gesellschaften von den jeweils höher entwickelten. Aus Verlegenheit und Unwissenheit nahm man an, dass diese Achse aus ‚grauer Vorzeit‘ datierte und über die Gegenwart in eine noch vollkommenere Zukunft reichen würde. Was auch immer die Gegenwart sei, sie würde Fortschritt bedeuten. Die Jugendbewegungen, die Frauenemanzipationsbestrebungen und die sozialistische Utopie verknüpften sich noch einmal mit diesem generativen, geschichtsteleologischen Modell, das im frühen 20. Jahrhundert ohne Alternative dasteht. Es gilt quer durch die Parteien, die weltanschaulichen Strömungen und dirigiert die trivial-mythischen Bewusstseinshorizonte. In Erwartung einer Entscheidung, in der die alte, zum Absterben verurteilte Welt der Väter vernichtet würde und mit dem Neuen die Welt der Jugend zu ihrem Recht käme, begrüßten Kriegsfreiwillige auf den Straßen in Berlin, Wien, Paris oder Brüssel die Mobilmachung.

1 Bertolt Brecht: Fatzer. In: Ders.: *Werke. Große kommentierte Berliner und Frankfurter Ausgabe*, Bd. 10.1. Berlin / Frankfurt am Main: Aufbau / Suhrkamp 1997, S. 387–529, hier S. 478.

Das neue Zeitalter wurde zuerst in der Materialform dieses Krieges sichtbar, in der Gewalt seiner formlosen maschinellen Vernichtung, die alle in diesen Krieg geworfenen Körper betraf. Dieser Krieg produzierte Versehrte, die vorerst überlebten und Unversehrte, die versucht haben, dem Material *standzuhalten* oder es an Härte noch zu übertreffen. Sie alle haben geschrieben. In den Unterständen und während sie auf die nächsten Lieferungen der jeweiligen nationalen Kriegsindustrien warteten, die mit der Produktion nicht mehr nachkamen, haben sie geschrieben: Briefe, Tagebuchblätter, Notizen, Beobachtungen, Analyseschnipsel. In der zweiten Hälfte der 1920er Jahre erscheinen unzählige, aus diesen Notizen kompilierte Bücher: Kriegstagebücher (*Stirb und Werde*), Analysen (*Die totale Mobilmachung*), Kritiken (*Krieg und Krieger*). In dieser Zeit nimmt Brecht seine Arbeit am *Fatzer*-Material auf.

2. Künstler und Performer: Jan Brokof

Es ist von den Zeichnungen zu sprechen. Jan Brokof ist bildender Künstler. Seit etwa zwei Jahren arbeitet er mit andcompany&Co. zusammen. Jan Brokof macht das Bühnenbild, das kein Bild ist und keine Ausstattung, sondern ein Bühnenraum voller Bilder, Schriften, Zeichen, auf bemalten Kartons, verschiebbar, zusammensetzbar zu phantastischen Objekten, die ein Tank sein können, ein Menschenfressermaul, eine Zielscheibe oder ein Hochhausviertel. Dazwischen und mit diesen Objekten agieren die Performer Nicola Nord, Alexander Karschnia, Sascha Sulimma, mit ihnen Jan Brokof und dazu, je nach dem &Co., weitere Gäste. Die prinzipiell offene Form lässt viele zu und lässt zu, dass sie sich dadurch verändert und nie die Festigkeit einer ‚Marke' annimmt. Die offene Form von andcompany&Co. ermöglicht, dass in ihr ein bildender Künstler als Performer ein bildender Künstler ist, der malt oder schreibt oder beides in einem, Texte übernimmt, spricht, agiert. Die von Brecht im Text genau beschriebenen Zeichnungen Fatzers, der „[e]ine Art [sucht], mir selber zu zeigen, was mit mir ist"[2], erhalten durch Künstler-Performer Brokof in den Aufführungen von *FatzerBraz* jene herausragende Stellung, die ihnen zukommt. In jeder Aufführung malt Brokof von neuem Fatzers Zeichnungen riesig groß in Weiß, Rot, Schwarz auf grauem Untergrund, auf eine Leinwand inmitten der Bühne. Es ist Fatzer-Schulstunde, der seinen drei

2 Brecht: Fatzer, S. 476.

Mitdeserteuren, die mitten im dritten Jahr des Krieges „genug haben"[3] und an einem Mittwoch ausgestiegen sind aus ihrem Tank, ihre gemeinsame Lage erklärt: „Denn jetzt nehmt eure / Schädel in die Hände und paßt / Auf"[4].

3. Die Karte

Es handelt sich um eine veritable Karte, gezeichnet auf Papier oder einer sonstigen geeigneten Fläche („[a]n die Tankwand"[5]) mit ihren Seiten rechts und links. Von der ersten Zeichnung sagt Fatzer, der sie später durch eine zweite verbessern und ersetzen wird, dass er sie „in einem Buch" gesehen habe.[6] Es handelt sich um eine Karte, wie sie militärische Aufstellungen und ihre operativen Bewegungen verzeichnet oder projektiert. In zahllosen Weltkriegsdokumentationen, die zum Teil in Zeitschriftenform monatlich oder halbjährlich erschienen, spielen diese Karten, die für die Truppeneinsätze und -bewegungen im Krieg unerlässlich waren, eine überragende Rolle. Sie sind Dokumente einer geostrategisch begriffenen Politik, die ihr Ziel und ihren Ausdruck in ‚Raumordnungen' bzw. imperialistischen ‚Neuordnungen des Raumes' fand. Neben Geschichtsbüchern von Kriegshistorikern bildete die Arbeit kartographischer Institute die wichtigste Grundlage für sämtliche Militärstrategen. Heeresleitungen sieht man zuerst über riesige Landkarten gebeugt, Chaplins Hitler mit dem Globus spielen.

Der Auftritt der Karte in Brechts *Fatzer*-Material ist absolut bemerkenswert. Die Karte ist verschwistert mit den modernen Massenkriegen. Noch 100 Jahre zuvor verabredete man sich mündlich oder per Order zur Schlacht, „bei Fehrbellin" zum Beispiel, und schickte Boten zu Pferd, um Nachrichten zu übermitteln. Jetzt gibt es Telefon im Unterstand des Offiziers. Die Karte ist Dokument der Geopolitik, ihr zentrales Requisit. Aber sie ist gleichzeitig auch ein Modell, dem jede Vorstellung einer genetischen Achse oder Tiefenstruktur aufeinander folgender Stufen fremd ist. Gilles Deleuze und Félix Guattari zählen die Karte zu den wichtigsten Formen einer nicht hierarchischen, horizontalen Verflechtung von Geschichte, deren Struktur sie als ‚Rhizom' bezeichnen. Die Karte ermöglicht rhizomatisches Denken: Sie legt nicht fest, sondern

3 Ebd., S. 404.
4 Ebd.
5 Ebd., S. 478.
6 Ebd., S. 476.

eröffnet verschiedene Zugangsmöglichkeiten. Sie kann zerlegt und umgekehrt werden. Sie kann ständig neue Veränderungen aufnehmen. Sie kann von Einzelnen, einer Gruppe oder einem staatlichen Apparat angelegt werden. Man kann sie zerreißen, an eine Wand zeichnen, als Kunstwerk konzipieren oder als politische Aktion begreifen.[7] Zur Zeit Fatzers ist die Karte eine Kippfigur. Sie ist noch in den Händen geopolitischer Strategen, die glauben, mit ihr Geschichte zukünftiger nationaler Größe schreiben zu können. Sie ist schon in den Händen derer, die diese Karte umschreiben werden.

4. Die erste Fatzer-Zeichnung

Diese Zeichnung erinnert Fatzer aus einem Buch und will sie übertragen. Die drei Anderen sperren sich: „Wir wollen nichts lernen“[8]. Doch Fatzer ist unbedingt fürs Lernen. Es kommt ihm darauf an, dass die Formation, der Tank oder was auch immer, aus dem sie ausgestiegen sind, eine Richtung hat (nach vorne, gegen den Feind) und dass etwas mit dieser Richtung nicht mehr stimmt. Und zwar in der Art, dass jede Richtung unmöglich wird, denn „die gegnerischen Positionen“[9] werden von den Falschen bezogen. „Plötzlich“ sagt Fatzer, habe er „alles“ gesehen: „Vor mir“, der angebliche Feind, ist der „Bruder“. „Hinter mir“, die uns herschicken, die „Burschoasie“[10] und ihre Kriegsindustrie, ist „unsern Feind“[11]. Dazwischen F. Punkt („Der Punkt bedeutet / Fatzer“[12]), der zermalmt wird, dazu das Feuer, das aus dem neuartigen Einsatz der Chemie ab 1916 stammt. „Feuer und Wasser kämpfen auf der einen / Seite, auf der andern Feuer und Wasser.“[13] Im tödlichen Wettbewerb zwischen Menschen- und Maschinenkraft wird das Prinzip der Front benutzt (sonst gäbe es weder Verbrauch noch Produktion von Feuerwaffen) und zugleich irrealisiert. Die Industrialisierung der Front führt zu einem Verlust an Front, zur Null-Front. Die Zermalmung dazwischen macht jede Richtung obsolet. „FATZER […] Und jetzt vorwärts! / KOCH / Wohin vorwärts?“[14]

7 Vgl. Gilles Deleuze / Félix Guattari: *Tausend Plateaus. Kapitalismus und Schizophrenie.* Berlin: Merve 2002, S. 24.

8 Brecht: Fatzer, S. 476.

9 Ebd., S. 473.

10 Ebd., S. 477.

11 Ebd., S. 463.

12 Ebd., S. 476.

13 Ebd., S. 462.

14 Ebd., S. 405.

Die vier Deserteure vollziehen eine Bewegung des ‚Entweichens'. Wenn Fatzer auf die Frage „Wohin vorwärts?" mit „Links!"[15] antwortet, so ist das keine Richtung mehr, die sich kartographieren oder durch seine Zeichnung belegen ließe, sondern eine Antwort im übertragenen Sinn. Sie gehört zu einer Topologie des Politischen.

5. Das Loch

Dieser Krieg zieht allen den Boden unter den Füßen weg. Es gibt keinen Boden mehr, auf dem man stehen, überleben oder wohnen könnte. Dieser Krieg, der alles in einer „totalen Mobilmachung" (Ernst Jünger) erfasst, reißt den Boden in einer gewaltigen Bewegung der Deterritorialisierung mit sich fort. „[G]rabt mich / Ein in den Boden", bittet Koch, „[d]aß mich nichts mehr / Trifft, aber das ist kein Platz mehr, wo ich / Hinkriechen kann, denn sie schießen zehn / Meter unter den Erdboden"[16]. Löcher, Trichter, Krater im zerschossenen Gelände, das Erdloch als Rettung oder das Loch, durch das die vier Deserteure aus dem Tank steigen. Das Loch anstelle des Bodens, als seine Verkehrung und Negation. Der mit der Härte des Materials verschwisterte Typus sagt wie Büsching: „Alles, was da ist, muß / Hin sein, wo eine Stadt steht, die muß / Hin sein und sollen keine Steine liegen, sondern / Wo sie war, soll ein Loch sein und / In das Meer muß man hineinschießen"[17]. Der mit dem feldgrauen Herz, der keine andere Erfahrung als den Krieg hat, sagt wie Fatzer: „Vom vorigen Monat an / Hab ich keine Lust mehr und schaue / Wo ein Loch ist, daß ich herauskomme"[18].

Das Loch ist synonym mit Herauskommen oder Kaputtgehen. Beide Bewegungsformen sind kaum durch ein ‚oder' zu trennen, vielmehr beides in einem. Sie sind beides in einem, wenn ein Loch das einzige Identifikationsmerkmal ist, an dem sich einer noch festhalten kann: „Unsere Mutter ist ein Tank und / Kann uns nicht schützen / Wir müssen / Kaputtgehen"[19].

15 Ebd.

16 Ebd., S. 452.

17 Ebd.

18 Ebd., S. 400.

19 Ebd., S. 453.

6. Der Punkt

Auf der Suche nach einem schützenden Erdloch, groß genug, um hineinzukriechen, macht Fatzer ein Loch ausfindig, während Büsching meint, das sei kein Loch, sondern reiner Felsen. Fatzer hebt zu einem diabolischen Scherz an: „Da, kriech hinein! Siehst du / Nicht, daß da ein Paket / Durch die Luft kommt? Kriech / Hin, sag ich! / *Lacht.* / Denn / Das ist kein Felsen, das / Ist ein Punkt. Das ist der Punkt / K a r t e 711, ihr Rindviecher!“[20]

Der Hohlkörper, der schützen soll und sich möglicherweise sogar bewohnen lässt, wird mit dem Punkt einer Positionskarte mit Nummer eng geführt, mit jener Karte und ihren Verwendungen, die Ursache all dieser bodenlosen Löcher sind. Aber diese Engführung ist auch der Umschlag von einem Prinzip, das mit der Verwüstung von Erde und Körpern einhergeht, zur Erkenntnis, *dass* es sich auf bloße Kartenpunkte stützt. Karten und Punkte sind nicht bewohnbar, aber sie lassen sich entwenden, zerreißen, umkehren. Aus diesem Grund lacht Fatzer, der schlauer ist, die Anderen aus. Der Chor bestätigt Fatzer, der ein weiteres Mal die Möglichkeiten topologischen Denkens entdeckt hat: Nicht Wohnung oder fest gefügter Boden garantieren unsere Position (im Singular), sondern die Frage (die, wenn man so möchte, aus einer ‚Idee‘ der Topologie folgt), wie wir mehrere oder viele Positionen komponieren.

Chor: „So verlassen die Besten, ist an ei- / nem Punkt der Erdoberfläche / Eine Idee aufgetaucht, s o f o r t die / Position (den Krieg) und n i c h t s / Hält sie zurück, die Zeit spaltet / Sich in alt und neu, sie tun nichts / Altes mehr.“[21]

7. Die zweite Fatzer-Zeichnung

Eine Geographie der Lage ist unmöglich. Eine einfache Positionskarte, der sich normalerweise Richtungen entnehmen lassen (und die zu diesem Zweck eigentlich da ist), erwies sich schon im Fall der ersten Zeichnung als unbrauchbar. Die erste Zeichnung bewies das Paradox, dass sich eine Bewegung des Entweichens keiner „Landkarte“[22] entnehmen lässt, sondern aus einer Einsicht und Entscheidung heraus erfolgt. „Aber die Zeit rollt noch weiter.“[23] Das

20 Brecht: Fatzer, S. 406.
21 Ebd., S. 439.
22 Ebd., S. 401.
23 Ebd., S. 439.

spricht dafür, die Zeichnung der Karte zu verbessern und sie ein weiteres Mal umzuschreiben.
Die entscheidende Einsicht, die Fatzer zur Vorführung seiner zweiten Zeichnung an der Tankwand zwingt, besteht in der Entdeckung der Pluralität: „denn nicht / Allein ist Fatzer, sondern / Einer von vielen. Gehorchenden."[24] Was Fatzer als Fehler seiner ersten Zeichnung erkennt, ist der egologische Punkt, von dem aus sie konstruiert war („Der Punkt bedeutet / Fatzer / [...] Das bin ich"[25]). Jetzt wird, genauso lang wie die Linie G („die Gegner", „die gegnerischen Positionen", „Haufen"[26]), eine Linie durch den Punkt Fatzer gezogen, mit vielen Punkten wie F als „Gehorchenden". Symmetrisch wird die Zeichnung vervollständigt. Hinter der Linie G eine andere Linie, die das „Bürgertum" im Rücken der Gegner darstellt und die „in Entfernung und Größe"[27] jener Linie B im Rücken der ‚Fatzers' gleicht. Das Bürgertum übt auf beiden Seiten Gewalt gegen die Soldaten aus. Fatzers Vorführung richtet sich jetzt nicht mehr nur an seine drei Mitdeserteure, sondern darüber hinaus an alle, die Fatzer in einem möglichen Theaterstück von Brecht erreicht: „Jetzt aber kannst du / Erkennen, was zu tun ist für euch und alle Soldaten / Welche Gehorchende sind auch / Gegen euch."[28] Alle: Die Konsequenz Fatzers, den Krieg gegen die Herrschenden im eigenen Land zu wenden, richtet sich an eine größtmögliche Öffentlichkeit, an alle. Brokof übersetzt das in eine solche Vielzahl von Hin- und Herbewegungen, dass sie die Seiten der Zeichnungen schwarz färben. Der ursprünglich auslöschende, weiß gemalte, in eine einzige Richtung weisende Block (Heer oder Tanker) ist nur noch ein Fleck, ohne Richtung.

8. Abriss

Dieser Krieg veränderte ALLES. Nicht nur die alte Welt, auf deren Abriss die Jungen von 1914 gehofft hatten und die doch anders unterging, als sie gedacht hatten, nämlich mit ihnen. Und wo sie diesen Krieg überlebten, wurden sie ihn im „deutschen Nachkrieg" der Freikorps (bei denen es einer mit dem Namen „Büsching" zu tagespressetauglichem Ruhm brachte) nicht mehr los. In diesem

24 Ebd., S. 478.
25 Ebd., S. 476.
26 Ebd., S. 473.
27 Ebd., S. 478.
28 Ebd.

Krieg war „ein Geschlecht“ entstanden, „Voll Aussatz / Das kurz dauerte und / Untergehend die alte Welt / Abriß.“[29] Was jedoch anstelle der alten Welt erscheint, findet Fatzer „sonderbar.“[30] Entlang einer noch unbekannten Logik haben sich das Dauerhafte und das Flüchtige verkehrt.

Mit den beiden zentralen Metaphern – „die Erd“, „unser Vater“ – wird die bis dahin für dauerhaft gehaltene vertikale Achse der geschichtlichen Höherentwicklung (im Sinn ihrer geopolitischen Strategen) und der Genealogie angesprochen. Fatzer reflektiert: Im Krieg war er wie die Anderen daran gewöhnt zu denken, dass die Erde sich auftut und Feuer aus der Luft alles und alle verwüstet, „aber / Unsern Vater, der bei uns stand, mich, dich oder / Den da hofften wir zu sehen unverändert“[31]. Doch „was so dauerhaft scheint“[32], hat sich verändert. Der Vater, der Freund, und mit ihnen das Prinzip, für das sie stehen, jetzt sind „Fleisch und Bein falsch“[33].

Verkehrt hat sich auch, was flüchtig schien: Die Schwäche eines Kameraden, die gewährte oder unterlassene Hilfe, das Zufällige der Verhaltensweisen gegeneinander. Was zufällig und flüchtig erschien, verkehrt sich ins Unveränderte. „Der große Fatzer, der Koch aus dem Feuer trug / Am hellen Mittag, wurd unvernünftig wie ein Kind, fahrlässig wie Kies und der schwache / Weinende Koch hält ihm / Wie einem Hund den Stock vor, über den / Er nicht mehr springen kann, und fragt ihm / Das eiserne Gesetz ab“[34]. Koch, der sich zum Robespierre der Partei aufschwingt, wird die Anderen zur Liquidation Fatzers auffordern und gemeinsam werden sie es tun.

9. Zwischen

Es gibt kein ‚zuletzt‘ im *Fatzer*-Fragment Brechts, es gibt kein Ende, noch nicht einmal eine verlässliche Gliederung, ein verlässliches Vorher oder Nachher in der Ordnung der nachgelassenen Manuskripte. Es gibt Spuren, vielfältig sich überlagernde, unter ihnen diese, die entlang der Karte und ihrer Umschriften ein rhizomatisches, topologisches Denken erproben, ein Denken, das

29 Brecht: Fatzer, S. 481f.
30 Ebd., S. 461.
31 Ebd., S. 461f.
32 Ebd., S. 461.
33 Ebd., S. 462.
34 Ebd.

die vertikale Achse, den Zeitpfeil geschichtlicher Höherentwicklung und die Logik der genetischen Achse verlässt und das mit dem repräsentativen Modell bricht, das den Einzelnen als Zentrum seiner Äußerungen, seiner Handlungen und Entscheidungen annimmt. Das ist ganz falsch, sagt das *Fatzer*-Fragment als ein rhizomatisches Material par excellence.

> Immer
> Denkt der Mensch, er steht
> In der Welt unveränderlich. Die Luft kann
> Einmal voll Feuer sein, den Boden
> Hat er gesehn, wie er wankte. Er stand
> Ohne Änderung, der nämliche und neben sich
> War er gewohnt, zu sehn
> Den Menschen ganz unverändert. Falsch[35]

Aus dem Zentrum, aus dem Ego, aus dem ‚das bin ich' der Protagonisten herausgeflogen: Fatzer spürt die Veränderung, die ALLES erfasst hat, am genauesten. Er hat die schönsten Brecht-Verse dieses Fragments dazu, aber Fatzer kann sich darin nicht finden. Er bleibt verschieden, fremd, es lähmt ihn. Er bleibt dazwischen. Zwischen den Zeiten, den Worten, den Situationen, zwischen den Räumen auch. „Mich lähmt das Morgen und / Dies unverbindliche Heut! So sitzend / Zwischen noch nicht und schon nicht mehr / Glaub ich nicht, was ich denk!"[36] Er denkt an die Nachkommenden, aber er hofft nicht auf sie. Es scheint, er sieht sie nicht. Es scheint, dass sie dazu zu weit entfernt sind. Dennoch formuliert er auch dieses Zwischen: „Mir scheint, ich bin vorläufig / Aber was / läuft nach?"[37]

10. Situationisten

„Also sind die Situationen / Die Mütter der Menschen."[38]

35 Ebd., S. 399.
36 Ebd., S. 440.
37 Ebd.
38 Ebd., S. 462.

Aber wohin, Fatzer? Rechts ist alles rot und im Rücken brennt auch alles. Und vorn ist es still was am schlimmsten ist. Nach links.

Das bin ich und hier ist gegen mich eine Linie,

das sind Soldaten wie ich, aber mein Feind

Hier aber sehe ich plötzlich eine andere Linie, die ist hinter mir und die ist auch gegen mich,

was ist das. Das ist, die uns herschicken, das ist die Burschoasie!

Erste Fatzer Zeichnung

Noch einmal trete an die Tankwand und verbessere eurer Lage Zeichnung

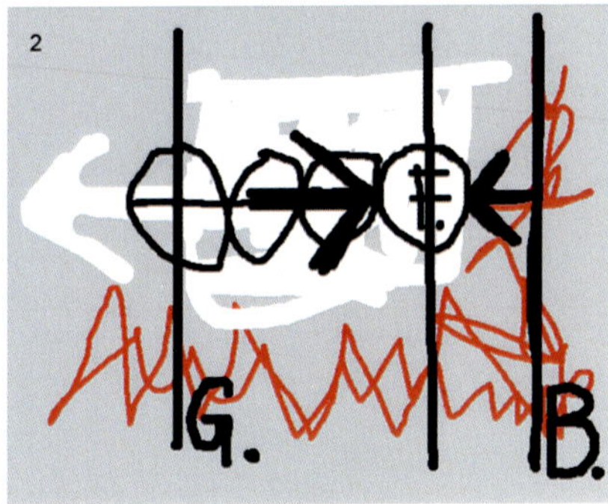

Ziehe durch den Punkt Fatzer eine Linie so lang wie die Llnie g ist,

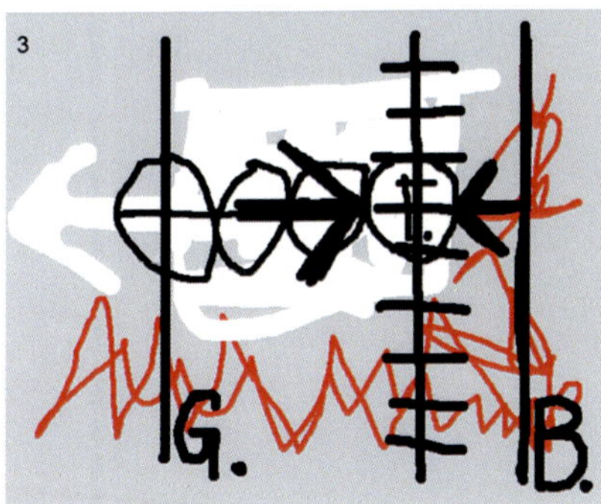

denn nicht allein ist Fatzer, sondern einer von vielen. Gehorchenden.

Desgleichen aber ziehe hinter der Linie des Gegners eine Andere in der Entfernung und Größe jener Linie, die Euer Bürgertum darstellt. Denn auch eure Gegner haben hinter

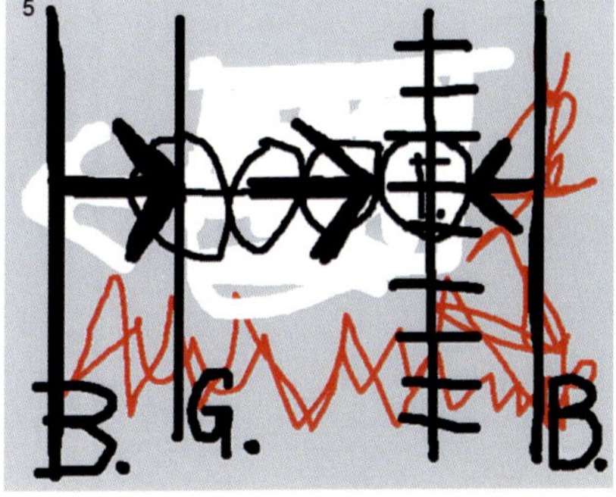

sich ihren Gegner, das Bürgertum, und auch einen Pfeil zeichne, gerichtet gegen euren Gegner, genau gleichend dem Pfeil, der gerichtet ist gegen euch.

Dies erst ist eure wirkliche Lage. Jetzt aber kannst du erkennen, was zu tun ist für euch und alle Soldaten, welche Gehorchende sind auch gegen euch.

Zweite Fatzer Zeichnung

UM MORTO: 85KG
CARNE FRIA
+1 SAQUINHO
CHEIO DE SAL
UM MORTO:
CARNE FRIA
85KG
BALDES DE ÁGUA
+1 SAQUINHO
CHEIO DE SAL

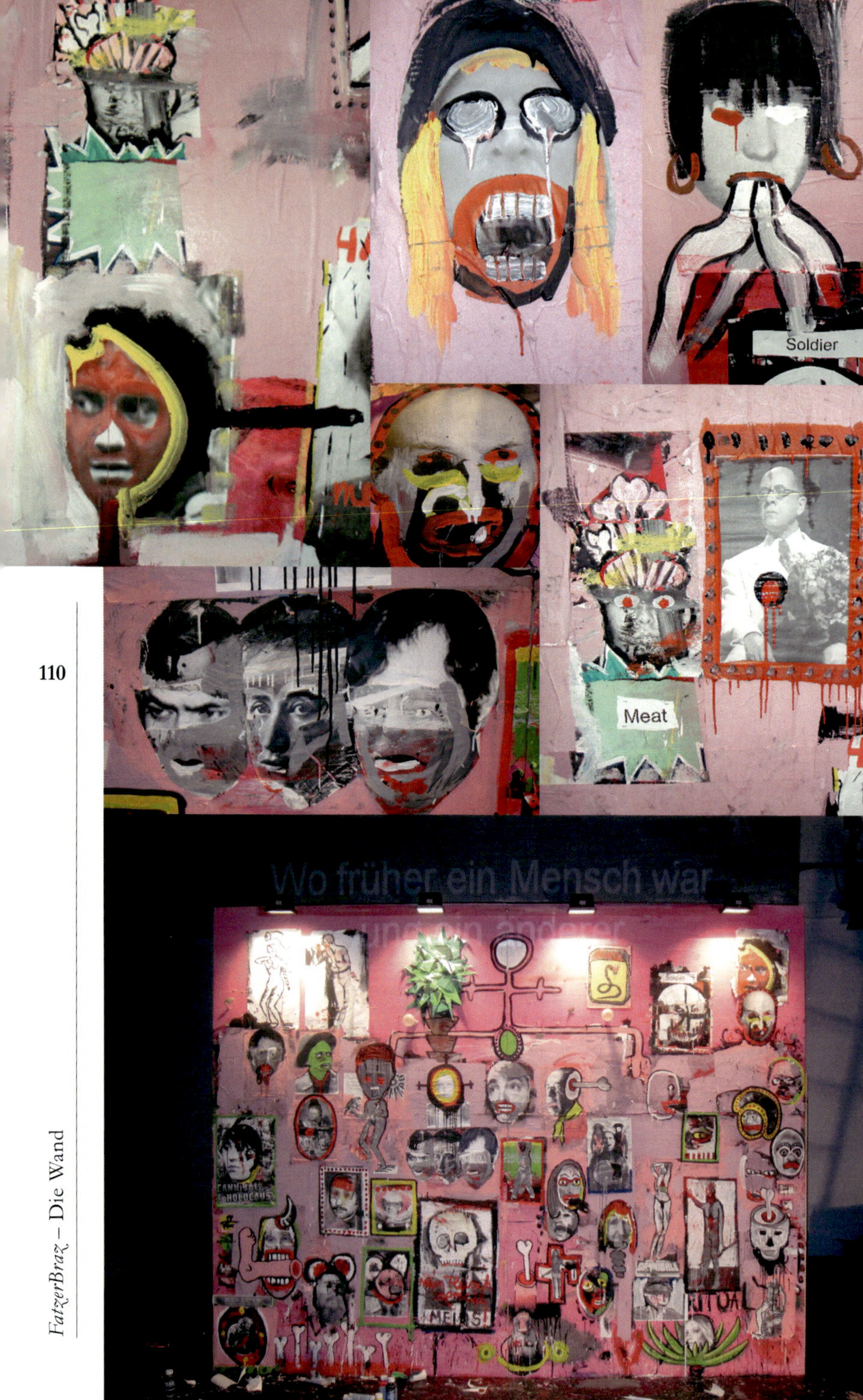
Soldier
Meat
Wo früher ein Mensch war

HAM
MAH
mein Fleisch
Soldier
RITUAL

KAUMANN
KOCH
BÜSCHING

4 HOMENS
MORTOS
e
1 NOME

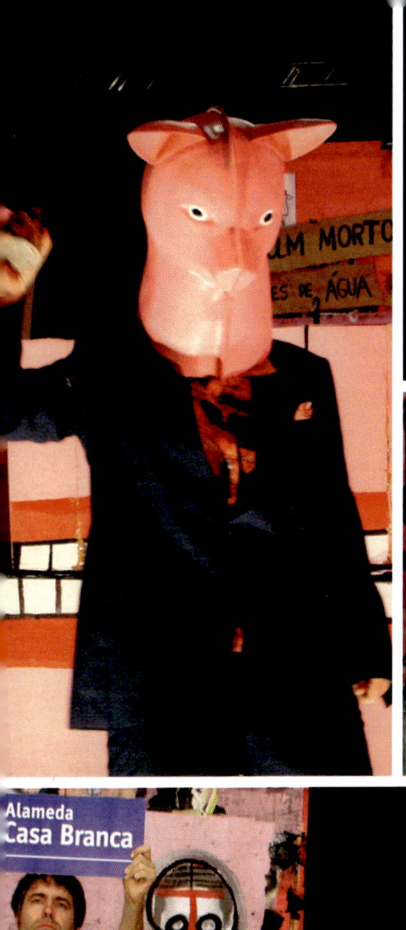
MORTO
ÁGUA

Alameda
Casa Branca
Brasil
Gilberto Gil

FATZ
KOCH
ATZER

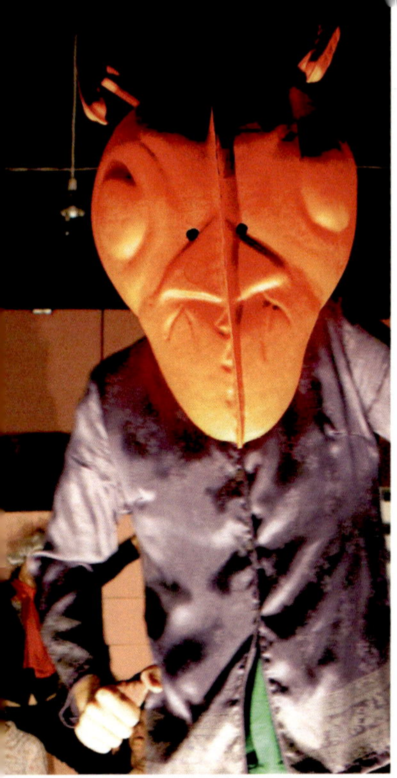

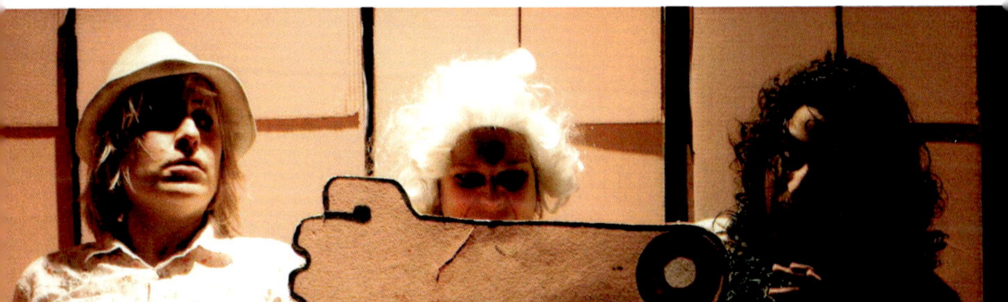

Jan Brokof

Tropical/BG-GB/Winter in Brasil/eat me!

Collage/Zeichnung auf Papier 2010

trope 01

trope 02

trope 03

trope 04

trope 05

trope 06

trope 07

BANDA TROPICALISTA
1o ROUND
LOVE
GIVE A LITTLE
BRASIL
LOVELITE
SWEET
PETROL

trope 08

trope 09

trope 10

trope 11

trope 12

trope 13

trope 14

trope 15

trope 16

trope 17

Tropical/ BG-GB/ Winter in Brasil/ eat me!

Der Künstler als Kannibale des Steinurwaldes

Notizen zu Jan Brokofs Bildern

Eduardo Guerreiro B. Losso

Je mehr wir im Überfluss des Zeichens leben, desto mehr werden wir wilde Tiere des Zeichens. Wir sind ‚Homo signans', nicht nur am Anfang der Kultur, sondern auch in ihrer jetzigen Entwicklungsstufe.

Der Genussimperativ der ununterbrochenen Bilderflut dient nur einem Herren: dem Marktzwang, alles Mögliche als Ware zu tauschen. Wir sind Versuchstiere im Laboratorium der Werbung; einer ständigen Erregung der Wahrnehmung, der Entmächtigung des Subjekts ausgesetzt. Jan Brokofs Collagen scheinen mit ihren Bemalungen auf diese Erniedrigung des Subjekts zu reagieren. Die Detailtreue der Komposition, die erstaunliche Ironie, ermöglicht, anders als die Bildfolge des Fernsehens und der Werbung, eine wechselnde Vielfalt der Bedeutungen.

Brokof stellt der Werbung (anschließend an Dadaismus und Surrealismus) ein ihr ähnliches Übermaß gegenüber und eignet sich die Eigenschaften des Feindes an. Auch in seinen Bildern blendet uns der rasende Bilderfluss. Die Antlitze ohne Augen (*trope 05*) flüstern uns ein, dass die Bilderflut die Möglichkeit des Sehens und die Einbildungskraft völlig ausfüllt. Es handelt sich um Gesichter lächelnder Frauen: Ein Lieblingsmotiv der Werbung, in dem der Künstler die Blindheit des eisigen Lächelns zeigt.

Brokofs Zitate aus Populärkultur, Kunst und Historie folgen einer Vorliebe für ungewöhnliche Begegnungen. Es handelt sich um keine bloße Ansammlung, sondern um Versuche, das Erstaunen der Begegnung zu verarbeiten. Dieser ästhetische Raum schlägt „ein teilnehmendes Bewusstsein"[1] zur Verbindung der Unterschiede vor. Die Verbindung kann oberflächlich, produktiv oder gespannt sein: Das Kunstwerk geht in diesem Raum herum und atmet.

1 „Uma consciência participante". Oswald de Andrade: Manifesto antropófago. In: Gilberto Mendonça Teles (Hrsg.): *Vanguarda Europeia e Modernismo Brasileiro*. Petrópolis: Vozes 1997, S. 226–232, hier S. 227. (Übersetzungen aus brasilianischen Texten stammen hier und im Folgenden von Eduardo Guerreiro B. Losso.)

Durch die feine Wildheit des ‚Homo signans' entsteht eine verborgene Kraft, die neue Bande zwischen den Bedeutungen schafft. Eine wilde Kraft in uns, schlagfertig, um nicht an der Sättigung durch Bilder zugrunde zu gehen. Sie ist fähig zu ironischen Anspielungen zwischen den Dingen. Sie ist eine poetische und ironische Alchemie, die die Dinge von der alltäglichen Abnutzung befreit. Die Medien und ihre Bilder zu fressen, ist die einzige Art, um nicht von ihnen verschlungen zu werden.

Das Kunstwerk ist ein ‚combat center' (*trope 08*), ein Boxkampf zwischen zwei Kannibalen: dem Künstler und den Medien. Der Künstler kämpft mehr mit seiner Schwäche als mit seiner Stärke, „liebevoll" mit der „Liebe". „Die Freude ist die große Prüfung" („a alegria é a prova dos nove" – Oswald de Andrade); Caetano Veloso im Lied „Freude, Freude": „Die Sonne im Zeitungsstand / Stopft mich voll mit Freude und Faulheit / Wer liest so viele Nachrichten? / Ich gehe…".[2] Der Künstler ist ein Stadtindianer, der mit Fotos und Materialen spielt und sich den anthropophagischen Modernisten anschließt: „Praktiker. Experimentelle. Dichter" („Práticos. Experimentais. Poetas").[3]

Jenseits der Oberfläche der Collage besitzen die Arbeiten Jan Brokofs einen reichen historischen Hintergrund. Die Freude und Liebe der modernistischen Anthropophagie ist nicht einfach und nicht leicht zu erreichen. Sie ist eine Antwort auf den europäischen Nihilismus, der durch einen skrupellosen Willen sich zu bereichern motiviert und mit den Leiden der Kolonisierten verbunden ist.

Die Kunst will die Freude loskaufen, die durch das blinde Lächeln der Werbung gefangen ist; eine Freude, die nicht die Geschichte des Leidens verdrängt. Jan Brokof, mit seinem ironischen Humor, entdeckt die anthropophagische Dreistigkeit, die Jahrhunderte von Kolonisation mit sich trägt und einen anderen Ausweg aus dem Widerspruch zwischen trügerischer Zufriedenheit des Marktes und der Ernsthaftigkeit der Hochkultur gefunden hat.

In vielen Gemälden bemerkt man verschiedenartigste Verschiebungen: die Körperteile werden gelöscht, ausgestrichen oder durch

2 „O sol nas bancas de revista / Me enche de alegria e preguiça / Quem lê tanta notícia / Eu vou...". Almir Chediak: *Caetano Veloso: Songbook*. São Paulo: Irmãos Vitale 1988, S. 37.

3 Oswald de Andrade: Manifesto da Poesia Pau-Brasil. In: Mendonça Teles (Hrsg.): *Vanguarda Europeia e Modernismo Brasileiro*, S. 207–208.

andere ersetzt. Die Beine werden abgetrennt, bleiben lose, zerstückelt. Die Vielheit an Beinen und Armen gründet auf einem Kastrationsprinzip: Es ist, als ob man mehr Körperteile haben könnte, wenn man unsere Leiber zerstückelt. Gleiches gilt für das Gesicht: Mund und Auge sind verschoben, ersetzt, bemalt oder hervorgehoben. Die Veränderung des Gesichts maskiert und demaskiert das maskierte Wesen des Scheins.

Das Abnehmen und Hinzufügen von Körperteilen wird noch deutlicher im *Tropicalista*-Gemälde. Auffällig sind dabei barocke Merkmale wie Fülle, kräftige Farbigkeit, Symmetrie und Asymmetrie. Diese Popbarockrhetorik ist eine Galaxie von Signifikanten, die an ein episches Gedicht von Haroldo de Campos erinnert: *Galaxie*[4]. Haroldo de Campos nimmt das anthropophagische Erbe und den brasilianischen Barock wieder auf, um den Tropikalismus vorzubereiten.

In der psychedelischen Atmosphäre des Tropikalismus (wie in Os Mutantes Lied *Haleluia*, in das barocke Merkmale eingearbeitet sind), ist das Übermaß nicht willkürlich: Der Aufbau und eine gewisse Wirkung der Uneinheitlichkeit ist wohl überlegt, ist ein misstönender Popkonstruktivismus. Der Widerspruch zwischen schöner Klassik und komplexem Barock spielt bis in den Popkontext hinein eine Rolle und auch in Werken der bildenden Kunst, die eine psychedelische und tropikalistische Atmosphäre enthalten.

Der Hintergrund ist immer der tropische Wald. Wie Adorno in *Die Idee der Naturgeschichte* schreibt: „Natur selber stellt als vergängliche Natur, als Geschichte sich dar“[5]. Das Bild des Waldes ist zweite Natur, nicht Zeichen, dass die Natur verloren gegangen wäre. Anderseits ist der Wald ein allegorischer Ausdruck für eine Natur, die sich als naturverfallene Geschichtlichkeit erweist, d. h. als „vergängliche Natur“.
Im Mittelalter gehörte der Rätselwald zum Weltbuch Gottes, das sich öffnete, um von den Menschen entziffert zu werden. Der Wald war auch ein mystischer Ort, an dem sich die magische Kraft verbarg. Wenn der Held des Märchenwaldes für längere Zeit mit seinen Zauberelementen isoliert werden würde, weit von seinem sozialen Umfeld entfernt, fiele er „auf eine animalische Daseinsstufe

4 Haroldo de Campos: *Xadrez de estrelas*. São Paulo: Perspectiva 1976, S. 199–248.
5 Theodor W. Adorno: Die Idee der Naturgeschichte. In: Ders.: *Philosophische Frühschriften*. Frankfurt am Main: Suhrkamp 1973, S. 345–365, hier S. 358.

zurück"[6] und würde wahnsinnig. Dieses europäische Imaginäre spielt eine Rolle in der Vorstellung des Waldes und seiner Einwohner, der brasilianischen Indigenen. Brasilien ist untrennbar mit der archaischen Kraft des Waldes verbunden: Es ist ein Land von Urwäldern, Steinurwäldern. Es vereinigt archaische und moderne Kennzeichen, genau jene Zutaten, mit denen die anthropophagische Ironie spielt.

Am Anfang von Mário de Andrades klassischem Gedicht *Notturno von Belo Horizonte* liest man über den Beginn der Industrialisierung in der Stadt Belo Horizonte: „Was für ein entsetzlicher Kampf zwischen Wald und Häusern"[7]. Das Gemälde Brokofs zeigt diesen Kampf in einer Stadt, die als Zeichenwald erscheint. Seine Kunst wendet die Magie des Zeichens an, sowohl im Surrealismus als auch in der Anthropophagie. Sie folgt mit großer Sorgfalt dem Ratschlag Oswalds: „Glauben an die Zeichen, glauben an die Werkzeuge und Sterne"[8]. Nur wenn man die ‚Magie' des städtischen Waldes mobilisiert, hat man die Möglichkeit, in diesem Steinurwald zu überleben. Ästhetische Freude, Humor und Ironie sind kein Zeitvertreib, sondern Sicherheitsmaßnahmen gegen den Eingriff des audiovisuellen Schocks in das menschliche Sensorium. Das künstlerische Fest des Zeichens ist eine Verteidigung gegen die Reiz-Bombardierung. Der dionysische Rauschzustand ist eine vitale Kraftprobe gegen die Reizüberflutung.

Der Konflikt zwischen Ware und Kunst treibt Jan Brokof zur Entdeckung des Tropikalismus und verschiedener Sichtweisen der gesellschaftlichen Dialektik von Natur und Geschichte, Archaik und Moderne, Moderne und Postmoderne, Europa und Lateinamerika. In diesem Kampf ist es erforderlich, viel vom Feind zu lernen und auch von weit entfernten Freunden.

Der Markt will den kapitalistischen Urwald naturalisieren und verfälscht seine organisierte Schönheit; die Kunst zeigt die künstliche Desorganisation dieses Waldes und spielt dazu mit dem Reichtum seiner kulturellen Tierwelt. Die modernistischen und postmodernistischen Bewegungen Brasiliens haben diese Fauna erforscht.

6 Margit Stadlober: *Der Wald in der Malerei und der Graphik des Donaustils*. Wien: Böhlau 2006, S. 115.

7 „Que luta pavorosa entre floresta e casas". Mário de Andrade: *Poesia completa*. São Paulo: Círculo do Livro 1982, S. 151.

8 „Acreditar nos sinais, acreditar nos instrumentos e nas estrelas". Oswald de Andrade: Manifesto antropófago, S. 227.

Tatsächlich haben sie wertvolle Strategien des Umgangs mit dem Markt, der Erneuerung des Kunstmediums und einer Kritik der konservativen Ideologie entfaltet.

Massenkultur frisst Kunst und Kunst frisst Massenkultur. Der Künstler ist ein kulturelles Tier. Er macht Jagd auf die Kultur. Und wenn er sie erlegt, frisst er.

tropicalista

andcompany&Co.

Fatzer für Kinder

von und mit Amir, Anissa, Ben, David, Dunja, Flora, Illona, Jana, Karina, Leon, Melissa, Zalona.
Leitung andcompany&Co. (Nicola, Alex, Sascha) mit Jan
Theaterpädagogik Anna
Assistenz David, Johannes
Premiere 1. Mai 2011, Ringlokschuppen Mülheim an der Ruhr

Fatzer für Kinder

Kurzer Bericht über die Arbeit mit 6–12-Jährigen zum *Fatzer*-Fragment

Nicola Nord

Nichts erscheint auf den ersten Blick weniger für Kinder geeignet als Brechts *Fatzer*-Fragment, das an bestimmten Stellen durchaus zu den brutalsten Texten von Brecht gehört. Aber da es eben ein Fragment ist, gibt es unzählige andere Stellen, die man sich heraussuchen kann, im Hinterkopf die Anweisung Brechts, die Texte im Pädagogium zu studieren, und wer eignet sich besser fürs Pädagogium als Kinder? Der Fatzer, dessen Name selbst schon wie eine Figur aus einem skurrilen Märchenbuch erscheint, faszinierte die Kinder vom ersten Moment. Ein Junge sah ihn ständig am Fenster wie ein Gespenst vorbeihuschen. Und seine Eltern erzählten uns Wochen nach der Aufführung, dass der Fatzer immer noch bei ihnen zuhause wohnen würde. So fragten auch alle anderen Kinder als erstes: „Wer oder was ist eigentlich ein Fatzer?“ Und bekamen als Antwort: „Fatzer ist einer, der nur tut, wozu er Lust hat.“ Und schon waren wir mittendrin in der Geschichte! Die Figur des Asozialen taucht durchaus auch in Brechts Kinderliteratur auf, da gibt es zum Beispiel den Fisch Fasch, der immer nur seinen weißen Asch zeigt und damit erstmal durchkommt, bis die große Hungersnot kommt und die Leute ihm dann den weißen Asch versohlen, weil er als einziger nichts dazu gegeben hat. Das haben wir als Kinder in der Version des Liedermachers Frederik Vahle gehört und schwer diskutiert, ob der Fisch Fasch denn jetzt böse ist oder nicht und ob faul sein falsch oder nicht eigentlich herrlich ist. Dazu haben wir das Lied von Pipi Langstrumpf gesungen: „Faul sein ist wunderbar, ob mit ob ohne Geld, denn wer faul ist muss nicht fleißig sein und uns gehört die Welt.“ Und geträumt, genau wie Pippi nicht in die Schule zu gehen und stattdessen nur das zu tun, wozu wir Lust haben. Und da sind wir wieder beim großen Asozialen Johann Fatzer, der mit seinen Spaziergängen seine Freunde schwer in Nöte bringt und sie dann auch noch im Stich lässt. Das wurde von den Kindern heftig diskutiert und hat sie in zwei Lager gespalten: Die einen fanden es ganz furchtbar, dass der Fatzer seine Freunde verrät, denn das darf man nicht. Die anderen fanden es einfach nur super, dass er das macht, wozu er Lust hat, und dass er soviel schlauer ist, als seine Freunde. Außerdem hatte er seine Freunde ja aus dem Krieg gerettet, und dass Krieg böse ist, da waren sich alle Kinder einig. Was Revolution ist, konnten uns zwei Kinder erklären, deren Eltern aus Ägypten waren: „Wenn die Leute alle zusammen kommen und danach ist alles anders." Auch über den rätselhaften Text in dem Zimmer mit den vier toten Männern und dem einen Namen wurde viel diskutiert. Dass der Fatzer tot sei, wollte niemand so recht glauben. Ein Mädchen vermutete, dass die vier Männer alle Teile vom Fatzer seien, weil der Fatzer in uns allen steckt. Ein anderer glaubte, dass der Fatzer für immer durch die Stadt Mülheim spazieren geht. Doch warum ist der Fatzer nicht gekommen, als wir ihn am meisten brauchten? Weil er zuviel Schokolade in sich reingestopft hat, meinte der jüngste Teilnehmer des *Fatzer für Kinder*-Workshops kauend, genüsslich einen Schokohasen verspeisend. Er ist passionierter Astronom und korrigierte mich umgehend, als ich ihnen die Anfangsszene zu erklären versuchte: „Stellt Euch vor, ihr seid auf einem fremden Planeten gelandet, alles sieht aus wie auf dem Mond…" – „Der Mond ist kein Planet!" Daraus wurde dann ein eigner Moment bei der Aufführung, ein kleiner Monolog: „Der Mond ist kein Planet, er ist ein Himmelskörper. Auf ihm sind viele Krater, also Vertiefungen. Sie sind von Vulkanen, aber die sind schon lange erloschen, mehrere hundert Jahre lang. Trotzdem ist die Asche extrem schädlich, passt also gut auf. Tschüß!" Als seine Mutter später einmal nicht das tat, was der kleine *Fatzer*-Teilnehmer wollte, rief er: „Du alter Fatzer!" Was einmal mehr beweist, was Brecht selbst wusste, nämlich dass Kinder das, was zu verstehen sich einigermaßen lohnt, sehr gut verstehen!

Fatzer für Kinder

Wer oder was ist eigentlich ein Fatzer?

Nicola Nord

Der Fatzer ist einer, der nur tut, wozu er Lust hat. Wenn der Fatzer Lust hat, durch seine Stadt spazieren zu gehen, dann geht der Fatzer eben spazieren, denn er sagt sich: „Allen Menschen zugleich gehört die Luft und die Strasse. Frei zu gehen im Strom der Verkehrenden, menschliche Stimmen zu hören, Gesichter zu sehen, muss mir erlaubt sein! Ist doch mein Leben kurz und bald aus!“[1] Das denkt sich der Fatzer und geht wie es ihm beliebt und wohin er will!
Fatzer hat auch drei Freunde, die heißen Koch wie der echte Koch, Herr Kaumann wie ein Mann, der immer kaut und Herr Keuner. Herr Keuner ist ein seltsamer Name, es klingt ein bisschen so wie Herr Niemand, und manchmal hat man auch den Eindruck, dass Herr Keuner gar nicht da wäre, sondern da sei nur: Niemand!
Fatzer und seine Freunde wollen zusammen bleiben und alles zusammen machen, nur manchmal ist Fatzer plötzlich weg, weil er wieder Lust bekommen hat, durch seine Stadt zu spazieren.
Fatzer ist ein Pechvogel, dauernd passieren ihm Ungeschicke. Manche sagen auch, er sei ein Faulpelz, ein Taugenichts oder auch ein Egoist! Das kommt daher, dass Fatzer sich nichts vorschreiben lassen will, auch nicht von seinen Freunden und deshalb heißt diese Geschichte: *Der Untergang des Egoisten Johann Fatzer*

Die Geschichte: Fatzer und seine drei Freunde sitzen in einem Panzer, weil in der Welt gerade Krieg herrscht. Aber eines Morgens wacht Fatzer auf, kratzt sich gähnend am Bart und sagt: „Ich mache keinen Krieg mehr!“ Begeistert von seiner Idee überredet er auch gleich seine Freunde von dem Krieg abzuhauen und sich zu verstecken, bis der Krieg vorbei ist. Er verspricht ihnen, dass bald die Revolution kommt, die dem Krieg ein Ende macht und die Menschen von Hunger und Elend befreit, denn das haben Revolutionen

1 Alle Zitate hier und im Folgenden stammen aus Bertolt Brecht: Fatzer. In: Ders.: *Werke. Große kommentierte Berliner und Frankfurter Ausgabe*, Bd. 10.1. Berlin / Frankfurt am Main: Aufbau / Suhrkamp 1997, S. 387–529.

so an sich. Also fahren die vier Freunde mit dem Panzer dem Krieg davon und fahren so lange weiter, bis sie in einer komischen Gegend landen. Dort ist es ganz still und es wachsen halbe Bäume aus der Erde, es sieht ein bisschen so aus wie auf dem Mond. Fatzer lugt vorsichtig aus dem Panzer und ruft erst mal, ob auch wirklich niemand da ist. „Hallo?“, „Ist da jemand?“, „Hier ist nichts, kommt ruhig heraus, hier ist kein Mensch!“ So spricht der Fatzer, klettert aus dem Panzer, setzt sich unter solch einen halben Baum und raucht erst mal eine halbe Zigarette.

Genüsslich Rauch ausblasend sagt er: „Es ist gut, dass wir durch den Zufall an eine Stelle der Welt gekommen sind, wo wir drei Minuten überlegen konnten. Jetzt können wir heimgehen!“

„Aber wohin Fatzer?“, fragen seine Freunde. „Rechts ist alles rot und im Rücken brennt auch alles, und vorn ist es still, was am schlimmsten ist!“. „Nach links!“, brüllt der Fatzer, „nicht vorwärts und nicht zurück, sondern nach links!“

Aber auch der Fatzer weiß, dass sie nicht einfach links rum nach Hause gehen können, da sie ja Soldaten sind und wenn in der Welt Krieg herrscht und der Soldat den Krieg verlässt, wird er erschossen und kann nirgends mehr hingehen. Also überlegt der

Fatzer, was zu tun sei, und während er noch ganz scharf nachdenkt, sieht er plötzlich hinter den halben Bäumen eine Stadt hochwachsen mit riesigen Hochhäusern, 40 Stockwerke hoch! „Das ist meine Stadt“, denkt sich der Fatzer, „dort möchte ich hin und spazieren gehen!“ Zufällig wohnt in dieser großen Stadt auch die Frau von Kaumann, deshalb hat Fatzer die Idee, mit seinen Freunden dort hinzugehen und sich dort zu verstecken, bis der Krieg vorbei und die Revolution gekommen ist.

Doch bevor sie losgehen, hat Fatzer noch Lust, eine Rede zu halten. Fatzers erste Rede: „Gestern sagte der Mann, der das Fressen brachte, der Krieg ist bald aus. Viele wollen nicht mehr Gras fressen und kaputt gehn, was menschlich wäre. Und vielleicht ist heute gar kein Krieg mehr. Ich rate euch: Riskiert es, laßt den Tank stehen, wo er steht, und haut ab! Und wenn uns einer begegnet, den schlagen wir nieder!“

So spricht Fatzer zu seinen Freunden und denkt sich: „Was tut ein Mensch hinter einer Kanone, wenn er keine Lust hat?“

Die vier Freunde lassen also den Panzer neben dem halben Baum stehen und machen sich auf den Weg in die große Stadt mit dem komischen Namen: Mülheim an der Ruhr. Sie klopfen an der Tür von Frau Kaumann und bitten sie, alle vier zu verstecken. Frau Kaumann ist freundlich und nimmt sie auf, aber es gibt nur einen Raum, der sehr klein ist, und nur einen Stuhl, auf dem kann man sitzen und auf den setzt sich der Fatzer: „Von uns allen bin ich durch Gehirn und Physis am fähigsten durchzukommen als einzelner, aber ich bin für Zusammenbleiben. Ist das dein Stuhl? Der ist groß genug. Mir reicht die Kiste da zum Schlafen.“

Zu essen gibt es auch nichts, denn Frau Kaumann ist sehr arm und hat schon lange nichts Richtiges mehr zum Kauen bekommen. Der Fatzer verspricht, Frau Kaumann und seinen Freunden am nächsten Tag Fleisch zu organisieren, aber erst wollen alle schlafen, denn sie sind sehr müde. Kaum schnarcht es in der Stube, fängt es Fatzer an zu zwicken und zwacken und er sagt sich, „es wäre doch nett, wenn ich noch einen klitzekleinen Spaziergang machen könnte.“ Gesagt, getan, Fatzer schleicht sich heimlich raus und niemand merkt etwas davon, denn der Fatzer kann sich davonschleichen wie eine Hyäne.

Fatzers erster Spaziergang: Fatzer spaziert durch die große Stadt Mülheim an der Ruhr und sieht vieles. Er sieht Eisenkräne, die wie Riesen über den Hochhäusern stehen, er sieht kleine Hütten und er

sieht Armut, viel Armut überall. Als er zu seinen Freunden zurückkommt, erzählt er ihnen, was er gesehen hat: „Wie ich durch den Eisenwaggon gegangen, da hab ich gesehen, dass alles unzufrieden ist. Das hat mir gefallen!"
Seine Freunde aber erschrecken sich, als sie hören, dass der Fatzer einfach so spazieren gegangen ist, denn sie hatten sich versprochen, sehr vorsichtig zu sein, damit niemand sie erkennt.
Sie rufen: „Geh nicht weiter, Fatzer, du gehst nicht nur für dich. Du verbrauchst unsere Luft mit und verkürzest uns unsere Jahre!"
Fatzer aber erwidert: „Wenn ich weggeh, euer Essen holen, denn ihr wollt doch fressen, muss ich einen Anzug haben wie jeder andere. Darin muss ich aussehen wie einer von ihnen." Damit meint Fatzer die normalen Leute, die keine Soldaten sind und erklärt den Freunden seinen Plan, wie sie an Fleisch rankommen können, denn der Fatzer wäre nicht der Fatzer, wenn er sich nicht einen guten Plan gemacht hätte. Fatzer hat nämlich gesehen, dass jeden Abend ein großer Proviantzug mit Fleisch und blutigen Ochsen durch die Stadt Mülheim fährt. Nun will der Fatzer versuchen, einen Soldaten zu finden, der ihnen hilft, denn er rechnet fest damit, dass es Soldaten gibt, die den Krieg und das Elend

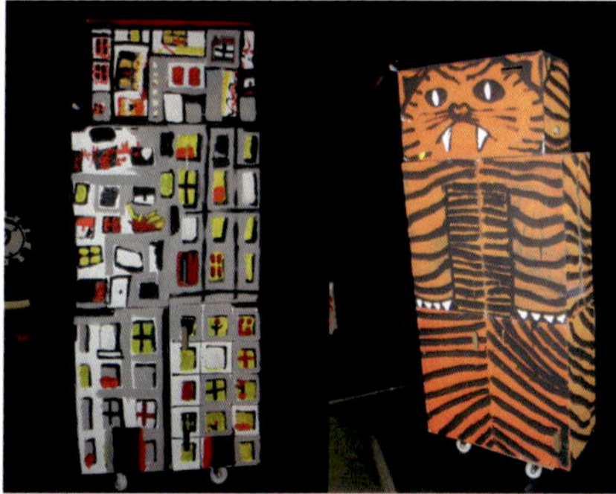

ebenso satt haben, wie Fatzer und seine Freunde, er hofft auf die Solidarität. Seine Freunde sollen sich unter die Menschenmenge mischen, die jeden Abend dem Proviantzug zuschauen, und ihm dann helfen, das Fleisch mitzunehmen.

Also gibt Frau Kaumann ihm einen Anzug. Fatzer zieht seine Soldatenuniform aus und geht raus, nach Fleisch suchen.

Nachdem der Fatzer eine Weile durch die Stadt gelaufen ist, trifft er tatsächlich einen Soldaten und versucht ihn zu überreden, ihm Fleisch abzugeben. Der Soldat hört sich alles ganz ruhig an und sagt dann: „Ich trau keinem, ihr geht mich nichts an, also ICH geb EUCH nichts!" Fatzer versucht ihn weiter mit allen Tricks zu überreden, aber der Soldat bleibt hart. Und während der Fatzer weiter auf den Soldaten einredet, merkt er gar nicht wie die Zeit vergeht.

In der Zwischenzeit nämlich haben sich Fatzers Freunde in der Menschenmenge versteckt, die alle hungrig dem Soldatenzug zuschauen, und warten auf Fatzer, um ihm dann mit dem Fleisch zu helfen. Sie unterhalten sich darüber, wer denn der Soldat sein könnte, der ihnen Fleisch geben wird.

Koch: „Das ist hier die Stelle."

Herr Keuner: „Ich wollte, der Fatzer wäre mit uns hier und nicht allein."

Koch: „Es ist besser allein. Damit wenn man ihn fasst."

Herr Keuner: „Den Fatzer fasst keiner! Aber welcher von den Soldaten ist es, der uns hilft?"

Koch: „Das weiß man nicht. Glaubst du, der Fatzer verspätet sich?"

Herr Keuner: „Der Fatzer ist ein verdammter Hund, wenn es auf die Minute geht!"

Koch: „Aber er kommt!"

Herr Keuner: „Wenn es trommelt, müssen die Soldaten zurück in die Kaserne. Dann ist es Essig mit dem Proviant!"

Koch: „Bevor es trommelt, kommt der Fatzer! Und der Soldat, der uns Fleisch gibt, ist sicher schon da!"

Herr Keuner: „Ja, unter denen ist er. Aber spät ist es auch jetzt!"

Koch: „Dem Fatzer ist was geschehen. Muss!"

Herr Keuner: „Das gibt's nicht!"

Koch: „Dann ist er ein Hund, der erschlagen gehört!"

Da trommelt es laut, aber der Fatzer ist nicht gekommen. Der Soldatenzug mit dem ganzen Proviant und den blutigen Ochsen ist vorübergezogen und der Platz ist wie leergefegt. Da taucht plötzlich der Fatzer auf, natürlich ohne Fleisch.

„Wo warst du, Fatzer?“, ruft Herr Keuner.

Fatzer knurrt: „Abgehalten!“

„Ist es jetzt Essig mit dem Proviant?“, fragt Koch.

Fatzer bekommt schlechte Laune: „Vielleicht habt ihr einen anderen Ton im Hals, wenn ihr mit mir redet!“

Jetzt wird auch Koch langsam sauer, zu allem Überfluss knurrt sein Magen laut vor Hunger: „WIR brauchen keinen anderen Ton im Hals, aber DU hast da zu sein, wenn es nötig ist!“

Herr Keuner will den Streit schlichten und fragt den Fatzer: „Was ist morgen? Wirst du da sein?“

„Ja“, sagt der Fatzer.

Koch schaut Fatzer streng in die Augen:

„Und es wird dich nichts abhalten?“

„Nein“, sagt der Fatzer, und sie gehen zurück in die Hütte von Frau Kaumann.

Frau Kaumann hat ein paar rohe Pflaumen aufgetrieben, die muss man lange im Mund hin und her schieben, bis man sie runterschlucken kann. So kauen die vier Freunde und Frau Kaumann ihre Pflaumen, und machen sich so ihre Gedanken über die Zukunft.

Am nächsten Abend stehen die drei Freunde wieder an der gleichen Stelle und warten auf Fatzer. Koch fragt: „Wo ist der Fatzer?“

Herr Keuner: „Jetzt sind schon viele vorübergegangen."
Koch: „Der da, vielleicht ist's der, mit dem großen Hinterkopf?"
Kaumann: „Der kann's nicht sein!"
Koch, zeigt auf einen anderen Soldaten: „Der aber!"
Herr Keuner: „Der schaut eher aus, wie einer, der einem hilft!"
Kaumann: „Der könnt's sein! Der schaut aus wie ein Eisenkessel!"
Koch: „Ja, das ist ein harter Mensch."
Herr Keuner: „Wo der Fatzer bleibt? Ihr hättet ihn gestern nicht schwach anreden sollen, wo ihm was dazwischengekommen ist!"
Koch: „Du hast ihn schwach angeredet!"
Herr Keuner: „Lüg nicht! Aber er wagt es nicht, nicht zu kommen!"
Koch: „Dann hilft uns nichts mehr. Übermorgen fährt der Proviantzug ins Feld."
Kaumann: „Mit dem Fleisch!"
Und wieder trommelt es und die Soldaten gehen mit dem gesamten Proviant zurück in die Kaserne. Da taucht plötzlich der Fatzer auf und ruft:
„Seid ihr wieder da?"
Koch fragt ihn ganz ruhig: „Warum, Fatzer, bist du nicht gekommen? Wie's ausgemacht war?"

Fatzer: „Ich hatte einen kleinen Handel mit ein paar Fleischern. Die glaubten, sie könnten mich schwach anreden."
Fatzer schaut Koch ins Gesicht und lacht, weil er es witzig findet, dass er sich mit den Fleischern geprügelt hat, aber bevor seine Freunde richtig böse auf ihn werden können, erzählt er ihnen, dass er dafür endlich einen Soldaten gefunden hat, der ihnen am nächsten Tag Fleisch geben will. Der Fatzer hatte nämlich einen sehr jungen Soldaten getroffen, der fünf Ochsen durch die Straßen trieb, und vor dem hatte sich der Fatzer schlau auf den Boden geworfen und ihm seinen Hunger gezeigt.
„Gib mir was zum Fressen", krächzte der Fatzer.
„Steh auf, ich habe nichts!", sagte der Soldat.
„Gib mir was zum Freeeesssen", krächzte der Fatzer umso verzweifelter.
Und dann erzählte der Fatzer dem Soldaten, dass er und seine Freunde auch vom Heer seien, und daraufhin sagte der Soldat: „Wenn ihr wirklich vom Heer seid und abgehaun aus diesem dreckigen Krieg und morgen mit einem Karren bei dem Fleischer wartet, aber da wo viele Leute rumgehen, werde ich sehen, was ich für euch tun kann."

Als seine Freunde diese Geschichte hören, verzeihen sie dem Fatzer zum zweiten Mal, dass er nicht gekommen ist, wie versprochen. Aber als alle wieder in dem kleinen Zimmer liegen und auf den rohen Pflaumen rumkauen, da macht sich ein jeder so seine Gedanken, was das wohl ist, mit dem Fatzer. Am nächsten Morgen ist Fatzer wieder verschwunden, die Freunde sind alle sehr hungrig und Hunger macht unruhig. Koch fühlt sich wie eine Ratte in einer Höhle, die keinen Proviant hat, Herr Keuner und Kaumann streiten sich um die letzten Pflaumen, da spricht Koch plötzlich in einem komischen Ton:

„Es ist einer unter uns, der isst und tut nichts. Den kennen wir noch nicht. Aber es ist eine Zeit, wo wir alle kennen müssen. Denn es weiß niemand, ob wir morgen noch auf der Welt sind!"

Herr Keuner und Kaumann nicken, sie wissen, dass Koch den Fatzer meint und dass Koch nicht mehr sicher ist, ob er ihm noch vertrauen kann, da er sie ja schon zweimal enttäuscht hat. Aber einmal wollen sie ihm noch eine Chance geben, von der alles für sie und den Fatzer abhängt.

Am Abend stehen die Freunde also wieder an der verabredeten Stelle und warten auf Fatzer. Und siehe da, der Fatzer kommt! Aber kaum angekommen, da sieht er

die zwei Fleischer, die ihn am Tag zuvor beleidigt haben, und er fängt wieder einen Streit mit ihnen an.

Der eine Fleischer brüllt: „Da ist er, der gestern etwas auf den Kopf bekommen hat! Er braucht heute wieder etwas!"

Aber der Fatzer ist schlau, viel schlauer als der Fleischer und brüllt zurück:

„Gestern war ich nur einer. Aber heut sind wir mehr: Holla Koch, Kaumann, Herr Keuner!"

Der Fleischer: „Gebt ihm eins auf die Fresse! Wer ist das überhaupt!" Und vor den Augen der Freunde schlagen sie den Fatzer nieder.

Koch flüstert indessen Herrn Keuner und Kaumann zu: „Bleibt stehen! Lasst euch nichts anmerken, tut, als ob wir ihn nicht kennen."

Denn der Fatzer hatte seinen Freunden selbst gesagt, dass niemand sie erkennen darf, und wenn sie jetzt erkannt werden, dann erkennen die Leute sicher auch, dass die vier vom Krieg abgehauen sind, und dann sind alle hin. Und wieder trommelt es, der Fatzer liegt am Boden und immer noch haben sie kein Fleisch bekommen und der Soldatenzug fährt morgen zurück ins Feld. Aber was das Schlimmste ist, dreimal hat der Fatzer sein Versprechen gebrochen und dreimal ist einfach zu viel, selbst für Freunde! Deshalb will Koch über den Fatzer richten, damit er und seine Freunde und alle anderen Menschen in Zukunft entscheiden können, was mit dem Fatzer geschehen soll. Sie nehmen den Fatzer mit in das kleine Zimmer und binden ihn an einen Stuhl, der Fatzer wehrt sich natürlich und schreit – UND HIER endet diese kleine Geschichte plötzlich und ganz abrupt und zwei Chöre tauchen in dem Zimmer auf, wollen sie etwa ein Lied singen? Nein, sie möchten euch, den Zuhörern, noch etwas mitteilen, damit ihr entscheiden könnt, was eigentlich los war, denn die Erzähler dieser Geschichte konnten sich nicht einigen und auch kein Ende finden und das klingt in etwa so:

Zwei Chöre:
Aber als alles geschehen war, war da
Unordnung. Und ein Zimmer
welches völlig zerstört war, und darinnen
vier (tote) Männer und
ein Name! Und eine Tür, auf der stand
Unverständliches.
Ihr aber seht jetzt
das Ganze. Was alles vorging, wir
haben es aufgestellt
In der Zeit nach genauer
Folge an den genauen Orten und
mit den genauen Worten, die
gefallen sind. Und was immer ihr sehen werdet, am
Schluss werdet ihr sehn, was wir sahn:
Unordnung. Und ein Zimmer welches völlig zerstört ist, und darinnen
vier (tote) Männer und
ein Name. Und aufgebaut haben wir es, damit
ihr entscheiden sollt
durch das Sprechen der Wörter und
das Anhören der Chöre
was eigentlich los war, denn
wir waren uneinig.

kainkollektiv

play:Fatzer_vol.3

Inszenierung & Raum kainkollektiv (Mirjam Schmuck, Fabian Lettow) & Anna Koch
Die Jungen Performer Mülheim Jasmina Eichwald, Ronja Hesse, Jasmin Jeromin, Constanze Jeschonek, Melanie Kalb, Maike Kreimann, Denis Meyer, Carolina Noos, Nina Oppermann, Nicole Paulke, Sulamith Spiegel, Mike Vojnar
Ton & Hörspiel Rasmus Nordholt
Videoinstallation Elena Ivanov
Technik Stefan Göbel, Evgeny Kilin, Anna Silberman, Hanno Sons
Regieassistenz Marina Eichler, Tilman Oestereich
Eine Produktion von Ringlokschuppen Mülheim. Gefördert durch den Ministerpräsidenten des Landes Nordrhein-Westfalen.
Premiere 29./30. Juli 2010, Ringlokschuppen Mülheim an der Ruhr

Kindheit und Geschichte

Notizen zur Arbeit an *play:Fatzer_vol.3* mit den Jungen Performern im Ringlokschuppen Mülheim an der Ruhr 2010

kainkollektiv (Fabian Lettow / Mirjam Schmuck)

Was haben Mülheimer Teenager mit Brechts *Fatzer*-Fragment zu tun? Sie teilen zunächst den Schauplatz, sie wohnen, wo Fatzer untertauchte, sie können davon berichten, wo Fatzers Route verlief. Sie sind der Anfang für die „genügend viele[n], genügend gute[n] Leute, die [...] den Gang des Fatzer [...] als wahrhaftig erkannt haben, [...] eine Wirklichkeit"[1], indem sie davon berichten. Und sie tun genau das: Sie berichten von Mülheim, ihrem Mülheim 2010, ihren täglichen Gängen, Wohnorten, Lieblingsplätzen, den hässlichsten Ecken; aber auch von dem alten Mülheim Fatzers, dessen Spuren sie bis nach Duisburg-Ruhrort verfolgen, indem sie die Landschaften ihrer Stadt durchstreifen: „Einzuprägen wäre noch die Gegend: / Dies finstere Viereck zwischen Kränen und Eisenhütten / Durch die dieser Johann Fatzer / Seine letzten Tage herumging / Aufhaltend das Rad."[2]

1 Bertolt Brecht: Fatzer. In: Ders.: *Werke. Große kommentierte Berliner und Frankfurter Ausgabe*, Bd. 10.1. Berlin / Frankfurt am Main: Aufbau / Suhrkamp 1997, S. 387–529, hier S. 516.

2 Brecht: Fatzer, S. 463.

Mit dem Egoisten Fatzer teilen sie außerdem die jugendliche Revolte, das Kindische, den Ernst des Kindlichen, das Spiel, das, wenn es mit Ernsthaftigkeit betrieben wird, immer ein existentielles Spiel ist, denn Kinderspiele sind imaginäre Spiele ums Ganze. Darin lassen sie auch eine vergangene Epoche lebendig werden, deren Objekte, Spuren, Zeugnisse heute gern auf den Müllhaufen der Geschichte überantwortet werden. Doch das macht sie zu umso kostbareren Spielzeugen. „Ein Blick auf die Welt der Spielzeuge zeigt, dass Kinder, diese Trödler der Menschheit, mit jedem alten Plunder spielen, der ihnen in die Hände gerät, und dass das Spiel auf diese Weise profane Gegenstände und Verhaltensweisen bewahrt, die nicht mehr existieren."[3]

Sie teilen den Widerwillen Fatzers, sich einzufügen. Sie bilden einen Chor, der selbst formuliert, zu was er Lust hat – oder eben nicht. Sie geben sich nicht mit der sie umgebenden Wirklichkeit zufrieden, sie setzen dem Realitätsprinzip, das heute so umfassend von der Logik des Ökonomischen durchdrungen ist, das *Reale einer Illusion* entgegen. Denn sie wissen: „Lust zu was ist eine gute Sache."[4] Aber manchmal „habe ich starke Unlust, einzig zu tun / Von vielen Taten die, welche mir nützlich."[5]

3 Giorgio Agamben: Das Land der Spielzeuge. Reflexionen zur Geschichte und zum Spiel. In: Ders.: *Kindheit und Geschichte. Zerstörung der Erfahrung und Ursprung der Geschichte*. Frankfurt am Main: Suhrkamp 2004, S. 97–127, hier S. 104.

4 Brecht: Fatzer, S. 458.

5 Ebd., S. 495.

Melanie: Ich will nicht verstehen, dass ich als Kassenpatient ein Mensch zweiter Klasse bin.
Caro: Ich will nicht lernen, dass es Regeln und Richtlinien gibt.
Jasmina: Ich will nicht verstehen, dass das BAföG vom Einkommen meiner Eltern abhängig ist.
Denis: Ich will nicht verstehen, dass die Stadt Stellen abbaut.
Mike: Ich will nicht verstehen, dass Deutschland am Hindukusch verteidigt wird.
Jasmin: Ich verbiete euch, meine Denkweise verstehen zu wollen.
Constanze: Ich will nicht lernen, dass mein Handy Geduld verlangt.
Ronja: Ich will nicht verstehen, dass wir einen Generationsvertrag haben.
CHOR: Du und ich!

Maike: Ich verbiete euch zu denken, ich könnte nicht logisch denken, nur weil ich keine Mathematik kann.
Nicole: Ich verbiete euch zu lachen.
Shula: Ich will nicht lernen, dass ich altere.
Nina: Ich will nicht lernen, dass ich die Französischgrammatik in meinen Kopf kriegen muss.
Melanie: Ich will nicht verstehen, dass Bildung ein Marktfaktor ist.
Caro: Ich will nicht lernen, dass ich eure Zukunft bin.
CHOR: Eure Scheiß Zukunft!
Jasmina: Ich will nicht verstehen, dass ich kein Pirat sein darf.
Denis: Ich verbiete euch zu verstehen, warum ich Comics mag.
Mike: Ich verbiete euch zu verstehen, warum ich nicht an Morgen denken will.
Jasmin: Ich verbiete euch, mich in eine Schublade stecken zu wollen.
Constanze: Ich verbiete euch, mir vorzuschreiben, was ich tun will.
Ronja: Ich will nicht lernen, dass ihr sowieso Spießer seid.
Maike: Ich will nicht verstehen, warum ich eine 4 in Chemie bekommen habe.
CHOR: Frau Ries.
Nicole: Ich will nicht lernen, was die Ableitung von $f(x)= x^2-4x-5$ ist.
CHOR: f(x) = Scheiße.
Shula: Ich will nicht verstehen, dass es im Krankenhaus nicht wie bei Greys Anatomy zugeht.

CHOR: (schmachten) Haaaaah.

Nina: Ich will nicht verstehen, warum ich wegen der Deutschen Bahn ständig zu spät komme.

Melanie: Ich verbiete euch, jeden Strich meiner Zeichnung verstehen zu wollen.

CHOR: Denn mir ist übel, glaubt
Mir: mir ist übel.
Ich kann nicht tun mehr
Was gut mir und vorbestimmt
Und das, was euch nichts
Ausmacht: daß der Regen
Von oben nach unten fällt
Das ist mir
Ganz unerträglich. Daß im
Alphabet
Nach A B kommt und nichts
Sonst, euch ist's recht
Aber mir ist's ganz ärmlich.[6]

Die Jungen Performer Mülheim arbeiten für *play:Fatzer_vol.3* über neun Monate hinweg an Brechts *Fatzer*-Material, einige von ihnen bereits zum dritten Mal in drei Jahren. Sie haben alle drei Teile der vom Ringlokschuppen Mülheim (einstmals Versteck Fatzers) initiierten *Fatzer*-Trilogie bestritten, die mit dem dritten Teil im Sommer 2010 in der Regie von kainkollektiv (Mirjam Schmuck, Fabian Lettow) ihren Abschluss findet. Im Wochenrhythmus, mit Workshops und einer vierwöchigen Endprobenphase, wird szenisch experimentiert, gelesen, diskutiert, geforscht. Das Gesamt-Manuskript hängt im Probenraum aus, jede/r sucht sich Wege durch die Textlandschaft. Diese wird durch eine Bühnenlandschaft

6 Brecht: Fatzer, S. 389f.

aus „altem Plunder" ergänzt: Messingtöpfe, Holzgewehre, Stahlhelme, Kindertrommeln, ein Museum von „Krieg und Kindheit", ein „Fatzerarium". Darin erproben die Jungen Performer Sounds, Haltungen, Vorgänge, sie erzählen von ihren Kindheitserfahrungen mit Krieg und Tod und sprechen immer wieder einzeln oder im Chor Passagen aus *Fatzer*. Am Ende haben die Performer große Teile des Textes auswendig gelernt und sind regelrechte Alltagsexperten im Umgang mit Brechts großem Fragment geworden, das sie immer parat haben: als Chor in der Bahn, in der Mülheimer Innenstadt, als Antwort auf Fragen, die scheinbar nichts mit Brecht zu tun haben. Es entsteht ein Chor, der auch im Alltag „zusammen bleibt", der vor dem Ringlokschuppen hockt und die Zeit gemeinsam verstreichen lässt. Die Gruppe ist heterogen, zu den Jugendlichen zwischen 14 und 18 Jahren gesellen sich StudentInnen, ältere Fatzer-Darsteller. Doch trotz des Altersgefälles ist dieser *Fatzer*-Chor ein verschworener Haufen.

> Mike: Aber von allen Unternehmungen bleibt
> Nur das: zu leben
> Am Rand dieser Jahre
> Noch da zu sein.
> Da ist etwas, was ich nicht
> Gern sag, wie du dir denken kannst:
> Ich bin nicht gern allein. [Pause]
> Ich sag's euch offen:
> Ich wollte
> Herkommen
> Bei euch zu sein in dieser Stund
> Und auch jetzt noch
> Will ich nicht, daß ihr weggeht
> Und geb euch zu: ich ging
> Nicht weg, denkt: ich bin
> Euch Einfach gewohnt.
> Nina: Wenn es los geht, müssen wir
> Zusammen sein.
> Ronja: Dann beschließen
> Wir also
> Daß wir beisammen bleiben.[7]

Oder in Ronjas eigenen Worten: „*Fatzer* ist ein geiles Gefühl, da kann ich machen, was ich will. Und ich versuche immer das zu machen, was ich gerne machen möchte. Aber manchmal klappt es nicht. Es ist ein cooles Gefühl, mit Leuten zusammen zu sein, die ich mag."

7 Brecht: Fatzer, S. 409.

„Aber das ist ja nicht unsere Sache, die hier so blutig abgehandelt wird"[8], heißt es in Brechts *Fatzer*-Fragment. Ein Satz von schlagender Klarheit, gesprochen von einem jungen Fatzer-Chor mitten in den zur Normalität verblassten „Trümmern der Geschichte" Mülheims anno 2010. Die Jungen Performer Mülheim nehmen es, zusammen mit kainkollektiv und Anna Koch, mit Brechts *Fatzer* auf und schlagen aus den Text- und Geschichtstrümmern so viele theatrale Funken bis sich die Brechtmaschine entzündet. Die Generation, der heute von den Alten stets „Erfahrungslosigkeit" vorgeworfen wird, blickt mit Brechts *Fatzer* auf das Ereignis zurück, das Walter Benjamin zufolge die Möglichkeit von Erfahrung als solche zerstört hat: Den Ersten Weltkrieg.[9]

8 Ebd., S. 474.

9 Walter Benjamin: Der Erzähler. Betrachtungen zum Werk Nikolai Lesskows. In: Ders.: *Gesammelte Schriften* Bd. II.2, hrsg. v. Rolf Tiedemann / Hermann Schweppenhäuser. Frankfurt am Main: Suhrkamp 1977, S. 438–465, hier S. 439.

Giorgio Agamben schreibt in *Kindheit und Geschichte. Versuch über die Zerstörung der Erfahrung*, was zur Ausgangsbeobachtung der Arbeit an *Fatzer* wird und die Jugendlichen knapp hundert Jahre später mit Brechts Figur verbindet:

> Jede Rede über die Erfahrung muss heute von der Beobachtung ausgehen, dass sie nichts ist, dessen wir habhaft werden könnten. Denn so wie der zeitgenössische Mensch seiner Biographie beraubt worden ist, so ist er seiner Erfahrung enteignet worden. Das Unvermögen, Erfahrungen zu machen und mitzuteilen, ist vielleicht sogar eine der wenigen Gewissheiten, über die er bezüglich seiner selbst verfügt. Benjamin hatte schon 1933 die „Armut der Erfahrung" im modernen Zeitalter genau diagnostiziert und auf deren Ursachen in den Katastrophen des Weltkriegs verwiesen: „Hatte man nicht bei Kriegsende bemerkt, dass die Leute verstummt aus dem Felde kamen? nicht reicher – ärmer an mitteilbarer Erfahrung. Was sich dann zehn Jahre später in der Flut der Kriegsbücher ergoss, war alles andere als Erfahrung gewesen, die von Mund zu Mund geht. Und das war nicht merkwürdig. Denn nie sind Erfahrungen gründlicher Lügen gestraft worden als die strategischen durch den Stellungskrieg, die wirtschaftlichen durch die Inflation, die körperlichen durch die Materialschlacht, die sittlichen durch die Machthaber. Eine Generation, die noch mit der Pferdebahn zur Schule gefahren war, stand unter freiem Himmel in einer Landschaft, in der nichts unverändert geblieben war als die Wolken und unter ihnen, in einem Kraftfeld zerstörender Ströme und Explosionen, der winzige, gebrechliche Menschenkörper."
> Heute aber wissen wir, dass es zur Zerstörung der Erfahrung keinerlei Katastrophe bedarf und dass die friedliche Alltagsexistenz in einer Großstadt zu diesem Zweck vollkommen genügt. Denn der Alltag des zeitgenössischen Menschen enthält fast nichts mehr, das in Erfahrung übersetzbar wäre: Weder die an Neuigkeiten so reiche Zeitungslektüre, die ihn nur aus einer unüberbrückbaren Ferne betreffen, noch die Minuten am Steuer, die er im Stau verbringt, noch die Hadesfahrt in der Untergrundbahn, noch die Demonstration, die plötzlich die Straße blockiert, noch der Nebel des Tränengases, der sich allmählich im Stadtzentrum auflöst, nicht einmal die plötzlichen Pistolenschüsse, die von nirgendwoher kommen, noch die Schlange vor den Schaltern, noch der Besuch im Schlaraffenland des Einkaufszentrums, noch die ewigen Augenblicke des stummen Geschlechtsverkehrs mit Unbekannten im Aufzug oder im Autobus. Der zeitgenössische Mensch kehrt abends nach Hause zurück und ist völlig erschöpft von einem Wirrwarr von Erlebnissen – unterhaltenden oder langweiligen, ungewöhnlichen oder gewöhnlichen, furchtbaren oder erfreulichen –, ohne dass auch nur eines davon zu Erfahrung geworden wäre.[10]

10 Giorgio Agamben: Kindheit und Geschichte. Versuch über die Zerstörung der Erfahrung. In: Ders.: *Kindheit und Geschichte*, S. 21–95, hier S. 23–24.

Der Theaterabend beginnt in einem museumsähnlichen Raum. Gegenstände aus einer früheren Zeit hängen wie Ausstellungsstücke von der Decke hinab. Die Jungen Performer nähern sich dem alten Material vorsichtig an. Im Verlauf des Abends eignen sie sich die Helme, die Töpfe, die Trommeln, das Schaukelpferd, die Holzgewehre und all die andere Dinge immer mehr an, gebrauchen und verändern sie, benutzen sie als Requisiten, aber auch als perkussive Musik-Installation. Auf die gleiche Weise machen sie den sperrigen *Fatzer*-Text immer mehr zu ihrem eigenen. Sie sprechen ihn einzeln oder chorisch, singen Lieder, machen die klangliche Qualität des Brechttextes hörbar und setzen sich in ganz unterschiedlichen Formen szenisch zu seinen inhaltlichen Motiven, Gedanken und Bildern in Beziehung. Dabei ist der Text wic ein Motor dafür, dass die Begegnung der Jungen Performer mit der musealen Ausstellung immer mehr zu einer Aneignung, einer Art Übergriff wird. Die Scheu des ersten Eintritts in den geordneten Raum weicht mehr und mehr einer Befragung, Umsortierung und letztendlichen Zerstörung der Anordnung, die eine Logik vorgibt, die nicht die der jungen Generation ist. Die Jungen Performer setzen ihre eigene Logik dagegen, arrangieren den Raum neu, tragen ihre eigenen Geschichten in ihn ein und variieren seine Möglichkeiten entsprechend der immer neu zu entwerfenden Möglichkeiten des Brecht-Fragments. Ihr Spiel bewegt sich dabei im Spannungsfeld von Kindheit und Krieg, sie nehmen mit dem Ernst einer Kinderperspektive das Erbe des Krieges in den Blick und befinden, dass das Arrangement, wie sie es vorfinden, ihnen nichts sagt. Stattdessen gestalten sie sich im Verlauf des Abends ihren eigenen Raum: einen Raum der Erinnerungen, der Gespenster, der (Kinder-)Spiele, Lieder und nächtlichen Partys und des Überschreitens von Verbot und Ordnung. In einem Akt der Anarchie malen sie zuletzt ihr eigenes Bild an die ‚Museums'-Rückwand – eine Mischung aus Kinderzeichnung und Grosz' *Fronterlebnis* von 1915 – und verknoten die von den Objekten befreiten Seile zu einem Netz: einem Netzwerkdschungel, der unserer heutigen Lage entspricht. „Laß dir die Ordnung gefallen, Ordner. / Der Staat braucht dich nicht mehr. / Gib ihn heraus"[11], heißt es bei Brecht. Die Inszenierung endet mit einem sehr persönlichen Bekenntnis der Gruppe zueinander und der mit leiser Ironie vorgebrachten Aussicht auf ein anderes „morgen. Morgen."

Der Tisch ist fertig, Tischler.
Gestatte, daß wir ihn wegnehmen.
Hoble jetzt nicht weiter daran herum
Höre auf mit dem Anstreichen
Rede nicht davon gut noch übel:
So wie er ist, nehmen wir ihn.
Wir brauchen ihn.
Gib ihn heraus.

Du bist fertig, Staatsmann
Der Staat ist nicht fertig.
Gestatte, daß wir ihn verändern
Nach den Bedingungen unseres Lebens.
Gestatte, daß wir Staatsmänner sind, Staatsmann.
Unter deinen Gesetzen steht dein Name.
Vergiß den Namen
Achte deine Gesetze, Gesetzgeber.

11 Brecht: Fatzer, S. 513.

Laß dir die Ordnung gefallen, Ordner.
Der Staat braucht dich nicht mehr
Gib ihn heraus.[12]

Die Jungen Performer forschen in der Arbeit an *Fatzer* an Brechts *Theater der Zukunft* – die Geister der Vergangenheit im Gepäck, wird Brechts Fragment zur aktuellen, zu einer auf die Möglichkeit von Zukunft gerichteten Beschreibung unserer Weltlage, zum Monolog eines jungen Kerls, der sich angesichts der in Unordnung geratenen Welt existentielle Fragen stellt. Die Jungen Performer versuchen, diese Fragen für das Heute hörbar zu machen: Welche neue Moral können wir heute noch schreiben? Was hat Kindheit mit Geschichte zu tun? Wie sind unsere Städte bewohnbar? Und nicht zuletzt die persönliche Frage: „*Wozu lebst du, Mensch?*": „Die Frage, wozu lebt der Mensch ist nicht zuzulassen, sie muss jedem einzelnen gestellt werden. Wozu lebst du, Mensch?"[13]

Maike: Also ich denke, ich lebe in erster Linie, um nicht zu sein wie die Anderen. Individualität ist in meiner Generation eher klein geschrieben. Alle laufen in die gleiche Richtung und machen das Gleiche und da versuche ich ein bisschen gegen den Strom zu schwimmen, was manchmal natürlich auch nicht einfach ist.
Constanze: Es gibt Momente, in denen ich weiß, wozu ich lebe. Ein Moment war zum Beispiel, als ich in einem Café saß, ich war auf dem Weg zum Praktikum und hatte noch eine Stunde Zeit, in der ich allein dort saß und Kakao getrunken habe und ein Buch gelesen habe. Und auf einmal kam ein totales Glücksgefühl in mir hoch, und ich wusste nicht woher es war, woher es kam. Aber das war das Schöne an diesem Glücksgefühl.
Mike: Ich versuche nicht für oder gegen etwas zu leben, sondern einfach nur zu leben. Das ist schon anstrengend genug. Ein Freund nennt solche Momente „Flow-Erlebnisse", weil man einfach ist und macht und sich nicht

12 Ebd., S. 512f.
13 Ebd., S. 513.

Gedanken darüber macht, was man gerade ist, wer man gerade ist oder was man macht und warum. Solche Momente habe ich, wenn ich Theater spiele.

Jasmin: Ich lebe, um die Menschen zu unterhalten und zu bewegen mit dem, was ich tue. Und ich finde, alles was ich tue, sollte eine Botschaft haben, egal, ob ich auf der Bühne stehe oder bei uns in der Kirchengemeinde tätig bin.

Jasmina: Bei mir gab es einen Moment, in dem ich wusste, wofür ich lebe, als ich bei einer Veranstaltung zwei Texte von mir vorgelesen habe. Der eine Text bestand aus vielen Fragen, die man sich so stellt. Der zweite war ein bisschen exzentrisch, da ging es um drei Muttermale auf meinem Arm, die ein Dreieck ergeben, und das ist das Dreieck der Verdammnis.

Mike: Um das Zusammenleben der Menschen zu erforschen und herauszufinden, warum Utopien immer scheitern. Um bei dem Versuch vielleicht eine bessere Gesellschaftsform zu finden.

Melanie: Für die Freiheit. Auch wenn es sie nicht wirklich gibt, kann ich für sie leben. Die Freiheit ist ein Ideal. Für mich ist nicht interessant, ob es völlig realisierbar ist oder nicht.

Ronja: Ich weiß es nicht. Ich glaub, man kann das nicht so sagen, wozu man lebt. Man erschafft sich immer wieder Träume und dann muss man versuchen, sie zu verwirklichen, wenn sie einem wichtig sind. Ich weiß gar nicht, wofür ich lebe, oder ob ich einfach lebe.

Nicole: Ich lebe, weil ich geboren wurde. Ich lebe, um das Leben schöner zu machen, um mein Leben schöner zu machen und das meiner Familie. Ich versuche Gutes zu tun, auf mich zu achten, zu versuchen, dass es harmonisch ist.

Nina: Ich merke wozu ich lebe, wenn ich mit Freunden zusammen bin, wir draußen sitzen und einfach sprechen. Dann denke ich oft, das ist ein Moment, den ich mag, so möchte ich es haben, dazu lebe ich.

Caro: Das Interessante am Leben ist, dass man Anderen Sachen zeigen kann und auch von Anderen Sachen gezeigt bekommt. Dieser ständige Austausch interessiert mich, dafür lebe ich. Ich lebe im Großen und Ganzen für den Tausch.

Shula: Wenn ich mir eine Antwort ausdenken müsste, wozu ich lebe, dann lebe ich, um zu töten. Die Existenz des Menschen beeinträchtigt ja die Existenz des anderen Menschen. Somit töte ich Momente, die entstanden wären, wenn ich nicht da gewesen wäre. Jede Handlung, jede Tat existiert nur, weil sie eine andere ausgelöscht hat.

Shula: Was soll ich denn über Krieg erzählen? Mir war immer klar, dass es Kriege gab, gibt und geben wird. Mit diesem Wissen bin ich aufgewachsen. Muttermilch mit Schuss sozusagen. Das Einzige, was mich am Krieg wirklich störte, waren die Soldaten. Das mussten ziemlich einsame Menschen sein. Mir fiel auch relativ schnell auf, dass die meisten Soldaten nicht zu Helden wurden und in der Masse versteckt blieben. Man feierte auch keine Feste auf dem Schlachtfeld, wie das bei den griechischen Sagen noch der Fall war. Sie taten nichts als zu marschieren, zu töten oder ihre Frauen zu verlassen. Eigentlich verließen Soldaten immer irgendwen – mal ihre weinenden Frauen oder den sterbenden Kameraden auf dem Feld oder doch zumindest ihre Heimat. Schrecklich langweilig und schrecklich feige – fand ich. Sie ließen sich von einer Regel zur nächsten schicken, und andere für sich denken zu lassen, fand ich als Kind schon feige. Die, die abhauten, die waren Helden. Partisanenlieder hatten auch die schöneren Melodien.

Giorgio Agamben notiert am Ende von *Kindheit und Geschichte* einen Gedanken, der auch Brechts nicht zuletzt sprachliche Arbeit an seinem durch Diskontinuität und Suchbewegung gekennzeichneten gigantischen Fragment beschreibt:

> Erfahren bedeutet notwendigerweise, den Zugang zur Kindheit als transzendentaler Heimat der Geschichte wiederzufinden. Das Rätsel, das die Kindheit für den Menschen gebildet hat, kann in der Tat nur in der Geschichte gelöst werden. Ebenso ist die Erfahrung als Kindheit und Heimat des Menschen etwas, aus dem der Mensch immer schon in die Sprache und in die Rede fällt. Deswegen kann die Geschichte nicht der kontinuierliche Fortschritt der sprechenden Menschheit entlang der Linearität der Zeit sein, sondern ist ihrem Wesen nach Intervall, Diskontinuität, *epoché*. Was in der Kindheit seine ursprüngliche Heimat besitzt, muss zur Kindheit und durch die Kindheit auf der Reise bleiben.[14]

14 Agamben: Kindheit und Geschichte, S. 78.

DER GROSSE FATZER WURDE UNVERNÜNFTIG WIE EIN KIND!

Hannemann / Sellmann / Sommer

Ruhrort Fatzer

Konzeption & Umsetzung Moritz Hannemann, Mia Sellmann, Jascha Sommer
Recherche im Rahmen des *Fatzer Workout*, einem praktischen Forschungsprojekt von Studierenden der Theaterwissenschaft Bochum unter Leitung von Ulrike Haß, Februar 2010 im Ringlokschuppen Mülheim an der Ruhr.
Uraufführung 14. Juli 2010, Stadthalle Mülheim an der Ruhr (im Rahmen der „Theater der Welt"-Sommerakademie *Andere Räume – anderes Theater*, 14.–17.07.2010)

Fatzer ortlos

Moritz Hannemann

Die Ortsfrage gleicht einem schwelenden Feuer, das sich nicht durch fixe Ortsangaben zum Erlöschen bringen lässt.[1]

Ein Ort ist wie ein Gefäß: Ein Ort nimmt auf und in Empfang – aber nicht wie ein Behältnis, ein Ding, in dem andere Dinge Platz haben, sondern wie eine Umgebung, gelegen an der äußersten Grenze eines Körpers oder einer Figur. Ein Ort ist körperlos und hat keinen Umriss: Jenen umgebend ist er vielmehr das Verhältnis von Umgebenem und Umgebenden, zugleich Spalt und Verbindung zwischen Zweien, doch selbst ohne Form und ohne Selbst. Ein Ort ist nicht automatisch gegeben, er ist zu geben: Er ist das, was gegeben wird, ist die Einräumung, die Verortung in einem Raum; nicht als Definition, sondern als Gabe, als Stattgeben, als Geben einer Stätte, als Stattfinden und Finden einer Stätte. Dafür bedarf es einer Eröffnung, die den Ort als Öffnung zulässt, ihn freigibt, statt ihn zu besetzen, in jener Flüchtigkeit und Leere, in welcher ein Ort sich gibt, ohne darin zu verschwinden. Aber Orte und Räume sind nicht unendlich, sie können enden, stehen nicht fest, sind nicht stabil. Im Gegenteil: Sowie eine Rede einen Raum entfalten kann, kann sie ihn auch schließen. Einen Ort bestimmen, vermessen, ausmachen – das kann auch heißen, ihn auslöschen, tilgen, entorten.[2]

I. Kein Ort. Nirgends

Brechts *Fatzer*-Fragment speist sich aus zwei topologischen Gefügen, die grundsätzlich verschieden scheinen, aber faktisch

1 Bernhard Waldenfels: Raumbühne und Bühnenraum. In: *Schauplatz Ruhr. Jahrbuch zum Theater im Ruhrgebiet: 2012 Andere Räume*, hrsg. im Auftrag des Instituts für Theaterwissenschaft der Ruhr-Universität Bochum v. Ulrike Haß / Guido Hiß / Sebastian Kirsch / Kim Stapelfeldt. Berlin: Theater der Zeit 2012, S. 33–36, hier S. 33.

2 Dieser Prolog folgt zwei Texten in einer nicht in Zitaten Rechnung zu tragenden Weise, nämlich Werner Hamacher: Amphora. In: Elisabeth Schweeger (Hrsg.): *Wanda Golonka. Tanz Ensemble Modell.* Berlin: Theater der Zeit 2010, S. 29–34, sowie Jacques Derrida: Chōra. In: Ders.: *Über den Namen. Drei Essays.* Wien: Passagen 2000, S. 123–170.

zusammenfallen: Der Kriegslandschaft, in der die Soldaten um Fatzer mit ihrem Tank stranden, und der Stadt, in die sie desertieren und in der sie auf die Revolution warten. Die Frage nach den Orten bzw. dem Ort des *Fatzer*-Materials ist nicht ablösbar vom Verlust des Ortes, von der Ortlosigkeit.

Die Kriegslandschaft ist eine „falsche Gegend", ein „zerschossenes Gelände"[3], wie „nach der Sintflut"[4], der Oberfläche des Mondes vergleichbar: Ein „Flecken mit Eisen geschoren"[5], zerklüftet und leer, kein Mensch weit und breit, Stille, nur ein halber Baum ist übrig geblieben. Inmitten eines totalen Krieges, der eigentlich kein Außerhalb zulässt[6] – der zu Land, zu Wasser, in der Luft und selbst unter der Erde geführt wird, so dass kein Ort mehr bleibt, der Schutz bietet und ein Innehalten ermöglicht: „Da ist kein Ort mehr wo ich hinkriechen kann"[7] – realisiert diese Landschaft einen Ort jenseits des Krieges: Hier findet kein Krieg mehr statt, er hat bereits stattgefunden. Hält man sich an die phänomenologische Beschreibung Kurt Lewins, ist diese Landschaft eigentlich keine Kriegslandschaft: Weder scheint sie „sich nach allen Richtungen hin ungefähr ins Unendliche zu erstrecken", sie ist im Gegenteil begrenzt, eher eine Insel inmitten des Krieges, dessen Präsenz unübersehbar ist; noch erscheint sie auf die Front hin gerichtet, scheint kein „Vorn und Hinten"[8] zu haben, vielmehr ist sie ohne Front. Es handelt sich um eine Unterbrechung des Krieges, die mit Michel Foucault als *anderer* Ort, als Ort „außerhalb aller Orte"[9] beschrieben werden kann: Als „Gegenplatzierung und Widerlager"[10], sich auf den Krieg, die Ordnung des Krieges bzw. die den Krieg hervorbringende Ordnung beziehend, allerdings so, dass deren Verhältnisse „gleichzeitig

3 Bertolt Brecht: Fatzer. In: Ders.: *Werke. Große kommentierte Berliner und Frankfurter Ausgabe*, Bd. 10.1. Berlin / Frankfurt am Main: Aufbau / Suhrkamp 1997, S. 387–529, hier S. 388.

4 Ebd., S. 392.

5 Ebd., S. 453.

6 Zum Begriff des totalen Krieges vgl. Carl Schmitt: *Der Begriff des Politischen.* Text von 1932 mit einem Vorwort und drei Corollarien. Berlin: Duncker & Humblot 2002, darin insb. „Über das Verhältnis der Begriffe Krieg und Feind", S. 102–111.

7 Brecht: Fatzer, S. 452.

8 Kurt Lewin: Kriegslandschaften. In: Jörg Dünne / Stephan Günzel (Hrsg.): *Raumtheorie. Grundlagentexte aus Philosophie und Kulturwissenschaften.* Frankfurt am Main: Suhrkamp 2006, S. 129–139, hier S. 130.

9 Michel Foucault: Andere Räume. In: Karlheinz Brack / Peter Gente / Heidi Paris / Stefan Richter (Hrsg.): *Aisthesis. Wahrnehmung heute oder Perspektiven einer anderen Ästhetik.* Leipzig: Reclam 1990, S. 34–46, hier S. 39.

10 Ebd.

repräsentiert, bestritten und gewendet"[11] werden. Doch im Gegensatz zu den tatsächlich ortbaren Heterotopien Foucaults ist diese falsche Gegend ohne gesellschaftlichen Rahmen, sie fällt aus der Ordnung der Orte heraus, ist vielmehr eine Grenze oder Schwelle: An diesem Ort nach der Katastrophe, in dieser Landschaft nach dem „Verschwinden des Menschen" und „jenseits des Todes" (Heiner Müller), stellt sich die Frage nach dem, was bleibt; aber hier kann man nicht bleiben, man kann entweder zurück in oder raus aus dem Krieg, weitermachen oder abhauen.

An diesem nicht vorgesehenen Ort kann man „drei Minuten überlegen"[12]. Die hier getroffene Entscheidung zur Desertion ist eine Frage des Ortes und der Geografie. Der denkende Fatzer erstellt eine Analyse der Lage mittels „[e]iner kleinen Zeichnung, welche ich / gesehen habe in einem Buch"[13]:

> Der Punkt bedeutet
> Fatzer
> […]
> Das bin ich und hier ist gegen mich
> Unabsehbar eine Linie, das sind
> Soldaten wie ich, aber mein Feind
> Hier aber sehe ich
> Plötzlich eine andere
> Linie, die ist hinter mir und die ist
> Auch gegen mich, was ist das. Das ist
> Die uns herschicken, das ist die
> Burschoasie[14]

Der andere Ort der falschen Kriegslandschaft ermöglicht eine Analyse, die Grundlage der Idee und – in korrigierter Form – eines Programms der Revolution wird, welche keine anderen Platzierungen zulassen als diesseits oder jenseits einer neu und anders zu ziehenden Frontlinie, jener eigentlichen Front, die schon da ist, verdeckt, aber allgegenwärtig. Fatzer beantwortet die Frage nach seinem Ort mit dessen Reduzierung auf einen Punkt: Eine Ortsbestimmung, die den Ort Fatzers auslöscht, die Fatzer entortet, den Ort seines Erscheinens entschwinden macht und ausräumt. Denn aus dieser Verortung folgt der im Gedicht *Fatzer, komm* formulierte Imperativ, „den alten Posten" „jetzt" zu verlassen und „den neuen

11 Foucault: Andere Räume, S. 39.
12 Brecht: Fatzer, S. 388f.
13 Ebd., S. 476.
14 Ebd., S. 476–477.

Posten"[15] zu beziehen. Jener neue Posten jedoch ist tatsächlich eine U-Topie, ein Nicht-Ort, ein Ort, den es nicht gibt; der vielleicht im Kommen ist, aber noch nicht da, sondern überhaupt erst einzuräumen im Anschluss an das Begreifen der eigenen Lage. Fatzer „verliert seinen Ort an die Verortung"[16].

Auf den Abbruch des Krieges folgt das „Auftauchen in Mülheim. Die Invasion"[17]: Dieses Auftauchen ist ein Eindringen, Einfall feindlicher Truppen oder Befall eines Organismus. Auch Mülheim ist ein Grenzort: „nahe der Grenze des Feindes"[18] gelegen, ein „besetzte[s] Gebiet"[19], in dem zwar kein Krieg herrscht, aber trotzdem nicht jenseits des Krieges. Von Heimkehr kann keine Rede sein, der Deserteur kann nicht heimkehren: Mit der Aufgabe des ihm zugewiesenen Platzes begibt er sich in eine Wüste der Einsamkeit, eine Einöde, nicht eingeräumt, sondern ausgeschlossen. Mülheim ist keine Heimat. Zwar hat hier einer der Vier „in einem Kellergeschoss eine Stube"[20], in welcher sie untertauchen; doch dieses als „Höhle"[21] bezeichnete Zimmer ist kein Heim, sondern ein Ort jenseits des Sozialen, eher an die in den Boden gegrabenen Stellungen der Westfront erinnernd. Was sich hier, Tieren vergleichbar, verkriecht und zusammenpfercht, ist aussätzig, aus der Gesellschaft ausgeschlossen und ohne Teilhabe am „Leben dieser Stadt"[22]: „Jetzt / Laufen wir wie Ratten in dieser / Höhle herum, die keinen Proviant / Haben. So werden sie uns noch / Herausziehen. Wir können uns / Nicht halten gegen alle."[23] Die Illegalität des Untergrunds ist unhaltbar, „Unter der Erde"[24] haben die vier Deserteure keinen Boden unter den Füßen. Ihre Hoffnung besteht in der Umwälzung dieses grundsätzlich bodenlosen Zeitalters: Die Gegenwart ist eine Zwischenzeit, „[z]wischen noch nicht und schon nicht mehr"[25], die Welt ist in Unordnung und geht „aus den

15 Ebd., S. 511–513.
16 Hamacher: Amphora, S. 34.
17 Brecht: Fatzer, S. 430.
18 Ebd., S. 454.
19 Ebd., S. 429.
20 Ebd., S. 496.
21 Ebd., S. 398.
22 Ebd., S. 499.
23 Ebd., S. 416.
24 Ebd., S. 507.
25 Ebd., S. 440.

Fugen“[26]. „Die Stadt ist ein anderes Schlachtfeld, als Schauplatz des Daseins- und als Schauplatz des Klassenkampfes“, schrieb Walter Benjamin. „Das eine ergibt die anarchische Perspektive, [...] das andere die revolutionäre [...] In jedem Fall bleibt es dabei: Städte sind Schlachtfelder.“[27] Die topologischen Gefüge des Krieges und der Stadt fallen zusammen. Und was die Vier in Mülheim vorfinden, ist ein Krieg ohne Schlacht, ist nicht der Ort der Revolution, sondern der Ort ihres Ausbleibens – und damit keine Stätte, kein Ort.

Ruhrort

II. müHlheim statt Mülheim

Der geographische Bezug des *Fatzer*-Materials zu Mülheim an der Ruhr und zum Ruhrgebiet ist manifest und prekär zugleich. In der bisher umfangreichsten Edition des Materials und den publizierten Fassungen einschlägiger Theaterarbeiten[28] ist, der Schreibweise mit einem h nach, von eben jenem an der Ruhr gelegenen *Mülheim* die Rede. In der von Brecht selbst besorgten, mit *Fatzer, 3* überschriebenen Teilveröffentlichung im ersten Heft der *Versuche*, den einzigen Auszügen aus dem *Fatzer*-Material, die als solche ausgewiesen zu seinen Lebzeiten und von ihm selbst veröffentlicht wurden,

26 Brecht: Fatzer, S. 422.

27 Walter Benjamin: Kommentare zu Gedichten von Brecht. In: Ders.: *Versuche über Brecht*, hrsg. v. Rolf Tiedemann. Frankfurt am Main: Suhrkamp 2000, S. 64–96, hier S. 81.

28 Gemeint sind die von Günter Glaeser besorgte Edition in der *Großen Berliner und Frankfurter Ausgabe* der Werke Brechts sowie *Der Untergang des Egoisten Johann Fatzer. Bühnenfassung von Heiner Müller.* Frankfurt am Main: Suhrkamp 1994; *Der Untergang des Egoisten Fatzer.* Fassung von Johannes Schütz und Dieter Welke, hrsg. v. Schauspielhaus Bochum, Programmbuch Nr. 77, Spielzeit 1992/93; *Der Untergang des Egoisten Fatzer. Eine Auswahl der Schaubühne aus dem Fatzer-Fragment.* Schaubühne am Halleschen Ufer, Spielzeit 1975/76.

steht dagegen Mü*hlh*eim – hlh geschrieben.[29] In den Manus- und Typoskripten finden sich beide Schreibweisen, meist ohne, teils mit dem Zusatz *an der Ruhr*[30]. Ein Fragment aus dem Material eröffnet in Kombination der Ortsfrage und des Namens *Ruhr* einen Assoziationsraum, in dem das gesamte Ruhrgebiet aufblitzt: „*Ruhrort Fatzer.* / Einzuprägen wäre noch die Gegend: / Dies finstere Viereck zwischen Kränen und Eisenhütten / Durch die dieser Johann Fatzer / Seine letzten Tage herumging / Aufhaltend das Rad“[31]. Zwar kann das die Ruhr im Namen tragende Mülheim als Ort

Zusammenfluss von Rhein und Ruhr

an der Ruhr bezeichnet werden; *Ruhrort* aber ist ein Stadtteil von Duisburg, kein an Mülheim grenzender, sondern das alte Duisburger Hafenviertel und präzise jener Ort, wo die Ruhr in den Rhein mündet. Fatzers *Ruhrort* geht nicht in Mülheim an der Ruhr auf, er schließt das Ruhrgebiet als Modell jener großen Städte, die das Schreiben des jungen Brecht durchziehen, als Waffenschmiede der Nation und als Ort einer jener nicht zu Ende geführten Revolutionen auf deutschem Boden mit ein. Nicht zu vergessen: Essen, eines der Hauptthemen des *Fatzer*-Materials, ist zugleich der Name der Nachbarstadt Mülheims; und die Städtischen Bühnen eben jenes Essens waren Auftraggeber eines nicht zustande gekommenen *Ruhrepos*, an dem u. a. Brecht und Kurt Weill hätten beteiligt sein sollen. Längst vergessen dagegen ist der Zusammenhang zwischen

29 Bertolt Brecht: Fatzer, 3. In: Ders.: *Versuche 1–12*. Berlin / Frankfurt am Main: Suhrkamp 1959 (Reprint Frankfurt am Main: Suhrkamp 1977), Bd. 1, S. 29–41. So auch die Auszüge in den vom Suhrkamp-Verlag in Zusammenarbeit mit Elisabeth Hauptmann herausgegebenen *Gesammelten Werken*. Frankfurt am Main: Suhrkamp 1967, Bd. 7, S. 2893–2912.

30 Brecht: Fatzer, S. 454, 469.

31 Ebd., S. 463.

dem Augsburger Arbeitervorort Oberhausen und dem anarchistischen Fatzer-Modell, dem 1803 zu Cöln-Mühlheim hingerichteten Räuberhauptmann Mathias Weber, genannt Fetzer.[32]

Mühlheim ist eine Frage des Ortes und diese Frage ist mit Fatzer verknüpft, ist seine Frage, die den „RUNDGANG DES FATZER DURCH DIE STADT MÜHLHEIM" eröffnet: „Vor allem wissen / An welchem Punkt der Landkart wir / Aus der blutverschmierten, undeutlichen, verdammten Erdkruste / Herausgekrochen sind [...]"[33]. Fatzer stellt die Frage nach dem Ort in der Bewegung des Rundgangs, beantwortet sie mit dem Gegenteil einer Feststellung: Mühlheim steht nicht fest, in Mühlheim zeichnet sich eine „neue Zeit" ab, eine Bewegung der Un- und der Neuordnung, „Weil alles, was unten ist / Heraufkommt"[34]. Mühlheim ist die „Schwelle von dem Land / Das uns gehört"[35] – und auf dieser Schwelle ereignet sich Fatzer als Modell der Abweichung, als nicht in Ordnung, sondern „in Unordnung"[36] seiender „Rest"[37]. Entsprechend ist Mühlheim keine definitive Ortsbeschreibung, sondern eine infinite Öffnung: Ein rhizomatisches Gefüge, ein Netz von Bezügen, ein Name. Brechts Schwierigkeiten, das *Fatzer*-Material in den Griff zu bekommen, d. h. zu haltbaren Begriffen zu kommen, schlagen sich in seiner Arbeit an und mit Namen nieder. Aller Umbenennungen und Neuansätze zum Trotz bleiben zwei Namen konstant: Fatzer und Mühlheim – jene beiden Namen, deren Entzug konstitutiv ist, die sich nicht fixieren lassen, sondern abweichen von den vermeintlich festgeschriebenen Plätzen und Positionen, die sie vorgeben zu sein. Fatzer in Mühlheim: Das verlangt nach einer Topografie der Ortlosigkeit, nach einem Nachdenken über den Ort, das sich auf das Andere des Ortes hin öffnet, nach einer Landvermessung, die

32 Von unschätzbarem Wert für all das sind die akribisch-bissigen Arbeiten Stephan Bocks, insb. Stephan Bock: Die Tage des Büsching. Brechts „Garbe" – ein deutsches Lehrstück. In: Ulrich Profitlich (Hrsg.): *Dramatik in der DDR*. Frankfurt am Main: Suhrkamp 1987, S. 19–77; ders.: Mülheim statt Mühlheim oder Weltgeschichte findet nicht statt. Das Ruhrgebiet des Bert Brecht – Eine Hommage zum 50. Todestag. In: *taz NRW*, 30.09./01.10.2006, S. 4; sowie ders.: *Garbe retro Büsching dld servus. 1977 einmal akribisch immer karibisch 2009*. Katalog-Beilage der Berlin-Lichtenberger Ausstellung *Von Siemens-Plania zu Dong Xuan*. Berlin: Theater der Zeit 2009.

33 Brecht: Fatzer, 3, S. 29.

34 Brecht: Fatzer, S. 409f.

35 Ebd., S. 410.

36 Ebd., S. 441.

37 Ebd., S. 495.

den Ort bzw. die Orte Fatzers nicht vernichtet und absorbiert, sondern in ihrer Unbestimmbarkeit auftauchen lässt.

III. Ruhrort Fatzer

Brechts *Fatzer*-Fragment war wiederholt Gegenstand der Auseinandersetzung in verschiedenen Seminaren und Projekten am Bochumer Institut für Theaterwissenschaft. Dabei kam der Wunsch auf, das gesamte Material auf großem Raum auszubreiten und über längere Zeit zu entfalten: Dazwischen herumzulaufen, sich Wege zu bahnen, nach Zusammenhängen zu suchen oder über Abgründe hinweg Verbindungen herzustellen – vielleicht Heiner Müllers Arbeitsweise mit dem *Fatzer*-Material vergleichbar.[38] Im März 2010 kam es im Ringlokschuppen Mülheim an der Ruhr zu diesem *Fatzer Workout*: Lektüre, Diskussion, Erstellung verschiedener Fassungen, Texte sprechen und hören. Vor Ort ergab sich die Versuchung, nachzuvollziehen, wo jene sporadisch genannten Orte wie der Schlachthof, die Kaserne, die Bäckerei, die Phönixwerke oder der Kanal hätten gewesen sein können. Dem wurde in verschiedenen Versuchen mit Exkursionen ins Stadtarchiv oder in den städtischen Raum nachgegangen – immer darum wissend, dass diese Orte keine realexistierenden Schreibvorlagen des Brechtschen Textes waren; trotzdem auf der Suche nach einem Moment von Modellhaftigkeit, nicht, um eine Lesart zu fixieren oder ein Bild zu decodieren, sondern, jedes Modell „von vornherein als unfertig"[39] betrachtend, um einen Assoziationsraum zu eröffnen und eine Benutzung zu ermöglichen. Im Kopf jene Frage aus dem *Fatzerkommentar*, wann „*der Gang des Fatzer durch die Stadt Mülheim eine Wirklichkeit*" sei, „*obwohl kein Mann Fatzer durch die Stadt Mülheim gegangen ist*"[40], wurden Mülheim und Duisburg-Ruhrort zu Spielräumen ohne Publikum, in denen die Suche nach bzw. „die Arbeit an Modellen auch nicht mit mehr Ernst [betrieben wurde], als zu jedem Spiel nötig ist."[41]

Im Sommer 2010 erarbeiteten drei Studierende eine lecture performance mit dem Titel *Ruhrort Fatzer*.[42] Es ging um eine Form

38 Vgl. Heiner Müller: *Krieg ohne Schlacht. Leben in zwei Diktaturen. Eine Biographie*. Köln: Kiepenheuer & Witsch 2005, S. 309f.

39 Bertolt Brecht: Vorwort zum Antigonemodell 1948. In: Ders.: *Gesammelte Werke*. Frankfurt am Main: Suhrkamp 1975, Bd. 17, S. 1211-1220, hier S. 1216.

40 Brecht: Fatzer, S. 516.

41 Brecht: Vorwort zum Antigonemodell 1948, S. 1220.

42 *Ruhrort Fatzer*, von und mit Mia Sellmann, Jascha Sommer und Moritz Hannemann, wurde im Rahmen der Sommerakademie von *Theater der Welt 2010* in Essen

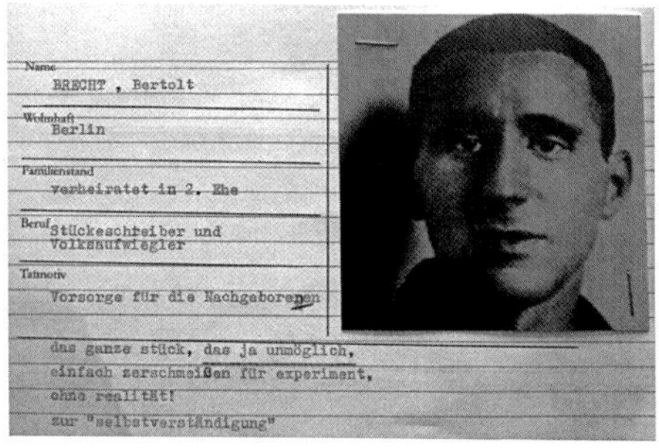

spielerischer Präsentation, die das Fragmentarische bestehen lässt, befragt und es ermöglicht, die Unabgeschlossenheit bzw. Unabschließbarkeit des Materials zu untersuchen. In immer wieder neu ansetzenden, in sich kohärenten, doch einander konterkarierenden Erzählungen sollte die Handlung des Materials entfaltet werden, ohne sie zu schließen. Doch im (zwangsläufig verknappenden) Sog der Fabel kam es zu einer zunehmenden Konzentration auf die zwar punktuell angelegte, jedoch nirgends ausgeführte Ermordung Fatzers: Zum erzwungenen Abschluss eines nicht geschlossenen Materials mit dem katastrophalen Tod des Protagonisten – jenem Fluchtpunkt, der etwa die lineare Anordnung der Müllerschen Bühnenfassung strukturiert und sie zugleich so uninteressant macht, wie man mit demselben Müller geradezu zwangsläufig hinzufügen muss.[43] Dieses Ende war zugleich Ausgangspunkt für die Frage nach dem Fall Fatzer: Für die Frage, „was eigentlich los war“[44], was Brecht mit *Fatzer* passiert ist und was sich an diesem Modell entzündet hat, so dass kein Stück zurückblieb, sondern „Unordnung. Und ein Zimmer / Welches völlig zerstört ist, und darinnen / Vier tote Männer und / Ein Name.“[45] Gefragt wird nach der verborgenen Wahrheit eines Ortes, die nicht auf der Hand liegt, obwohl sie ihm eingeschrieben ist, verschlossen, doch auf Eröffnung wartend, wie „eine Tür, auf der […] / Unverständliches“[46] steht. Dieses Zimmer ist eine Aufgabe, uns aufgegeben von denen, die es überfordert aufgaben: „Und aufgebaut habe wir es, damit ihr / Entscheiden

und Mülheim/Ruhr sowie bei *Podest #2*, der Plattform für szenische Forschungsarbeiten am Institut für Theaterwissenschaft der Ruhr-Universität Bochum präsentiert.

43 „Die Frage, die mich beschäftigt und auf die ich keine schlüssige Antwort habe, ist die Interessantheit des Fragmentarischen. Es gibt noch ein paar Leute, die perfekte Stücke schreiben. Die sind langweilig, außer für das Publikum. Es geht um die Frage, was Literatur überhaupt noch soll. Ich selbst kann keine Geschichten mehr lesen, kann auch keine Geschichten mehr erzählen oder schreiben.“ (Heiner Müller: Notate zu Fatzer. In: Ders.: *Werke* 8: *Schriften*, hrsg. v. Frank Hörnigk. Frankfurt am Main: Suhrkamp 2005, S. 200–203, hier S. 200.)

44 Brecht: Fatzer, S. 477.

45 Ebd.

46 Ebd.

sollt / Durch das Sprechen der Wörter und / Das Anhören der Chöre / Was eigentlich los war, denn / Wir waren uneinig."[47]
Von jenem Tableau des Todes aus wurde der Fall Fatzer in kriminalistischer Manier aufgearbeitet: Die Situation des Krieges, die Entscheidung zur Desertion, der Weg nach sowie Fatzers Gänge durch Mühlheim wurden rekonstruiert und in Vorträgen aufgearbeitet; Tatverdächtige wurden vorgestellt, ihre Motive, Fatzer zu töten, benannt, die Ereignisse im Zimmer rekonstruiert. Die Bildmaterialien der Recherchen und Ortsbegehungen – Fotografien von Karten, Kriegslandschaften, Kriegern und Kriegsgerät einerseits, andererseits Bilder aus dem heutigen Mülheim und Ruhrort – wurden gesprochenen Passagen aus dem *Fatzer*-Material gegenübergestellt. Als ginge die Frage danach, was sich in diesem zerstörten Zimmer zugetragen hat, tatsächlich in der Identifikation der Täter und des vermeintlichen Tatherganges auf, stand im Zentrum der Performance die Kartographie möglicher Tatverdächtiger: Jener Vier, die der Lesart des Dramas vom *Untergang des Egoisten Johann Fatzer* im Sinne einer linearen Verlaufsform verdächtig erscheinen müssen, nämlich die drei Mit-Deserteure Koch, Büsching und Kaumann sowie die Frau des Letztgenannten, an einer Stelle Therese genannt. Zugleich verdächtig war jener Eine, für dessen Theorie das Modell *Fatzer* eine Gefahr

Name
KOCH
Wohnhaft
Passau
Familienstand
ledig
Beruf
Viehhändler
Tatmotiv
Unbegründete Nichtausfüllung
seiner Funktion; Gefähr.d.Sache
"Aber ich ruh nicht, wenn ich merk, dass es nicht in Ordnung
geht, bis ich ihn ausgerottet hab wie einen Räudigen
mit einer Tafel drauf: Hier ist Ernst gemacht."

Name
BÜSCHING
Wohnhaft
Liegnitz
Familienstand
verheiratet
Beruf
unbekannt
Tatmotiv
Verrat
"Ich sag dir, Koch, ich denk nicht gut von uns, dir, mir
und keinem, alle sind für Fleisch zu kaufen, drum noch nicht
verächtlich, aber wenn dieser Fatzer uns verrät, dann muss
er hin sein."

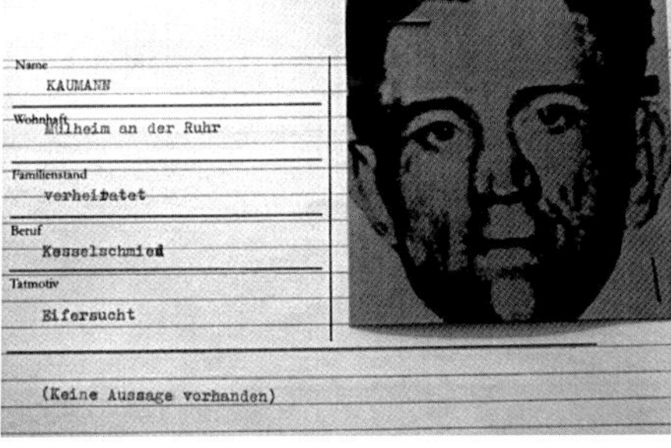
Name
KAUMANN
Wohnhaft
Mülheim an der Ruhr
Familienstand
verheiratet
Beruf
Kesselschmied
Tatmotiv
Eifersucht
(Keine Aussage vorhanden)

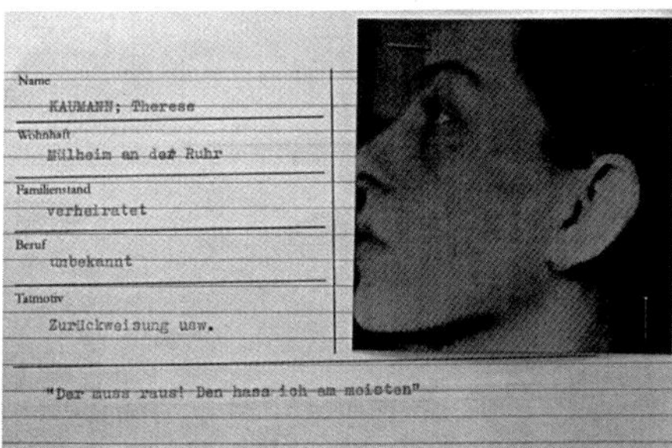
Name
KAUMANN; Therese
Wohnhaft
Mülheim an der Ruhr
Familienstand
verheiratet
Beruf
unbekannt
Tatmotiv
Zurückweisung usw.
"Der muss raus! Den hass ich am meisten"

47 Ebd.

darstellte oder einen unheimlichen Zweifel an derselben, nämlich der Stückeschreiber Brecht. Die restlose Diffamierung des „Typus Fatzer"[48] und die Auslöschung des ein ganzheitliches Stück unmöglich machenden Widerstreits wäre demnach die Hintertür gewesen, durch die Brecht einer nicht enden könnenden Arbeit entkommen konnte, vielleicht um weiterzumachen und von dort aus eine andere Art von Theaterarbeit zu ermöglichen. Verdächtig waren letztlich auch jene drei lesenden Performer, die eine Geschichte erzählen, die so nirgendwo geschrieben steht, vielleicht um selbst sprechen zu können, statt zu schweigen. Statt einer kontinuierlichen Aufeinanderfolge ergab sich so ein Ensemble einander widersprechender Narrationen, eine Konstellation sich gleichzeitig entfaltender Tatorte, die jeweils für sich genommen zwar die Frage, was eigentlich los war, beantworteten, sie aber nur neben- und miteinander zu stellen vermochten.

Diese dem *Fatzer*-Material folgenden Bebilderungen stellten dessen Topoi jenseits von Reproduktion und Wiederholung in Frage[49]: Sie fragten nach ihnen, indem sie sie vorgeblich fixierten, gleichzeitig jedoch als bewegliche, in den ihnen zugewiesenen Plätzen nicht aufgehende Platzierungen ins Spiel brachten. Die Anreicherung der Orte und Figuren mit Gesichtern und Geschichte gestaltete zu jeder Zeit klaffende Leerstellen. Dennoch, und gerade deshalb, im Nachhinein ein Unbehagen: Die Frage nach dem Ort lautet *wo* – nicht *was*; nicht *was ist der Ort*, nicht *was ist dort passiert*, nicht *wer ist dort*. Die Frage nach den Orten Fatzers und des *Fatzer*-Materials blieb vielleicht gerade mit jenen auf sie antwortenden Topografien merkwürdig ungestellt.

48 Ebd., S. 475.

49 Zu einem solchen Begriff des Folgens vgl. Gilles Deleuze / Félix Guattari: *Tausend Plateaus. Kapitalismus und Schizophrenie*. Berlin: Merve 1992, S. 511ff.

Spinnwerk Leipzig

Fatzer

mit Johannes Berger, Linda Escherich, Salya Föhr, Josephine Gehrt, Sophie Hierzie, Nicole Hitziger, Alexander Kirchner, Anna Pyka, Marcus Quent, Tobias Süß, Florian Tepelmann, Eva Vinke
und Lisa Emele, Frank Neutzler, Lia-Marlin von Oesen, Katja Seifert, Alexandra Stoll, Janne Weirup
Leitung Michael Wehren
Technik / Licht Friedrich Schmidt
Premiere 21. Januar 2011, Spinnwerk Leipzig

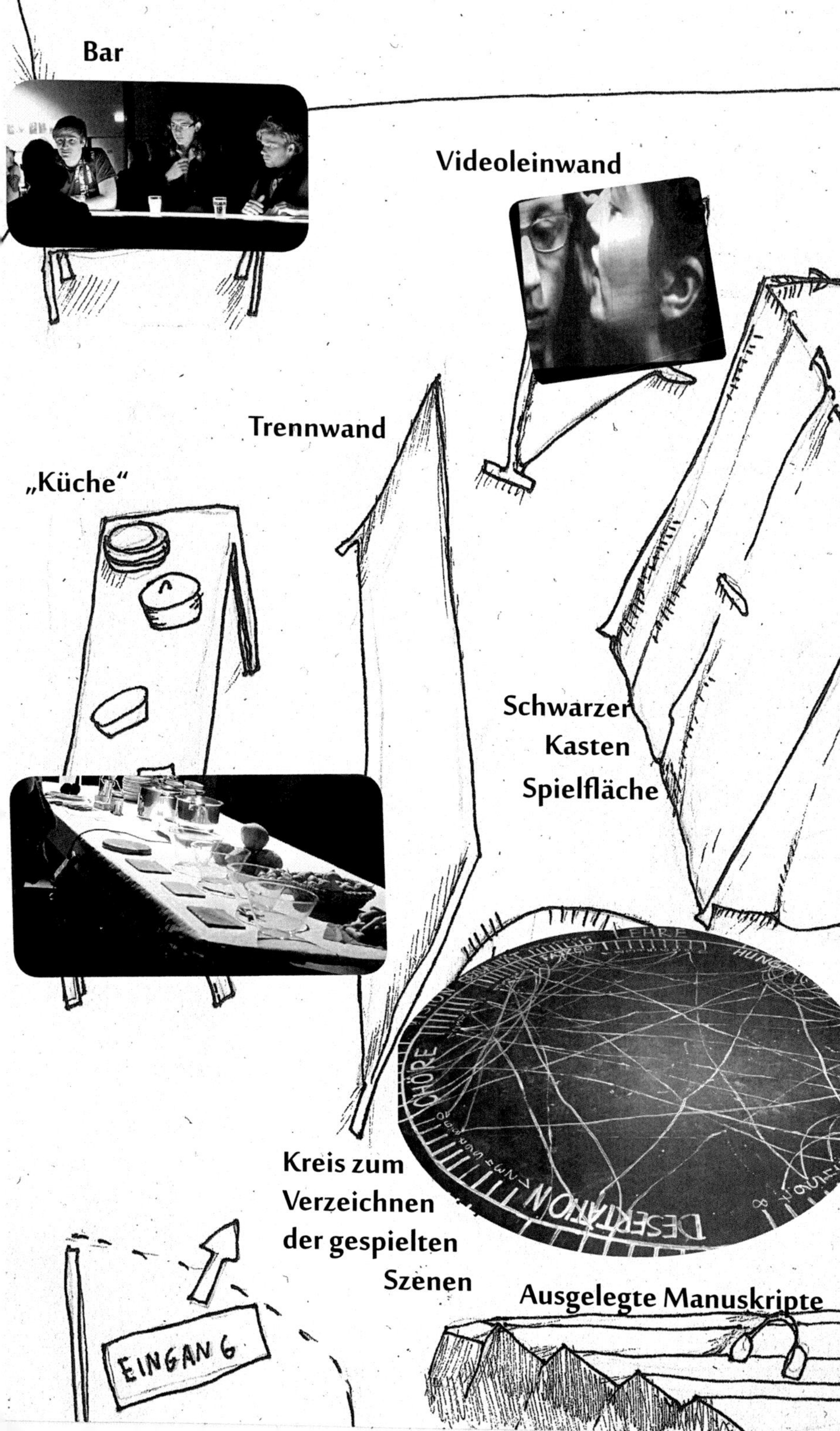
Bar
Videoleinwand
Trennwand
„Küche“
Schwarzer
Kasten
Spielfläche
LEHRE
HUNGER
CHÖRE
DESERTATION
Kreis zum
Verzeichnen
der gespielten
Szenen
Ausgelegte Manuskripte
EINGANG

TV-Sets mit Kopfhörern
Auswahltisch
DESERTATION
MÄNNERBANDE
PLOT
Die nicht verschlang die blutige Schlacht
Handlungsübersicht 1
Handlungsübersicht 2
Handlungsübersicht 3
Ihre Odyssee beginnt
Handlungsübersicht 4
Handlungsübersicht 5
Handlungsübersicht 6
Haus in Mülheim
Videoleinwand
Tisch mit
Mikrophon
für Ansagen
Treffpunkt
im Lichtkegel
und Kopfhörer
Bilder-
galerie

Ein Stück zum Selberbauen

Konfrontationen im Kellerloch

Steffen Georgi

1929 notierte Bertolt Brecht: „fatzer unaufführbar“[1]. Lakonisches Urteil in Anbetracht von hunderten Seiten an Szenen-Entwürfen und Notizen, die sich zu einem Materialberg türmten, den Brecht über Jahre hinweg in eine dramatische Form fügen wollte. Vergeblich. Dabei scheint der *Fatzer*-Plot so simpel: Vier Deserteure, die in einem Kellerloch hockend auf die Revolution hoffen. Eine Hoffnung, die zur Schimäre aus Hunger, Gier, Geilheit und Gewalt wird. Doch statt sich zum gleichnishaften Keller-Kammerspiel zu komprimieren, expandierte das Textmaterial. Verweigerte sich, indem es sich häufte. *Fatzer*, getürmt zum Bruchstücke-Monolith, unbezwingbar, unspielbar.

Und gerade damit eine latente Herausforderung ans Theater. Geht nicht, gibt's nicht, dachte sich auch Regisseur Michael Wehren und suchte auf der Bühne des Leipziger Spinnwerks die inszenatorische Konfrontation mit diesem Text. Als dezidierten Versuch, das Unaufführbare doch aufzuführen, dem scheinbar Formlosen eine Form zu geben.

Es ist gelungen. Auch, weil die Inszenierung – den Fragment-Charakter des Textes konsequent weiterdenkend – Bühnenraum und Publikum gewissermaßen gleich mit fragmentiert.

Gesplittet in Grüppchen wird man da erst an eine Tafel geleitet, auf der das *Fatzer*-Menü verzeichnet ist. Etwa sieben verschiedene „Visionen“, von V1 „Kein Sieger mehr“ bis V7 „Wie früher Geister kamen“. Oder „Männerbande“ von M1 „So heiß essen, wie gekocht wird“ bis M8 „Die Drei“. Auch Sexualität wird gereicht. S1 ist „Engels/grüner Penis“, S11 die „Prostituierten-Szene“. Und natürlich ist da auch Titelheld Fatzer selbst, der seine Rede hält über die „Unbeurteilbarkeit menschlicher Handlungen“, die mit logischer Konsequenz beim „Hälse abschneiden“ unter Punkt F9 mündet.

1 Akademie der Künste, Berlin, Bertolt-Brecht-Archiv 220/13.

Insgesamt 96 Möglichkeiten offeriert dieses Menü, aus dem sich eine Gruppe zu je elf Menschen je sieben Häppchen erwählen darf. Die reichen dann alsbald in einem schwarzverhangenen Quader, im besagten Kellerloch, harrende Darsteller als szenische Skizzen. Danach kann man sich jeweils zu einer neuen Gruppe formieren. Wer will, bis er alle Variationen durch hat. Oder man schnippelt an langer Tafel das Kellergemüse für die Suppe, die später noch gekocht wird. Oder man trinkt einfach Wein und liest in ausliegenden Textblättern. Man kann aber auch auf einem der Monitore im Raum verfolgen, was gerade für die Anderen im Quader-Keller so abgeht. Oder an einer Porträt-Wand entlang schlendernd Typen wie Martin Heidegger, Keith Richards, Guido Westerwelle, Stephen Hawkins, Ernst Jünger, Motörhead-Frontmann Lemmy Kilmister, aber auch den unvermeidlichen Diktator-Visagen von Adolf H. und Joseph S. in die Augen schauen.

Die Inszenierung offeriert *Fatzer* als Fragment eines (Nicht-)Stückes zum Selberbauen. Macht das Angebot, schauend, hörend, denkend über die *Fatzer*-Halde zu schlendern. Deren Wort- und Szenenwust fügt sich dabei zu einem Mosaik mit klaffenden Lücken. Lücken, die das Wuchernde dieses Textes reißt. *Fatzer* ist das Dokument einer nicht mehr in ‚herkömmliche' Theaterformen komprimierbaren Wirklichkeit. „Die Welt" passt nicht mehr auf „die Bühne". Völlig folgerichtig, dass die Inszenierung beides in Bruchstücke zerlegt. Und ihr Publikum gleich mit.

Und wieder: Nacht gegen Morgen

Eva Vinke

Die Black-Box als unser Kellerloch. Szenenauswahl jedes Mal neu. Platz 1 heute Abend: F5 „Mir ist übel“, ganz dicht gefolgt von Dauernummer S1 „Engels/grüner Penis“. Und weiter. D5 „Nacht gegen Morgen“. Gleich zwei Mal hintereinander, das wird lang, jetzt nicht die Spannung verlieren.
Ende 1. Durchlauf. Luft schon langsam knapper, erste Schweißperlen kullern die Stirn runter; 1 Woche vor Premiere E-Mail von L.: „Ich würde euch bitten in nächster Zeit nichts Stinkendes oder Blähendes zu essen“. H4 „Dotschenszene“: „Sonst furzt du wieder herum“.

„War das eigentlich Horst Mahler neben Osama Bin Laden?“; der Großvater, der nach jedem Durchlauf zum Schluss höflich „Danke“ gesagt hat. „Ne, ne, war schon besser Christa nicht mitzunehmen, die wär da mit ihren osteoporösen Knochen eingegangen wie ne Primel in dem Kasten da.“

Dem Publikum ausgeliefert sein, B3 „Lust zu was“ (eher nicht), warum nicht mal W1 „X kommt durchs Gehölz“? S1 „Engels/grüner Penis“. Was hat es eigentlich mit der Punalua-Familie auf sich?
Keine Zeit jetzt, schnell B9, beim Panzer mithelfen.
D7 „Letzte Szene“.

Sweet dreams are made of this.

Der Zeitungstyp, der vorm Gehen in die Blackbox ging, sich ein Stück Kreide nahm, das Konfetti wegwischte und schrieb: „Ich gehe nach Hause, zurück in den Krieg.“

Fatzer (nicht) spielen
Andeutungen

Marcus Quent

Eine wesentliche Erfahrung unserer Produktion zeichnete sich für mich bereits zu Beginn unserer Arbeit ab. Wir bemerkten recht schnell in ersten Annäherungen an Brechts Fragment, bei unseren Versuchen diesem *fremden* Text zu begegnen, wie man *Fatzer* nicht spielen kann. Vor einer Idee, die sich zur Ausarbeitung eines Konzepts entwickelt, stand so zunächst eine negative Erfahrung: die Erfahrung dessen, was hier nicht möglich ist, was bei konventionellen Herangehensweisen an einen Theatertext nicht aufgeht.
Brechts *Fatzer*, so verstanden wir mehr und mehr, problematisiert *in nuce* viele herrschende Theater-Konventionen. Sowohl die Vorstellung von Theater als einem Ort, an dem Akteure geleitet von einem Regieteam literarische Texte mittels künstlerisch-kreativer Ausdeutung zur Aufführung bringen; als auch das Verständnis von Theater als einem Betrieb, in dem bestimmte Funktionszusammenhänge und Rollenzuschreibungen zwischen Zuschauenden und Akteuren herrschen, einem wahlweise als Bildungs- oder Produktionsapparat verstandenem Ort für Zuschauer-Konsumenten.

Bereits vor der Arbeit an einer Inszenierung, gar jeglicher Probenarbeit, stellt sich ja die Frage, wie umgehen mit den heterogenen Materialien und Textsorten, die dieses Fragment in sich versammelt: den Chören, die mehr und mehr hinein wandern, dem zunächst beigeordnet erscheinendem Kommentarteil („Das Fatzerkommentar“[1]) und nicht zuletzt der Vielzahl an intertextuellen Verweisen und Bezügen. Wie überhaupt mit den unterschiedlichen Arbeitsphasen, mit Brechts *Scheitern* umgehen? Bereits diese simplen Fragen an die Praxis lassen erahnen, wie hier bestimmte Klischees von Figurenarbeit und Rollenaufbau gesprengt werden – und dies, zunächst ganz banal: durch den Text.

1 Bertolt Brecht: Fatzer. In: Ders.: *Werke. Große kommentierte Berliner und Frankfurter Ausgabe*, Bd. 10.1. Berlin / Frankfurt am Main: Aufbau / Suhrkamp 1997, S. 387–529, hier S. 515.

Nicht nur sind es abgerissene Entwürfe, die Dopplungen und Umschriften verschiedener Szenen, das Übermalen verschiedener figuraler Anordnungen, die Brecht in seinem Schreiben vornimmt; ganz grundlegend sind es bereits die Verse, die hier in mehrerlei Hinsicht Abgründe aufreißen. Der *Fatzer*-Vers (ver-)stört konventionelle Sprechweisen, er nimmt den Sprechenden die Luft, provoziert Abbrüche, ein Stocken in der Sinnproduktion dramatischen Sprechens. Dieses Sprechen/Schreiben verhindert zugleich ein gewisses Pathos, mit dem man so manch wuchtigen *Fatzer*-Satz auf den ersten Blick gern skandieren würde: Es lässt ihn hohl klingen. Erinnert sei an eine der wohl bekanntesten Stellen aus dem Fragment, in der Fatzer für/gegen die Gruppe beschließt, den Krieg abzubrechen und zu desertieren:

> Ich mache
> Keinen Krieg mehr, sondern ich gehe
> Jetzt heim geradewegs, ich scheiße
> Auf die Ordnung der Welt. Ich bin
> Verloren[2]

Hier wird eben nicht nur die oft gesehene, heroische Geste der Verweigerung lesbar. In seinen Aufschüben markiert der Vers gerade eine Kluft zwischen den Handlung suggerierenden Äußerungen des Subjekts und den Objekten, den Zielen dieses Handelns.

Dieses Sprechen/Schreiben sperrt sich immer wieder psychologischer Interpretation, die konsistente Charakter-Einheiten voraussetzt. Vielmehr begegnet man oft Sprech-Positionen, in denen sich ganz disparate Stimmen versammeln:

> In einem Land, wo's keine Ehre gibt
> Ist jeder ehrlos. Willst du dich
> Bis zum Hals steckend in Schlamm.
> Während von oben dir Dreck ins Aug rinnt
> Dich beklagen, daß einer, der vorübergeht, nicht
> Den Hut vor dir abnimmt? Vom Mutterleib an unerwünscht
> Von deinem Vater im Mutterleib bekämpft
> Beschützt aber auf Staatskosten von
> Deinen Schlächtern
> Wir haben mit denen nichts zu tun, als
> Hälse abzuschneiden.[3]

Dabei scheint das Grundgerüst der Handlung und die „Figuren"-Konstellation vermeintlich einfach: „Vier Soldaten brechen den

2 Ebd., S. 394.
3 Ebd., S. 490.

Krieg ab"[4], versteckten sich in einer Hütte/Höhle in Mülheim an der Ruhr und arbeiten auf die den Krieg beendende Revolution hin. Doch in Szenen, wenn etwa nur X und Y sprechen, wenn (sich) Koch/Keuner spalten *und* verschmelzen, wenn Geisterstimmen hörbar werden und sich Fatzer als ein Charaktertypus in eine regelrechte Bewusstseins-Landschaft zerteilt, wird die Ausgestaltung von konsistenten dramatischen Figuren mit jeweiligen Handlungsrahmen verwehrt. Das Ensemble *Fatzer* ist keine ‚*Geschlossene Gesellschaft*'.

Fatzer nicht spielen, bedeutete so: durchspielend zu erfahren, was am Spiel nicht aufgeht. Hingegen, *Fatzer* spielen bedeutete für uns, eine Versuchsanordnung zu generieren, in der das Zerlegen der gleichrangigen Text-Teile und das An- und Umordnen der Materialien, die Heterogenität der Charakter-Zeichnungen ernst genommen wird: eine Situation, in der sich Akteure und Zuschauende als *Teilnehmende* verstehen, die dem Fragmentarischen dieses Textes nachspüren, versuchen, zu ordnen und Zusammenhänge herzustellen.
Das Durchspielen wird hier wörtlich genommen: Als Spielern war es uns, durch die Vorgaben der ‚Zuschauenden', welche die Szenen auswählten, verwehrt, eine konsistente Linie zu planen. Es war ein Immer-wieder-spielen, das auf Unterbrechungen und Abbrüche in der Szenenanordnung setzte und versuchte Beziehungen herzustellen. Dabei war es wichtig, ein Sprechen zu finden, das dieser Situation gerecht wird; Haltungen herauszubilden statt von und mit *dramatis personae* zu erzählen. Ein primär ausdeutendes Spiel machte einem Sprechen Platz, das einen Raum eröffnete, in dem es möglich wurde, Bedeutung zu konstruieren / zu dekonstruieren und Konstellationen zu bilden. Letztlich mitnichten bloß eine Erfahrung von Entzug.

4 Brecht: Fatzer, S. 430.

„Das Ganze Stück, *da ja unmöglich*, einfach zerschmeissen“[1]

Notizen zum *Fatzer*-Fragment und zum *Fatzer*-Projekt des Spinnwerk Leipzig

Michael Wehren

Das Fragment als Textpraxis

Roland Barthes' Feststellung, es gebe „Texte, die keine Produkte sind, sondern Praktiken“[2] trifft im Besonderen auf die spezifische Qualität und die Problematik von Bertolt Brechts *Fatzer*-Fragment zu. Statt seinen Stückplan auszuführen, arbeitete Brecht die Entwürfe über Jahre immer wieder um, experimentierte mit dem Material und machte *Fatzer* zu einem abgebrochenen, offenen, aber konfliktreichen Text, diesseits dramatischer Theaterformen.

Was in der Ausgabe der Werke, gegliedert in Arbeitsphasen, noch relativ übersichtlich zu sein scheint, zerstiebt bei einem Besuch im Archiv in eine Unzahl von Blättern, Skizzen, Materialien, Szenenentwürfen, Monologen, Dialogen und Chorfragmenten, Handlungsvarianten, Personenverzeichnissen, Zeitungsartikeln und Fotografien, Diagrammen, theoretischen Notizen, Kommentaren. Ausgehend vom Archivbestand kann das *Fatzer*-Material als Ver- und Zersammlung heterogener Schreibbewegungen und Schreibweisen angesehen werden – als Schauplatz eines Schreibens, das nicht zuletzt Verhandlungsort des Kollektiven und des Politischen ist. Die Schreibarbeit an *Fatzer* realisiert das Material als Theater der Schrift, als Theatrographie.[3] Schrifttheater, nicht nur weil Brecht die Literarisierung des Theaters mit Schriftzügen und Beschriftungen durchzusetzen sich bemühte,[4] sondern weil im Schreiben und im

1 Bertolt Brecht zit. nach Herausgeberkommentar zu Fatzer. In: Bertolt Brecht: *Werke. Große Kommentierte Berliner und Frankfurter Ausgabe*, Bd. 10.2. Berlin / Frankfurt am Main: Aufbau / Suhrkamp 1997, S. 1114–1150, hier S. 1120.

2 Roland Barthes: An das Seminar. In: Ders.: *Das Rauschen der Sprache. Kritische Essays IV*. Frankfurt am Main: Suhrkamp 2006, S. 363–373, hier 364.

3 Zum Begriff und zur Begriffsgeschichte der Theatrographie vgl. u. a. Günther Heeg / Theo Girshausen (Hrsg.): *Theatrographie. Heiner Müllers Theater der Schrift*. Berlin: Vorwerk 8 2009.

4 Vgl. Brecht: „Tafeln, auf welche die Titel der Szenen projiziert werden, sind

(Zwischen-)Raum der Schrift(en) ein anderes Theater lesbar wird.[5] Mit dem Entzug dramatisch-theatraler Prinzipien wie „Handlung" und „Charakter" wird der Prozess der (Dis-)Assoziation, Variierung, Wiederholung und Schichtung selbst zum theatral-produktiven Moment.

Brechts Feststellung – „Dieser Fatzer ist ein harter Bissen. Ich baue immer noch am Rahmen herum."[6] – in der sich das Ausbleiben einer gültigen Rahmung der Ereignisse und Versuche manifestiert, legt vor diesem Hintergrund nahe, dass *Fatzer* als eine Sammlung gestischen Materials[7] in präzise jenem Sinn angesehen werden kann, den Walter Benjamin am Beispiel Kafkas erläutert hat. Benjamin hält fest,

> daß Kafkas ganzes Werk einen Kodex von Gesten darstellt, die keineswegs von Hause aus für den Verfasser eine sichere symbolische Bedeutung haben, vielmehr in immer wieder anderen Zusammenhängen und Versuchsanordnungen um eine solche angegangen werden. Das Theater ist der gegebene Ort solcher Versuchsanordnungen.[8]

ein primitiver Anlauf zur *Literarisierung des Theaters.* Diese Literarisierung des Theaters muß, wie überhaupt die Literarisierung aller öffentlichen Angelegenheiten, in größtem Ausmaß weiterentwickelt werden. Die Literarisierung bedeutet das Durchsetzen des ‚Gestalteten' mit ‚Formuliertem', gibt dem Theater die Möglichkeit, den Anschluß an andere Institute für geistige Tätigkeit herzustellen, bleibt aber einseitig, solange sich nicht auch das Publikum an ihr beteiligt und durch sie ‚oben' eindringt. […] Auch in der Dramatik ist die Fußnote und das vergleichende Blättern einzuführen." (Bertolt Brecht: Zu „Die Dreigroschenoper". In: Ders.: *Werke. Große Kommentierte Berliner und Frankfurter Ausgabe*, Bd. 24. Berlin / Frankfurt am Main: Aufbau / Suhrkamp 1991, S. 56–73, hier S. 58f.) Zur Literarisierung des Theaters vgl. insbesondere: Alexander Karschnia: Anarchiv Heiner Müller: von der ‚Literarisierung der Bühnen' zum ‚Theater des Textes'. In: Heeg / Girshausen (Hrsg.): *Theatrographie*, S. 295–311.

5 Auf das *Fatzer*-Material im „Ganzen" trifft damit zu, was Judith Wilke als „performatives Potential, mit dem die Schreibszene auf die Theaterszene vorausweist" bzgl. des Fatzerkommentars beschrieben hat, vgl. Judith Wilke: Brechts *„Fatzer"-Fragment. Lektüren zum Verhältnis von Dokument und Kommentar.* Bielefeld: Aisthesis 1998, S. 35.

6 Bertolt Brecht: Brief an Helene Weigel, Herbst 1928, zit. nach Herausgeberkommentar zu Fatzer, S. 1117.

7 Frei nach Walter Benjamin: Wir erhalten umso mehr Gesten, je öfter das Schreiben unterbrochen wird. Damit einher geht eine räumliche und gestische Qualität des *Fatzer*-Stoffes, die Hans-Thies Lehmann wie folgt beschrieben hat: „Das parataktische Nebeneinander, das an die Stelle einer hypotaktischen Teleologie der Fabel tritt, zeigt an, daß nicht nur die Erzählform der Fabel, sondern das Erzählen selbst, das zur Fabel führen kann, in die Krise geraten ist. Aus dem *plot* wird ein Tableau thematischer Abhandlungen oder eine Reihung oder Schautafel von Gesten." (Hans-Thies Lehmann: Versuch über Fatzer. In: Ders.: *Das Politische Schreiben. Essays zu Theatertexten.* Berlin: Theater der Zeit 2002, S. 250–260, hier S. 251.)

8 Walter Benjamin: Franz Kafka. Zur zehnten Wiederkehr seines Todestages. In:

Damit ist hingewiesen auf die potentiell kollektive Praxis einer Lektüre, die immer auch Fortschreibung und Neuassoziation ist. Sie meint zugleich „kollektives Lesen“[9] als geteilte Praxis wie auch als Lektüre der Spuren des Kollektiven. Denn ebenso zerrissen wie das Gemeinwesen in *Fatzer* ist auch der Textkörper des Fragments mit seinen unterschiedlichen Schreibweisen, Textsorten und Materialien.

Das Fragmentarische des *Fatzer*-Projektes ist dabei ein „Prozess der Unterbrechung und Öffnung der dramatischen Form“, der zugleich als eine Krise und Chance des Theaters begriffen werden kann.[10] Ein Beispiel dafür enthält Heiner Müllers Schilderung seiner Begegnung und seines Arbeitsprozesses mit dem vom Brecht-Archiv bereitgestellten *Fatzer*-Konvolut.

Müllers Szene

> Es gibt circa vierhundert Seiten im Brecht-Archiv, diffuses Material, manchmal steht eine Zeile auf dem Blatt, manchmal ist die Seite voll, Ansätze zu verschiedenen Fassungen. Ich habe in dem Zimmer, in dem ich gearbeitet habe, die vierhundert Seiten ausgebreitet, bin dazwischen herumgelaufen und habe gesucht, was zusammenpaßt. Ich habe auch willkürliche Zusammenhänge hergestellt, an die Brecht nicht denken konnte, ein Puzzle-Spiel.[11]

Bevor Müller in den folgenden Betrachtungen den Konflikt „Fatzer ± Keuner“[12] und dessen Genese ins Zentrum seiner Überlegungen rückt und so in gewisser Weise eine um einen Konflikt organisierte, teilweise re-dramatisierte Bühnenfassung erstellt,[13] ist

Ders.: *Gesammelte Schriften* Bd. II.2, hrsg. v. Rolf Tiedemann / Hermann Schweppenhäuser. Frankfurt am Main: Suhrkamp 1977, S. 409–438, hier S. 418.

9 Vgl. hierzu auch Hans-Thies Lehmann / Helmut Lethen (Hrsg): *Bertolt Brechts „Hauspostille“. Text und kollektives Lesen.* Stuttgart: Metzler 1978.

10 Patrick Primavesi: Tragödie, Fragment und Theater. In: Anton Briel / Gerald Siegmund / Christoph Meneghetti / Clemens Schuster (Hrsg.): *Theater des Fragments. Performative Strategien im Theater zwischen Antike und Postmoderne.* Bielefeld: Transcript 2009, S. 147–164, hier S. 147.

11 Heiner Müller: *Krieg ohne Schlacht. Leben in zwei Diktaturen. Eine Autobiographie.* Köln: Kiepenheuer & Witsch 1999, S. 310.

12 Heiner Müller: Fatzer ± Keuner. In: Ders.: *Werke* 8: *Schriften*, hrsg. v. Frank Hörnigk. Frankfurt am Main: Suhrkamp 2005, S. 223–231.

13 Ein Beispiel dafür ist die Exekutionsszene, in der Koch zunächst Kaumann, dann Büsching ersetzt (obwohl er in Brechts Fassung der Szene fehlt). Vor diesem Hintergrund stellt die Bezeichnung „Bühnenfassung“ für Müllers *Fatzer*-Bearbeitung einen beinahe ironischen Hinweis auf eine dramatische Ökonomie dar, die im *Fatzer*-Fragment eben selbst zur Verhandlung steht. Vgl. hierzu Bertolt Brecht: *Der Untergang des Egoisten Johann Fatzer. Bühnenfassung von Heiner Müller.* Frankfurt am Main: Suhrkamp 1994, S. 111, und Brecht: Fatzer, S. 445ff.

der Akt der Lektüre als Akt der Ausbreitung und der verräumlichenden Verteilung, einem wortwörtlichen Auslegen des Textmaterials in der Form eines Textraums, festgehalten. Die Lektüre, das „Puzzle-Spiel", realisiert sich zunächst als Rundgang oder Randgang[14], als räumliche Erfahrung und Nachschreiten des Heterogenen, der Diskontinuitäten und der Risse des Textkörpers. Erst in der Praxis der Auslegung zeigt sich die palimpsestartige, an Freuds Wunderblock[15] erinnernde Textstruktur des *Fatzer*-Konvoluts und deren radikal a-lineare, assoziative Lesbarkeit.

Fatzer, darauf weist Müllers Praxis der Auslegung hin, kann im emphatischen Sinne als Theatrographie begriffen werden, die ebenso der räumlichen Ausdifferenzierung wie der immer neuen Assoziation bedarf. Das notwendig Riskante und Versuchshafte einer solchen experimentellen Anordnung – in der jeder Schritt potentiell auch eine Überschreitung oder ein Fehltritt sein könnte – reflektiert Brechts Formulierung: „Das Ganze Stück, *da ja unmöglich*, einfach zerschmeissen für Experiment ohne Realität! *Zur Selbstverständigung.*"[16] Dieses Zerschmissene, Diskontinuierlich-Heterogene und Stückhafte des *Fatzer*-Materials ist Möglichkeitsbedingung dafür, Texte wie Gesten in immer neue Zusammenhänge montieren zu können. Die Logik des *Fatzer*-Materials ist emphatisch assoziativ und trennend zugleich, sie setzt Getrenntes und Unterbrochenes zueinander in Differenz.

Schriften und Schichten der Wiederholung

Brecht notiert während des Arbeitsprozesses an *Fatzer*: „Ich, der Schreibende, muß nichts fertig machen. Es genügt, daß ich mich unterrichte. Ich leite lediglich die Untersuchung und meine Methode dabei ist es, die der Zuschauer untersuchen kann."[17] Diese Methode zeigt sich als Prozess der Wiederholung, Umschreibung, Schichtung und Assoziation, in dessen Verlauf das *Fatzer*-Material selbst

14 Die Produktivität solcher Randgänge zeigt nicht zuletzt Jacques Derrida, vgl. Jacques Derrida: *Randgänge der Philosophie*. Wien: Passagen 1999. Zugleich zitiert Müllers Rundgang durch den Text Fatzers Rundgang durch die Stadt Mühlheim, vgl. Brecht: Fatzer, S. 499ff.

15 Vgl. Sigmund Freud: Notiz über den „Wunderblock". In: Ders.: *Studienausgabe* Bd. 3. Frankfurt am Main: Fischer 1975, S. 363–369.

16 Brecht zit. nach Herausgeberkommentar zu Fatzer, S. 1120.

17 Bertolt Brecht: Fatzer. In: Ders.: *Werke. Große kommentierte Berliner und Frankfurter Ausgabe*, Bd. 10.1. Berlin / Frankfurt am Main: Aufbau / Suhrkamp 1997, S. 387–529, hier S. 514.

zu einem Theater der Schrift und damit der Wiederholung wird.[18] Als solches stellt *Fatzer* vor dem Hintergrund der spezifischen Zeitlichkeit der Wiederholung jeden Gedanken einer linearen Entwicklung, wie sie beispielsweise die Rekonstruktion des Fragments im Rahmen der Werkausgabe nahe legt, radikal in Zweifel. Gerade die Unabgeschlossenheit des Textes wirft die Frage nach der

> Richtung der Bewegung und [...] [der] Beziehung der Textstufen zueinander[...] [auf]. Das Spätere ist nicht mehr notwendig der Ersatz für das Frühere, das in ihm negiert ist und damit hinfällig wird, sondern vielleicht sind beide als gleichwertige Möglichkeiten nebeneinanderzustellen und miteinander zu lesen: zwischentextlich. So gesehen wäre keine Textgestalt vor der anderen zu privilegieren, sondern jede würde die verfestigte Gestalt der anderen in Frage stellen.[19]

In *Fatzer* kommentieren, widersprechen, ergänzen sich die einzelnen Szenenentwürfe gegenseitig. Der Text erprobt und entfaltet Möglichkeiten, tilgt nicht Früheres oder Verworfenes,[20] vielmehr tritt dieses in Differenz zu späteren Entwürfen. So realisiert sich das theatrale Potential des Textes gerade in seinen Wiederholungen, in denen beispielsweise Koch wie ein Double oder Schatten Keuners und *vice versa* wirkt. Brechts Notat „zerstörung des zimmers / der zeit / (immerfort steht nur eine, wochen / umfassende zeitangabe über der / szene!)“[21] gilt im emphatischen Sinne ebenso für den Text als solchen und die spezifische Zeitlichkeit des Fragments.[22]

18 Darin ist er vergleichbar dem Passagen-Werk Benjamins, dessen Eigenlogik Timo Skrandies wie folgt beschrieben hat: „Das ist nicht als fehlende Systematisierungskraft eines vermeintlich krausen Autorenkopfes zu verstehen, sondern ist systematisch eingesetzte Technik der Um- und Überschreibung, des radikalen Zitierens, der Montage, der variierenden Wiederholung, des Bruchs und der Zäsur.“ (Timo Skrandies: Die „Zäsur in der Denkbewegung“. Das Politische und die Medialität der Geschichtsdarstellung bei Walter Benjamin. In: Thomas Bedfort / Kurt Röttgers (Hrsg.): *Das Politische und die Politik*. Frankfurt am Main: Suhrkamp 2010, S. 252–274, hier S. 252.)

19 Hans-Jost Frey: *Der unendliche Text*. Frankfurt am Main: Suhrkamp 1990, S. 78.

20 Vgl. Frey: *Der unendliche Text*, S. 76.

21 Akademie der Künste, Berlin, Bertolt-Brecht-Archiv 109/59.

22 Brecht selbst hat im Rahmen der Arbeit am *Fatzerkommentar* und in einigen Szenen den Prozess der variierenden Wiederholung und schriftlichen Ausbesserung (die doch zugleich die Vor-Schrift nicht auslöscht) szenisch produktiv gemacht. So verbessert Keuner Fatzers Schema der Lage auf Anweisung des Chors (Brecht: Fatzer, S. 477f) und so fungiert auch die Praxis des Kommentars als kontinuierliche Umschrift und Übertragung (ebd., S. 515ff). An einer anderen Stelle führt Brecht aus: „Solche Erkenntnisse nehmen den Charakter von Literatur an. Sie zitieren die ‚Stellen‘ späterhin, treffen Veränderungen. [...] Der Satz, den sie auf den Tank schrieben: ‚wir hören auf‘, wird (Literaturcharakter!) jetzt von Koch verbessert in ‚wir hören den Krieg auf‘ an die Wand des Zimmers

An die Stelle der linearen Handlung tritt damit die Schichtung verschiedener simultaner Schriften und Varianten, wie sie denn auch Müller in seinem ausgelegten Textraum produktiv gemacht hat.

Eine Versuchsanordnung: das Leipziger *Fatzer*-Projekt

„Gemeinschaftskunst" lautete das Spielzeitmotte 2010/2011 des Spinnwerk Leipzig (Leitung: Katrin Richter), dem sogenannten Jugendtheaterbereich des Schauspiel Leipzig. In diesem konkreten, institutionellen Möglichkeits- und Assoziationsraum, einer renovierten Werkhalle auf dem Gelände einer alten Baumwollspinnerei, bestand drei Monate lang die Möglichkeit, an der Theatrographie *Fatzer* zu arbeiten. Die TeilnehmerInnen des Projektes waren zwischen 16 und 30 Jahren alt: SchülerInnen, Auszubildende, StudentInnen und Post-StudentInnen, die sich einmal die Woche und gelegentlich an Wochenenden zur gemeinsamen Erprobung des Materials trafen. Als erster Schritt auf dem Weg zur Freisetzung der Produktivität des *Fatzer*-Textes, dem Freilegen seiner Assoziations- und Wiederholungsstruktur, wurde nach einigen vorbereitenden Treffen im Rahmen einer Wochenendprobe die tendenziell chronologisch-lineare Ordnung der Werkausgabe-Fassung, deren Organisationsprinzip vor allem die Entwicklung der Textgestalt darstellte, d.h. der gesamte Textkörper der Werkausgabe[23] zerschnitten, zerlegt und zerrissen. Die entstehenden Szenenschnipsel, Skizzen, Notizen wurden ausgelegt, neu gruppiert, zusammengeklebt, geheftet und in einem Prozess kollektiver Destruktions- bzw. Konstruktionsarbeit, der zugleich kollektiver Lese- und Diskussionsprozess

geschrieben." (Ebd., S. 468.) Hier spiegelt sich szenisch, was das *Fatzer*-Material als Arbeitsprozess und Textpraxis vollzieht.

23 Auf zentrale Probleme der verdienstvollen *Fatzer*-Ausgabe weist Judith Wilke hin: „[Es] muss konstatiert werden, dass die auch bei der *Fatzer*-Edition erfolgte Angleichung aller Texte in der GBA (Interpunktion, Groß- und Kleinschreibung, Versifizierung etc.) den Charakter des Fragments verfälscht hat, insofern sie eine formale Einheitlichkeit suggeriert. Auch wenn B. selbst die Texte nicht in Kleinschrift und ohne Interpunktion publiziert hätte, wäre die Edition kaum auf eine rein formale Angleichung beschränkt gewesen. Ebenfalls nicht einsichtig ist, nach welchen Kriterien etliche Notizen in die Anmerkungen gestellt wurden. Fragwürdig ist darüber hinaus auch die kategorische Aufteilung des Konvoluts in dramatische (Fatzerdokument) und theoretische Texte, da die Edition so eine Hierarchie festschreibt (unter Aussetzung der sonst chronologischen Anordnung), die von B. durchaus spielerisch gehandhabt worden ist." (Judith Wilke: Fatzer. In: Jan Knopf (Hrsg.): *Brecht Handbuch in fünf Bänden*, Bd. 1. Stuttgart / Weimar: Metzler 2001, S. 167–177, hier S. 168.) Entscheidend ist für Wilke der „Materialcharakter der Texte" (Wilke: *Brechts „Fatzer"-Fragment*, S. 14).

war, über Stunden räumlich neu organisiert. Das Anlegen von Textreihen, -gruppen und -haufen ging einher mit dem Versuch, thematisch-formale Strukturen, Reihen und Serien zu erarbeiten, mit denen wir und andere (das Publikum) später würden weiterarbeiten können. Heraus kristallisierten sich 11 Szenenkomplexe „Plot", „Desertation", „Hunger", „Walk", „Lehre", „Sexualität", „Theater", „Chöre", „Fatzer", „Visionen" und „Männerbande" mit insgesamt 96 Szenen. Nebensächliches gab es in der Anordnung des Materials nicht – auch die Randgänge, das Abschweifende, Periphere gehörte dazu. Parallel wurden die sich ergebenden Szenen neu betitelt. So enthielt der Komplex „Desertion" schließlich zur Aufführung die Szenen: „D1 Nacht gegen Morgen 1", „D2 Nacht gegen Morgen 2", „D3 Der Sündefall", „D5 Nacht gegen Morgen 3", „D6 Zeichnung 1", „D7 Zeichnung 2", „D8 Todeskapitel". Im Fehlen von Nummern, wie in diesem Fall „D4", eine Szene, die im Probenprozess letztlich gestrichen wurde, ist zugleich der Moment der Auswahl markiert, zeigt sich die letztlich ‚kontingente' Ordnung des Materials, die Lücken und Abwesendes nicht verschweigt. Der Versuch, das Material entlang unterschiedlicher Interessen und Perspektiven provisorisch zu ordnen, zielt dabei weniger darauf ab, das vermeintlich ‚Essentielle' (beispielsweise den Konflikt „Fatzer ± Keuner") ins Zentrum zu rücken, sondern soll dazu beitragen, den Text entlang verschiedener Linien aufzubrechen, ihm mehrere Zentren, eine konstellative Dimension zu geben, deren Schwerpunkte sich in jeder Aufführung immer wieder erst neu bilden müssen.

Proben, Üben: Zitierbarkeit

Die in den anschließenden Wochen folgenden gemeinsamen Improvisationen mit Texten und Szenen zielten zunächst auf ein Üben der Texte, vielleicht ähnlich dem, was Benjamin im *Brecht-Kommentar* beschrieben hat:

> Aber zitierbar ist nicht nur Herrn Keuners Haltung, genauso ist es, durch Übung, die der Schüler im „Flug der Lindberghs", und die des Egoisten Fatzer ist es auch, und wiederum: was an ihnen zitierbar ist, das ist nicht nur Haltung, genauso sind es die Worte, die sie begleiten. Auch diese Worte wollen geübt, das heißt gemerkt, später verstanden sein. Ihre pädagogische Wirkung haben sie zuerst, ihre politische sodann, ihre poetische ganz zuletzt.[24]

24 Walter Benjamin: Aus dem Brecht-Kommentar. In: Ders.: *Gesammelte Schriften* Bd. II.2, S. 506–510, hier S. 506.

Bei der Erarbeitung der Szenen zeigte sich die Arbeit des Textes, seine „pädagogische Wirkung", vor allem immer wieder als Unmöglichkeit, den Text auf bestimmte Weisen zu spielen oder darzustellen, als Widerstand gegen bestimmte Formen der Aneignung. So sperrte sich der Text gegen jede Form von Verkörperung und legte Spielweisen nahe, die abwechselnd von verschiedenen TeilnehmerInnen als „von der Seite" oder „indirekt" beschrieben wurden. In der Probenarbeit zeigten sich sprachliche und körperliche Bahnungen, Haltungen und Prägungen der individuellen TeilnehmerInnen umso schärfer, je konzentrierter einzeln oder in Gruppen an den Texten und ihrer Darstellung gearbeitet wurde. Auch hier erwiesen sich oft gezielte Randgänge und Reduktionen als erster Schritt, manchmal zeigte sich auch die Ablenkung vom Akt der Darstellung durch simple, aber konkrete Aktionen während des Sprechens als produktiv (bspw. Mandarinen-Schälen, Liegestütze etc.). Zumeist wurden in den Räumlichkeiten des Spinnwerks 5–7 „Szenen" parallel geprobt, wobei regelmäßig Zwischenergebnisse einander vorgeführt, reflektiert und gemeinsam Varianten erprobt wurden. Hierbei stand eine dramaturgische Aktualisierung im Sinne von „Was geht *Fatzer* die ‚jungen Leute' an? Können sie damit ‚etwas anfangen'?" nicht im Vordergrund. Dafür zeigte das Textmaterial als Medium eines gemeinsamen Arbeitsprozesses bald seine Zitierbarkeit – Texte, Sätze und Szenen aktualisierten sich in unterschiedlichen Situationen und Momenten, in den Proben, aber auch über diese hinaus.

Raum, Zerstreuung, Konzentration

Die insgesamt 96 erarbeiteten Szenen werden nun im Rahmen der Aufführung den Gästen als eine Reihe von Wahlmöglichkeiten offeriert. „Was eigentlich los war"[25] entscheiden Gruppen und Einzelne im Prozess der Aufführung durch die wiederholte Auswahl der zu spielenden Szenen, in denen die Gäste gemeinsam mit den DarstellerInnen die Textbruchstücke „in immer wieder anderen Zusammenhängen und Versuchsanordnungen"[26], einem „vergleichende[n] Blättern"[27] gleich, organisieren und erfahren können. Je 11 der insgesamt maximal 43 Gäste können sich in immer wieder anders zusammengesetzten Gruppen je 7 Szenen auswählen (bei circa

25 Brecht: Fatzer, S. 477.

26 Benjamin: Franz Kafka, S. 418.

27 Brecht: Zu „Die Dreigroschenoper", S. 58f.

10 Durchgängen pro Aufführung): Prinzipiell ist jede Kombination möglich, auch Mehrfachwahlen gleicher Szenen. Helferinnen informieren und können Ratschläge geben, überlassen darüber hinaus den Aushandlungsprozess der Auswahl jedoch den Gästen, die ihre jeweiligen Interessen untereinander ausgleichen müssen – Lektüre und Theater als kollektiv zu verantwortender, mitunter auch konfliktreicher Prozess. Die „Chöre" werden mit den Gästen eingeübt, sollten sie gewählt werden. All dies findet an einem langen, schwarzen Tisch statt, auf dem die einzelnen Szenen und Themen, einer Menü-Karte ähnlich, verzeichnet sind.

Sobald eine Gruppe sich für eine Reihenfolge von 7 Szenen entschieden hat, sagt eine der Helferinnen den DarstellerInnen die Auswahl an und gibt ihnen 1–3 Minuten, um sich auf den Durchgang einzustellen, bevor sie die Gäste hinzuholt. Gespielt werden die ausgewählten Szenen in einem zentral gelegenen, schwarz verhangenen „Kasten" von 3x4 Metern mit schließbaren Türen und geschlossener Decke. Die 11 Akteure halten sich die vollen 2 ½ – 3 Stunden der Aufführung, bis auf eine kurze Pause, in diesem zunehmend wärmer und stickiger werdenden Raum auf, in dem sie zwischen den jeweils 11 Gästen sowie der ansagenden Helferin die ausgewählten Szenen spielen. In der Situation der Enge zeigen sich Haltungen und Gesten der Spielenden ebenso wie diejenigen der Gäste: von Interesse und spielerischem Sich-Einlassen bis hin zu Gesten der Abwehr, Selbstbehauptung und Beklemmung. Die Spannung zwischen Fatzer und der Gruppe übersetzt sich so in diejenige zwischen AkteurInnen und ZuschauerInnen, die gezwungen sind, ihr Verhältnis immer wieder neu auszuhandeln.

Außerhalb des „Kastens", in der Halle des Spinnwerks, kann sich das restliche Publikum allein oder in Gruppen frei bewegen und das live übertragene Geschehen im Innenraum auf einer Videoleinwand und einem Monitor verfolgen. Die verschiedenen Orte im Außenraum der Halle werden dabei zwar durch Wände voneinander abgesetzt, aber nicht grundsätzlich voneinander getrennt. Die Videoaufzeichnung und -übertragung schneidet immer wieder Innen- und Außenraum zusammen, verhandelt die Erfahrung von nah und fern aufs Neue, ebenso wie die Stimmen der PerformerInnen oftmals im gesamten Raum zu hören sind. Zugleich ermöglicht sie, zusammen mit der Wiederholungsstruktur des Abends, die Reflexion, Erprobung oder Modifikation eigener bzw. fremder Haltungen und Rezeptionsformen. Alternativ

können die Gäste auch in den ausliegenden Textbüchern der DarstellerInnen lesen, sich eine Galerie von Asozialen anschauen, auf einer weiteren Leinwand bzw. einem weiteren Monitor Aufnahmen aus dem Probenzeitraum sehen, aber auch an der Bar etwas trinken, miteinander reden oder bei der Zubereitung einer Suppe helfen, die – wenn es denn genug HelferInnen gibt – in der Pause gegessen wird. Was sie in dieser Situation tun und ob sie etwas tun, ist den Gästen letztlich freigestellt: wenn keiner hilft, gibt es zum Beispiel einfach keine Suppe.

Es ist dem Publikum überlassen, wie es mit dieser offenen, aber auch geschlossenen, konzentrierten, aber auch verstreuten Situation umgehen will, auch wenn per Durchsage zu Beginn des Abends die folgenden Punkte angesprochen werden:

> A) Lehren durch Wiederholung? Lernen in der Wiederholung? Abändern in der Wiederholung? Kritik durch die Wiederholung? Was wiederholt sich? Was nicht?
> B) Wie verhalte ich mich in einer Situation, die mir bekannt scheint? Was passiert, wenn in der Wiederholung die Spannungsmomente reduziert sind durch die Vorbereitung auf die kommenden Ereignisse? Bin ich zweimal in der gleichen Situation? Kann ich eine neue Haltung einüben, wenn ich Vorgänge sehe und in Vorgänge einbezogen bin, auf die ich mich vorbereitet habe oder die ich bereits gesehen/gehört habe (zum Beispiel per Video)?
> C) Durch Entscheidungen entstehen die Fabeln. Meine Entscheidungen als Zusammensetzungsarbeit.
> D) Die Vier warten auf das Ende des Krieges. Worauf warten Sie? Worauf lohnt es sich zu warten? Wie warten Sie? Was erwarten Sie?[28]

Als ver- und zerstreuter Examinator steht es den Gästen in der Versuchsanordnung, außerhalb des „Kastens", zu gleichen Teilen frei, der Situation zu entgehen und in Privates mit Bekannten sich zu flüchten, wie sich auf die Situation und die Fremdheit des Materials einzulassen. Benjamins Forderung nach Brecht, im epischen Theater müsse der Schauspieler nicht nur zeigen, sondern auch sich zeigen,[29] gilt im Rahmen der Aufführung auch für das Publikum.

28 Programmheft zur Aufführung, S. 5.

29 Vgl. Walter Benjamin: Was ist das Epische Theater (1). In: Ders.: *Gesammelte Schriften* Bd. II.2, S. 519–531, hier S. 520. Dieses „sich-zeigen" unterscheidet sich

Dabei entstehen im Laufe des Abends, auch von uns verzeichnete Bahnen und Wege der Lektüre durch den Text, Lektüre- bzw. Assoziationspfade, zwischen den Texten, den Orten, den Einzelnen, zwischen Flanieren und Konzentration, der physischen Anstrengung auf engstem Raum und der Ruhe und Bewegungsfreiheit außerhalb.

Schluss

Frei nach Benjamin fungiert der Raum der Leipziger *Fatzer*-Inszenierung eher installativ, als „Ausstellungsraum"[30]. Er gibt Möglichkeiten sich zu sammeln oder zu zerstreuen, entlang der Schnitte und Brüche von Innen / Außen, Nah / Distanziert usw. Text, Raum und Szene auf unterschiedliche Weisen (individuell, gemeinsam, physisch, reflektierend etc.) zu erkunden. Grundlage hierfür ist die Auftrennung des Werkkörpers und das Entfalten der Schichtenstruktur des Textes. Diese Entfaltung des Textes ermöglicht es, den Prozess der Auswahl und Aufführung als geteilte Praxis der Lektüre, des Erfahrens und der Verantwortung zu begreifen. So wird Brechts radikale und fragmentierte, theatrographische Schreibarbeit zur experimentellen Situation eines „zerschmissenen" und dennoch produktiven Theaters.

noch einmal von der Forderung, der Schauspieler müsse das Zeigen zeigen. Darin ist ein Überschreiten der schauspielerischen Souveränität markiert – in deren Sinne man Brechts Theorie und Praxis des Zeigens auch verstehen könnte. Die Situation der Akteure in der Leipziger *Fatzer*-Inszenierung setzt vielmehr mit der Zeit eine deutliche Verausgabung frei.

30 Ebd., S. 529.

Geschlossenheit – nach allen Seiten offen

Fatzer von Bertolt Brecht

Salya Föhr

Ein ziemliches Fragment, dieser *Fatzer*-Text von Brecht.
Nach allen Enden offen – und zugleich geschlossen durch seine konzentrischen Wiederholungen: Varianten des Immergleichen.
Ein ziemliches Fragment, dieser *Fatzer* von Brecht.
Nach allen Enden offen – aber ohne Anfang und Schluss. In sich und nach außen hin weiter fortlebend, im Sterben. Fatzer – der Egoist. Der Kollektivist. Der Wissende. Der Verräter. Der Feigling.
Das Fragment verspricht viel und kann nichts halten.
So auch Fatzer.
Aber: Es ist nötig.
Es ist von Nutzen für die Spieler. Die Zuschauer. Die Wesen dazwischen.

Das Fragment, als Mosaik sichtbar werdend in diesem schwarzen, engen Kasten. Ein paar Mal paar Meter.

Nicht mehr
Ein Loch
Ein Keller.

Schallkonservierer

Für das Schreien der Masse. Einer und Alle. Das Wir und das Ich.
Dieser Fatzer
Bringt Essen
Bringt Schutz
Bringt uns um
(den Verstand.)

Im Krieg(spiel) ist schwer denken. Inmitten großer Unvernunft.
Die Heteronomie des Ausgeliefertseins. In diesem Raum. Mit den schwarzen Wänden, die durchsichtig alles nach außen strahlen, durch die selbst jedoch nichts nach innen dringt.

Das Außen betritt stoßhaft, getaktet und in Varianz sich wiederholend den schwarzen Quader. Die Eindringlinge des Außen bestimmen den Verlauf des Innen. Sie wählen zuvor die favorisierte Reihenfolge. Sie haben den Überblick über alles und sind doch völlig unwissend. Vielleicht sind wir zu Beginn *alle* Fatzer – wir wissen Bescheid, wir stehen gesondert, auf Position.
Dann: Das Durchexerzieren von Handlungen / Haltungen / Spaltungen.

Die Luft wird knapp und ständig Hunger. Und ständig dieses Vertrösten ohne Trost. Dieses Vertrösten auf Morgen. Immer morgen, niemals in der Gegenwart. Sich nicht auf Fatzer verlassen können. Sondern von ihm verlassen werden.
Seine Auslöschung –
Eine Auflösung
Eine Erlösung.
Aber nein: Der Fatzer gibt es viele. Sie sprießen aus dem schwarzen Theaterboden wie giftiges Unkraut. Er wechselt immerfort seine Stimmen, spricht aber immer von Fleisch und riskanten Würfelspielen. Die Zuschauer haben eine Wahl, sie lassen Fatzer immer wieder sterben. Szene um Szene um Szene. Er lebt fort, im Sterben. Die einen von draußen können die Anderen von draußen, die nun drinnen verweilen und mitspielen beobachten.
Zuschauer schauen Zuschauern beim Zuschauen zu.
Ein *Auf*schauen zu den eigenen Grenzen, die beginnen zu verwischen. Die Pläne, Schemata und Diagramme des Krieges, der Not, des Nutzens, des Bedürfnisses. Kreidezeichnungen. Das Auswischen, der Kalk. Das Übermalen des Bildes mit einem anderen. Die Übermalung der Übermalung.
Ein Kommen und Gehen von (agierenden) Zuschauern.
Die Konstante der wandelbaren schwarzen Figuren im Kasten.

Fatzer, zu allen Seiten offen –
Beliebig kombinierbar – bleibt

fragend stringent.

Wer ist der Chor?

Gedanken zum Chor und zur Arbeit mit dem Publikum in der *Fatzer*-Inszenierung

Katja Seifert

Die Idee von einem schwarzen Kasten. Nur ein schwarzer Kasten, mit den Akteuren im Inneren, und dann ist da noch das Publikum. Immer in kleinen Gruppen, eine nach der anderen, Durchgang für Durchgang. Am Auswahltisch der Szenen wirkt das Ganze wie ein Spiel: „D4 Dotschenszene“ – „H5 Hunger“ – „P4 Zusammenfassung 3“ usw. Tatsächlich gab es die Überlegung, Spielchips zu verwenden, die jeder Zuschauer auf dem Tisch setzen kann, um so Szenen auszuwählen. Diese Idee wurde jedoch verworfen. Das Publikum muss entscheiden, was es sehen will, und zwar in Auseinandersetzung mit den anderen Zuschauern in der Gruppe. Sieben Szenen werden ausgewählt und anschließend im schwarzen Kasten gespielt. Im Laufe des Abends tauchen immer wieder die gleichen Szenen auf, es gibt viele Wiederholungen. Manchmal bewusst gewählt durch die Zuschauer, manchmal zufällig.

In der Pause wird die gemeinsam mit dem Publikum gekochte Dotschensuppe gegessen.

Das Publikum steht im Mittelpunkt und muss handeln, immer und immer wieder Entscheidungen treffen. Ausgewählte Chorszenen werden gemeinsam eingeübt. Der ‚Chorleiter‘ spricht eine Zeile vor, das Publikum spricht sie nach. Es wurde nie mehr als eine Chorszene pro Durchgang ausgewählt, es hat sich dennoch jede Gruppe mindestens ein Mal daran probiert. Plötzlich waren sie auch Akteure, neben den anderen Akteuren im Kasten oder auch gleichzeitig mit ihnen.

> Wer ist der Chor?
>
> Vor dem Schluß:
> Aber auch er ist doch
> Ein Mensch wie ihr
> Unbestimmt von Ausdruck
> Frühzeitig verhärtet, vieles

Versuchend
Äußerte er viel:
Haltet ihn doch
Nicht bei dem, was er sagte, bald
Ändert er's…
Nichts Endgültiges saht ihr und alles
Änderte sich, vor es einging
Warum
Nehmt ihr ihn beim Wort?
Wen ihr beim Wort nähmet, der
Ist's, der euch enttäuscht!

Aber sie brauchen doch auch
Obdach und Wasser und Fleisch![1]

Fatzerchor? Zuschauerchor? Zweiter Chor? Chorleiter? Keunerchor?

Verschiedene Gedanken zum Rhythmus des Textes, das Begleiten und Unterlegen von Gesten. Experimentieren mit dem Raum, Bewegung und Klang im Raum, Trommeln an den bespannten Wänden, Flüstern. Wie stark oder vielleicht sogar übertrieben muss man es selbst als ‚Chorleiter' vortragen, damit durch die Nachahmung des Chores nicht zu viel verloren geht? Die eigene Haltung in den chorischen Szenen beeinflusst stark das Verhalten des Publikums, wodurch man sich der Verantwortung gegenüber dem Publikum erst wirklich bewusst wird.

Wie funktionieren die Szenen im Fragment? Wann kommt welche Szene und an welcher Stelle? Wann ergibt sich Sinn oder Zusammenhang? Ist das überhaupt möglich? Es gab Durchgänge, die in sich geschlossener waren als andere, aber deswegen waren jene nicht weniger möglich oder spielbar. Oder weniger von Bedeutung für die Wahrnehmung durch das Publikum. Sobald das Publikum begriffen hatte, dass es den Abend in der Hand hielt, fing es an, richtig Spaß zu machen, gemeinsam mit dem Publikum die Szenen durchzuspielen. Es gab jene, die überfordert waren, sich zurückzogen und in der Gruppe von anderen dominieren ließen, und es gab jene, die dominierten. Die Fatzers unter ihnen haben sich gezeigt, beim Auswählen der Szenen sowie beim Raumverhältnis im Kasten, wenn sie sich raumgreifend bewegt haben, anstatt nur am Rand zu

1 Bertolt Brecht: Fatzer. In: Ders.: *Werke. Große kommentierte Berliner und Frankfurter Ausgabe*, Bd. 10.1. Berlin / Frankfurt am Main: Aufbau / Suhrkamp 1997, S. 387–529, hier S. 439–440.

stehen. Wie verhalte ich mich, wenn ich eine Szene doppelt sehe? Ändert der Zuschauer seinen Standpunkt?

Der Abend war stets als ein Ganzes zu sehen mit ganz vielen Einzelteilen. Eine Art Puzzle, dessen Bild man erst erkennt, wenn man das allerletzte Teil eingefügt hat, aber manchmal reicht es auch aus, nur ein paar wenige, ausgewählte Teile zusammenzufügen, um eine *Ahnung vom Gesamtbild* zu bekommen. Das Kochen der Suppe, das Auswählen der Szenen am Szenentisch, die Galerie der „mehr oder weniger Asozialen", der Übersichtskreis – eine kreisförmige Skizze auf dem Boden mit einer Auflistung aller vorhandenen Szenen, der zeigen sollte, welche Szenen bereits gespielt wurden, und der übrigens erst nach der Premiere hinzugefügt wurde – die Inszenierung als großer Arbeitsprozess. Eine Möglichkeit im Umgang mit dem *Fatzer*-Fragment, die sich immer im Wandel befand und an jedem Abend eine andere war.

Abbildungsverzeichnis

andcompany&Co. – *FatzerBraz*

S. 74 João Loureiro: *Soft Tank 1 & 2* – Zeichnungen für *FatzerBraz*, 2010.
© João Loureiro

S. 96 Anthropophage, Ausschnitt aus der Wand von *FatzerBraz*, 2010.
Foto: Alexander Karschnia. © andcompany&Co.

S. 106–107 Jan Brokof: *Erste Fatzer Zeichnung* & *Zweite Fatzer Zeichnung*, 2010.
© Jan Brokof
Der mit den Bildern zitierte Text stammt aus: Bertolt Brecht: Fatzer. In: Ders.: *Werke. Große kommentierte Berliner und Frankfurter Ausgabe*, Bd. 10.1. Berlin / Frankfurt am Main: Aufbau / Suhrkamp 1997, S. 387–529, hier S. 395–396, 476–478.

S. 108–111 *FatzerBraz* – Die Wand, 2010.
Fotos: Jan Brokof & Alexander Karschnia. © andcompany&Co.

S. 112–116 *FatzerBraz* – Aufführungsfotos, 2010.
Alle Fotos: Ana Fuccia; außer „Ameise“ und „Penis“ (beide S. 115): Cacá Bernardes; „Maske“ (S. 115): R. Boni. © andcompany&Co.

S. 116 João Loureiro: *Tiermasken* – Zeichnungen für *FatzerBraz*, 2010.
© João Loureiro

Jan Brokof – *Tropical/BG-GB/Winter in Brasil/eat me!*

S. 118–135 Jan Brokof: *trope 01 – 17*, *Tropical/BG-GB/Winter in Brasil/eat me!*
Collage/Zeichnung auf Papier 2010.
Courtesy Galerie Baer, Dresden.

S. 140 Jan Brokof: *tropicalista*
Collage auf Holz, 2010.
Courtesy Galerie Baer, Dresden.

andcompany&Co. – *Fatzer für Kinder*

S. 143, 145, 147, 149, 151–153 *Fatzer für Kinder* – Aufführungsfotos, 2011.
Fotos: Bianca Janssen & Johannes Keuck. © Ringlokschuppen Mülheim an der Ruhr

kainkollektiv – *play:Fatzer_vol.3*

S. 156–159, 161, 163–168 *play:Fatzer_vol.3* – Aufführungsfotos, 2011.
Fotos & ©: Stephan Glagla

Hannemann / Sellmann / Sommer – *Ruhrort Fatzer*

S. 174–175 Ruhrort, Zusammenfluss von Rhein und Ruhr, 2010.
Fotos & ©: Mia Sellmann & Jascha Sommer

S. 178–179 Steckbriefe aus der Aufführung von *Ruhrort Fatzer*, 2010.
Die Fotos zur Erstellung der Steckbriefe sind entnommen aus:
Fotos „Brecht“ & „Kaumann, Therese“ aus: *Bertolt Brecht. Sein Leben in Bildern und Texten*, hrsg. v. Werner Hecht. Frankfurt am Main: Insel 2000, S. 65 (Bertolt Brecht, 1927), S. 110 (Helene Weigel, 1930);
Fotos „Koch“ & „Kaumann“ aus: Bertolt Brecht: *Der Untergang des Egoisten Fatzer. Eine Auswahl der Schaubühne aus dem Fatzer-Fragment.* Berlin, Spielzeit 1975/76, S. 16 („Koch“, Foto in Notizbuch 822 aus dem *Fatzer*-Material, Akademie der Künste, Berlin, Bertolt-Brecht-Archiv 822/63), S. 17 („Kau-

mann“, Foto in Mappe 109 aus dem *Fatzer*-Material, Akademie der Künste, Berlin, Bertolt-Brecht-Archiv 109/75);
Foto „Büsching“ aus: *Explosion of a Memory Heiner Müller DDR. Ein Arbeitsbuch*, hrsg. v. Wolfgang Storch. Berlin: Hentrich 1988, S. 207, Hans Garbe, 27.09.1951 (Foto: Illus/Sturm).

S. 180 *Ruhrort Fatzer* – Aufführungsfoto, 2010.
© Hannemann / Sellmann / Sommer

Spinnwerk Leipzig – Fatzer

S. 182–183 Grundriss der Aufführungsanordnung im Spinnwerk Leipzig, 2011.
Zeichnung & ©: Marija Skara, 2012.
Fotos & ©: Rolf Arnold, Centraltheater Leipzig; außer „Szenenkreis“: Salya Föhr, und „Auswahltisch“: Nicole Hitziger

S. 185, 187, 191, 201–204, 207, 209, 211 *Fatzer* – Aufführungsfotos, 2011.
Fotos & ©: Rolf Arnold, Centraltheater Leipzig